학업 수행 개선과 자기 조절력 코칭

실행기능 문제가 있는 대학생 코칭하기

Mary R. T. Kennedy 저 | 이성직 · 김종수 · 조난숙 · 김정숙 공역

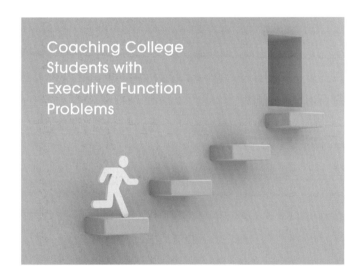

Coaching College
Students with
Executive Function
Problems

학지사

국내에는 대학생을 위한 학업 상담이나 코칭에 대한 서적이 거의 없다. 최근에 학교 현장에서 자주 듣는 문제 가운데 하나가 학업 수행에 어려움을 보이는 학생이 증가한다는 사실이다. 특히 경계선 지능과 주의력 결핍/과잉행동 장애(ADHD) 아동의 증가로 인해 학교 현장에서는 전통적인 교수법 이상의 학습 지도 방식이 요구되고 있다. 대학에서도 학업 수행에 어려움을 보이는 학생이 늘어나고 학업을 도중에 포기하는 학생도 늘고 있다. 보다 자율적이고 독립적인 생활이나 학업 수행을 요구하는 대학 생활은, 특히 실행기능에 결함이 있는 대학생에게 더 큰 어려움으로 다가온다. 학업 기술, 자기 조절력, 동기 부여 능력의 결함으로 인해 학업을 도중에 포기하게 된다. 국내 학사 경고자에 관한 연구 결과를 보면, 학업 코칭이나 학업 지원이 이들에게 학업 수행에 대한 동기를 높인다고 한다.

실행기능 어려움의 유무와 상관없이 대학생의 학업 부진의 주요한 원인 가운데 하나가 공부하는 습관과 시간 관리 문제라 보고되고 있다. 다시 말해, 효과적인 학습 전략과 시간 관리 및 동기 부여 능력이 부족하다고 한다. 이전 세대와 달리 지금의 대학생들은 태어나는 순간부터 주의를 빼앗는 스마트폰이나 영상에 노출이 된 세대이다. 성장하면서 온라인 게임, SNS 활동, 영상 시청 등의 자극 추구 성향이 상대적으로 강하기 때문에 의식적이고 자각을 요구하는 올바른 학습 습관의 형성과 효과적인 시간 관리에 대한 교육이나 코칭이 필요하다.

실행기능이라는 용어는 대학생들을 상담하는 상담사나 전문가들에게도 여전히 익숙하지 않을 수 있다. 실행기능의 중요성은 한 개인의 삶에서 절대적으로 중요한 영역이다. 전전두엽의 실행기능은 한 개인의 인지적 그리고 정서적·사회적 지능을 담당하는, 인간과 동물을 구분하는 가장 중요한 영역이라 할 수 있다. 실행기능의 가장 중요한 역할로 예측, 분석, 추론, 판단, 정서 조절, 동기 부여 등으로 언어적 작업 기억, 비언어적 작업 기억, 정서, 각성의 조절이나 동기 부여, 문제해결 능력을 포함한 삶에서 절대적으로 필요한 역량이다.

실행기능의 결함이 있을 때 문제를 보일 수 있는 가장 흔한 장애가 주의력 결핍/과잉행동 장애(Attention Deficit/Hyperactivity Disorder: ADHD)와 학습 장애(Learning Disability: LD)이다. 국내외 ADHD 대학생 연구를 보면, ADHD가 있는 학생들이 그렇지 않은 학생들보다 학업 평점이 낮고 학교 부적응을 보이는 게 일반적이다. 학업 수행에 관련한 연구를 보면, 학업 수행이나 시험을 잘 보기 위한 학습 전략을 교육하고 나서는 학업 평점이 상승하는 것으로 보고되고 있다. 다소 어두운 전망이지만 차후 실행기능의 결함으로 인해 학업 수행에 어려움을 호소하는 학생들이 증가하리라 본다. 발달 장애 유병률의 증가와 ADHD 그리고 후천적이고 환경적인 변인으로 인하여 실행기능의 어려움을 호소하는 학생뿐만 아니라, 비전통적인 학습자들이 증가하면서 실행기능의 중요성이 주목받으리라 본다.

이 책은 제1부에서 기초적인 정보를 제공하고, 제2부에서 구체적인 역동적 코칭의 방법을 소개한다. 제1장에서는 실행기능과 자기 조절 문제에 대한 설명을 제공한다. 특히 실행기능의 구체적인 영역과 이와 관련된 학업 수행의 어려움에 대한 자세한 설명은 어려움을 경험하는 학생과 이들을 돕는 학습 코치나 상담사들에게 아주 유익한 정보가 될 것이다. 특히 미국의 경우, 해외 전투에 참전한 젊은 군인들이 작전 중에 부상이나 뇌 손상을 입고 다시 대학교로 입학하는 경우가 흔하다. 학습자 유형의 다양성과 동시에 태생적인 학습 부진이나 장애가 있는 학습자들, 후천적으로 뇌 손상을 입은 학습자들, 최근 더욱 증가하는 경계선 지능 학습자들을 고려해 볼 때, 이 책은 차후 국내에서도 유익하게 사용할 수 있는 귀한 도서가 될 것이다. 제2부에서는 코칭 과정과 실행기능 문제가 있는 대학생을 코칭하는 데 필요한 도구들에 대해 정보를 제공한다. 아직도 국내의 경우는 학습 코칭에 대한 개념과 실제에 대한 정보가 부족한 상황이다. 미국의 경우, 초등학교에서 대학교까지 학업 지원센터에서 제공하는 서비스가 상대적으로 국내보다 잘 확립되어 있다. 국내에도 학습 코칭에 대한 관심과 수요가 증가하는 상황이고, 특히 초·중등 이상 대학생을 위한 학습 코칭에 대한 전문가 양성과 전문 서적의 출판이 필요하다.

　학업 수행에 어려움이 있는 대학생을 위한 서적들이 부족한 가운데 이 책의 출간은 차후 또 다른 역서나 저서를 위한 촉매제가 되리라는 마음에 보람과 기쁨이 크다. 책이 출간되도록 도와주신 학지사 김진환 사장님에게 감사를 드리며, 교정 작업을 도와주신 편집부에게도 감사의 말씀을 드린다. 마지막으로, 함께 역서 작업을 해 주신 동료 선생님들의 노력과 정성에 깊이 감사를 드린다.

부천 연구소에서

이성직 박사

저자 서문

　실행기능 문제로 인해 대학 생활에 어려움을 겪고 있는 학생들을 돕기 위한 책의 서문을 쓰게 된 것은 매우 흥미로운 일이다. 얼마 전까지만 해도 이 책을 위한 독자가 없었을 것이다. 책에서 논의된 사람들, 특히 뇌 손상을 입은 학생들은 대학 학위를 성공적으로 취득할 수 없다는 것이 널리 퍼져 있는 믿음이었다. 오늘날 우리는 더 잘 알고 있다.

　「미국 장애인법」(1990년 통과, 2008년 개정)은 학습 장애가 있는 학생들이 교육을 받을 수 있도록 규정을 공포했다. 그 결과, 실행기능에 결함이 있거나 후천적 신경학적 손상을 입은 상당수의 학생이 이제 중등 이후 교육에 등록하고 있다. 학습장애협의회(Council for Learning Disability)에 따르면, 현재 80%의 장애 학생이 교육을 중등 이후 목표로 하고 있으며, 다행히 법적 보호 장치가 마련되어 있다.

　이 학생들이 대학에 입학할 수 있도록 보장하는 것은 대학 교육을 받을 권리를 보호하는 데 있어서 가장 중요한 단계이다. 다음 단계는 이러한 학생들이 대학에 다니는 동안 적절한 지원을 받을 수 있도록 보장하는 것이다. 장애 서비스 지원센터는 대부분의 대학 캠퍼스에 존재하며 이러한 집중적인 지원을 제공하는 일을 담당한다. 그러나 이러한 교육 지원의 필요성이 증가하고 있음에도 불구하고, 교육 자원에 대한 자금 부족으로 인해 이러한 지원센터가 해당 역할을 수행할 수 없게 되었다. 불행하게도, 포괄적인 교실 편의 조치(accommodations)는 너무나 흔한 반응이다. 『**실행기능 문제가 있는 대학생 코칭하기**』에 설명된 역동적 코칭 모델이 제공하는 구조는 지원 서비스에 통합될 수 있고, 필요한 경우 개별 편의 조치와 통합될 수 있는 옵션이다. 이 코칭 모델에는 다음을 가능하게 하는 명확한 프로토콜이 포함되어 있다. 다양한 전문적 배경을 가진 코치가 이를 제공하므로 여러 지원 서비스 상황에 적용할 수 있다. 역동적 코칭은 학생들이 자기 관리를 하도록 유도하기 때문에 이 모델은 시간이 지남에 따라 필요한 지원이 줄어든다는 추가적인 이점도 있다. 이 책의 원리에 따르면, 코치는 실행기능으로 어려움을 겪는 학생들이 자기 옹호에 필요한 기술을 습득하도록 효과적으로 도울 수 있으며, 자신의 학문적 목표를 달성하기 위해 스스로 선택한 전략을 생성, 시작 및 평가하도록 가르칠 수 있다. 그렇게 함으로써 학생들의 실행기능이 향상된다.

　인지적 문제가 있는 학생들을 위한 입법 옹호가 증가하는 동안, 문제의 기본 메커니즘과 기능 개선으로 이어질 수 있는 과정에 대한 우리의 이해도 그에 비례하여 성장했다. 『실행기능 문제가 있는 대학생 코칭하기』는 인지 심리학의 다양한 영역에 대한 우리의 확장된 지식을 반영한다. 이제 우리는 다른 인지 네트워크와도 상호의존적인 복잡한 다중 구성 요소 시스템으로서의 실행기능 본질에 대해 더 깊이 이해하게 되었다. 특히 케네디(Kennedy) 등이 수행한 광범위한 연구를 통해 밝혀진 메타인지가 학습 및 작업 실행에 어떻게 도움이 되는지에 대한 우리의 증가된 지식은 이러한 상위 과정이 우리의 기능적 능력, 특히 성공적인 학습에 필요한 능력에서 수행하는 탁월한 역할을 인식하는 데 도움이 되었다. 실행기능 문제가 있는 학생들에게 자신이 시작한 전략과 관련하여 자신의 성과를 평가하도록 가르치는 것은 학교에서 지속적인 자기 관리에 필요한 메타인지 기술을 활용하게 하고, 결과적으로 학생들의 실행기능을 향상시킨다.

　학습에서 자기 결정의 중요성에 대한 우리의 더 깊은 이해는 이 책에 규정된 모델에도 반영되어 있다. 자기 결정에는 자율성, 즉 우리 자신의 행동이 스스로 승인되고 우리 자신의 가치 및 이익과 일치한다는 느낌이 포함된다. 역동적 코칭 모델은 학생이 자신의 필요와 목표를 식별하는 것을 기반으로 하며, 학생이 개입을 주도한다. 자기 결정은 또한 우리가 기술이나 행동을 성공적으로 수행할 수 있다는 자신감이나 믿음에 달려 있다. 종종 자기 효능감이라고 불리는 이 능력은 역동적 코칭의 핵심이다. 자기 평가와 전략 및 목표 개선의 반복적인 주기는 자기 결정을 강화한다.

　임상 발전에 중요한 또 다른 분야는 치료 동맹 분야이다. 치료 동맹의 개념은 새로운 것이 아니지만, 인지 결함이 있는 사람들을 대상으로 치료 동맹을 적용하는 것은 주류 치료의 일부가 아니다. 최근 몇 년 동안 우리는 내담자가 치료나 코칭에 대한 반응을 최적화하도록 돕는 데 치료사와 내담자 간의 관계가 갖는 힘을 깨닫기 시작했다. 대부분의 치료 동맹 모델에는 다음 세 가지 요소의 측면이 포함된다. 즉, 해결하려는 목표에 대한 동의, 목표를 해결하기 위한 작업에 대한 동의, 상호 감정으로 구성된 개인적인 유대이다. 이 책에 자세히 설명된 동기강화상담은 이러한 요소를 통합한 하나의 모델이며, 독자가 면밀히 연구하도록 권장하는 중요한 기술 세트로 구성된다.

요컨대, 이 책에서 옹호하는 역동적 코칭 과정은 메타인지 전략 훈련의 활성 요소를 통합하고, 자기 결정력을 심어 주며, 치료 동맹을 구현 가능한 중재 모델로 통합한다. 다른 책들은 상태와 치료 반응에 대한 기술과 설명을 제공하지만, 실행을 가능하게 하는 기반이 부족하다. 케네디는 치료사나 코치로서 우리에게 무엇을 해야 할지 말할 뿐만 아니라, 어떻게 해야 하는지도 알려 주고, 이를 실현하기 위한 프로토콜도 제공한다.

실행기능에 문제가 있는 대학생을 코칭하는 것은 교육 활동의 체크리스트 그 이상이다. 전문가에게 증거 기반 로드맵을 제공하여 학생들의 성공을 보장하는 자원이기 때문이다. 그러나 과정과 기술을 배우고 수용하는 것은 독자의 임무이다. 역동적 코칭 모델을 사용하여 학생들과 협력하려면 헌신과 코칭의 사고방식이 필요하다. 케네디는 접근 방식을 매뉴얼화하고 구성요소를 설명했지만, 궁극적으로 훈련의 관계적 성격을 존중하는 것이 코치의 책임이다. 효과적인 실행을 위해서는 코치가 자신을 치료를 제공하는 전문가로 보는 것보다 학생들이 문제에 대한 해결책을 찾기 위해 협력하는 데 있어 동등한 파트너가 될 수 있도록 권한을 부여하는 데 더 집중해야 한다. 강력한 연구 기반의 지원을 받는 이 방법은 실행기능 문제가 있는 학생들이 학교에서 성공적으로 자기 관리하는 방법을 배우도록 돕는 데 효과적이다. 또한 이 과정은 코칭 쌍방의 두 파트너, 즉 학생과 코치가 구현하는 데 보람과 성취감을 준다.

HEDCO 교수
의사소통 장애 및 과학
오리건대학교 사범대학
맥케이 무어 솔버그 박사

차례

제3장

군 복무자 및 대학 퇴역 군인 · 55

제2부 역동적 코칭

제4장

역동적 코칭 접근법 · 81

제5장

정보 수집 및 협업 계획 · 123

제6장

자기 관리 및 자율 학습 코칭: 목표-전략-행동-조정 · 199

제7장

자기 옹호 코칭 · 239

제8장
독립을 향한 코칭 · 267

소개

몇 년 전, 나의 연구는 외상성 뇌 손상(Traumatic Brain Injury: TBI)이 있는 성인의 실행기능과 자기 조절 문제를 이해하는 데 중점을 두었다. 나의 장기적인 목표는 성인이 제 생각과 행동을 스스로 평가하고 스스로 관리하도록 돕는 치료 방법을 찾는 것이었다. 언어 병리학자로서 나는 내담자가 학습하고 사용하려는 전략을 따르지 않는 이유가 열악한 자기 조절로 인해 크게 영향을 받는다는 것을 알고 있었다. 그러던 어느 날 캠퍼스에서 TBI를 앓은 대학생을 만났다. 그는 대부분의 수업을 잘 이수했지만, 장애 서비스를 통해 받은 것 외에 캠퍼스 내 학업 지원 없이 혼자 대학을 다니고 있었다. 우리는 몇 번 만났고 그의 이야기를 들으면서 내가 그에게 뭔가를 제공할 수 있다는 것과 실행기능, 메타인지, 자기 조절을 연구한 수년간의 노력이 그와 같은 학생들에게 실질적으로 유용한 것이 될 수 있다는 것을 깨달았다.

이 책은 실행기능 문제에 대해 많은 생각과 토론, 연구한 결과이며, 가장 중요하게는 이러한 문제를 겪고 있는 뇌 손상 학생들을 지도한 결과이다. 이는 장애 연구, 교육, 인지, 발달 및 상담 심리학, 신경심리학, 인지 재활 및 언어 병리학을 포함한 많은 분야의 과학적, 임상적 증거를 통합한다. 이처럼 이 책에서는 다른 세 명의 코치(Miriam Krause, PhD, CCC-SLP; Katy H. O'Brien, PhD, CCC-SLP; Sarah Schellinger, PhD, CCC-SLP)와 내가 6년에 걸쳐 개발한 역동적 코칭 접근 방식을 설명하고 있다.

그런데 왜 당신은 실행기능 문제를 안고 있는 대학생 코칭에 관한 책을 선택했는가? 아마도 당신은 실행기능이라 여겨지는 기술에 많은 대학생이 도움이 필요하다는 사실을 알아차렸기 때문인가? 당신은 대학 캠퍼스의 장애 전문가, 재활 전문가, 교육자 또는 직업 재활 상담사로서 실행기능에 문제가 있는 학생들에게 대학이 얼마나 어려울 수 있는지 관찰해 왔는가? 그렇다면 이 책은 당신과 같이 이러한 대학생 집단의 실무에 코칭을 통합하는 데 관심이 있는 전문가에게 도움이 될 것이다.

어쩌면 당신은 현실적인 목표 수립, 실행 가능한 계획 수립, 자신의 강점과 약점에 대해 알고 있는 내용을 기반으로 한 전략 사용 등을 포함하여, 내담자나 학생이 자신의 목표 달성을 위한 자신만의 전략을 찾아낼 수 있는 중재 접근 방식을 찾고 있을 수 있다. 우리는 뇌 손상을 입은 학생들이 실행기능에 문제가 있고 이러한 학생들의 수가 대학 캠퍼스에서 증가하고 있다는 사실을 알고 있으며, 동시에 주의력 결핍/과잉행동장애(ADHD) 및 학습 장애(Learning Disablties: LD)가 있는 대학생들도 실행기능에 문제가 있다는 것을 알고 있다. 실제로 이들은 오늘날 대학 캠퍼스에서 가장 큰 두 장애 학생 그룹이다. 따라서 이 책은 ADHD, LD, 실행기능에 문제가 있는 기타 대학생 그룹을 대상으로 작업하는 전문가도 사용할 수 있다. 이 학생들과 후천성 뇌 손상을 입은 학생들 사이에는 뚜렷한 차이가 있지만, 학생들의 자기 조절을 코칭하는 과정은 동일하다. 즉, 학생들과의 협력적 파트너십을 통해, 목표와 전략이 개별화된다. 그러나 코치가 학생들과 상호 작용하고, 안내하고, 협력하는 방식은 학생 부류와 관계없이 동일하다. 이런 종류의 코칭은 역동적이다. 왜냐하면, 그것은 변화를 허용하는 지시 방법이기 때문이다. 결국 대학생들이 가장 잘하는 일이 바로 그것이다.

재활 및 고등 교육 분야에 종사하는 우리는 전통적인 치료 및 개인교습에 대한 자금이 줄어들고 있다는 사실을 절실히 인식하고 있다. 의료 비용이 상승함에 따라 대부분의 보험 회사는 지불할 의사가 있는 치료 회기 수를 제한했다. 높은 교육 비용으로 인해 대부분의 캠퍼스 개인교습 및 장애 서비스 센터는 대학에 다니는 장애 학생 수가 증가함에도 불구하고 재정적 삭감을 경험했다. 이러한 상황으로 인해 이들 센터 중 다수는 「연방법(federal law)」이 요구하는 것만 제공하고 그 외에는 거의 제공하지 않게 되었다. 다행스럽게도, 여기에 설명된 역동적 코칭 접근 방식은 전통적인 재활 치료보다 훨씬 덜 집중적이며 학생들이 대학에 등록하는 동안 발생한다. 따라서 이 접근 방식의 가장 중요한 목표는 학생들이 스스로 '코칭'하는 방법을 배우는 것이다.

더욱이, 장애 학생들이 대학에 진학할 때 지원하는 것에 큰 중점을 두었다. 왜냐하면 그들이 대학 진학이라는 큰 변화를 경험할 때, 이러한 지원을 제공하는 것이 얼마나 중요한지 우리가 알고 있기 때문이다. 그러나 대학에 다니는 동안 학생들을 지원하는 것은 대부분 무시되었다. 장애가 있는 대학생, 특히 인지 또는 지적 장애가 있는 대학생의 등록 유지에 대한 통계는 상당히 암울하다. 이러한 이유로 이 책의 또 다른 목적은 다음과 같다. 학문별로 다른 배경을 가진 전문가들에게 대학생들이 자기 조절, 자기 관리 및 학습 조직, 자기 옹호를 역동적으로 지도하는 방법을 배우도록 지도한다. 이를 위해 나는 전문가에게 실행기능의 필수 요소인 자기 조절을 학생들에게 지도하기 위한 이론적 틀, 과학적 증거 및 실용적인 도구를 제공한다.

이 책은 두 부분으로 구성되어 있다. 제1부에서는 기초적인 정보를 제공하고, 제2부에서는 역동적 코칭의 요소를 제공한다. 처음 세 장은 책의 나머지 내용의 기초이다. 제1장 '실행기능 및 자기 조절'에서는 독자들에게 실행기능과 자기 조절 문제에 대한 설명을 제공한다. 인지의 이 두 가지 측면 사이의 관계가 강조되며, 독자는 각 측면을 설명하는 데 사용되는 다양한 관점과 용어에 노출된다. 제2장 '실행기능 문제가 있는 대학생'에서는 보다 전통적인 학습자(예: ADHD가 있는 학생)와 후천성 뇌 손상이 있는 학생, 특히 TBI 및 뇌진탕 후 증후군이 있는 학생을 포함하여 영향을 받는 학생 집단에 대해 설명한다. 제3장 '군 복무자 및 대학 퇴역 군인'은 대학에 다니는 군인을 포함하여, 퇴역 군인들과 오랜 기간 작업 경험이 있는 Donald L. MacLennan(MS, CCC-SLP)과 Leslie Nitta(MA, CCC-SLP)가 집필했다. 이러한 독특한 대학생 인구는 빠르게 증가하고 있으며, 독자들에게는 이 학생들이 누구인지, 그들에게서 생겨난 군대 문화, 그리고 그들과 함께 일할 때 고려해야 할 학문적 고려 사항에 대한 설명이 제공된다. 이 장에서는 폭발 관련 장애 및 배치 후 증후군을 앓고 있는 퇴역 군인의 경험도 설명한다.

제2부는 코칭 과정과 실행기능 문제가 있는 학생을 코칭하는 데 필요한 도구를 설명하는 다섯 개 장으로 구성된다. 제4장 '역동적 코칭 접근 방식'에서는 독자들에게

역동적 코칭의 효과에 대한 과학적, 임상적 증거를 포함하여 역동적 코칭의 중요한 원칙을 소개한다. 역동적 코칭의 단계와 그 단계의 기반이 되는 네 가지 원칙이 설명되어 있다. 코치가 학생들에게 자기 조절을 명시적으로 지시하기 위해 사용할 수 있는 목표-전략-행동-조정(GSAA) 구조가 자세히 설명되어 있다. 코치와 학생에게 GSAA 프로세스를 안내하는 데 도움이 될 수 있는 몇 가지 일반 양식이 여기에 소개되어 있다. 제5장 '정보 수집 및 협업 계획'은 코치에게 필요한 정보의 종류, 해당 정보를 얻는 방법 및 찾을 수 있는 위치를 설명하는 것으로 시작한다. 이러한 정보의 대부분은 학생 자신에게서 직접 나오므로 실제로 코칭은 정보 수집 단계인 여기에서 시작된다. 이 코칭 단계의 큰 부분은 학생들의 실행기능의 강점과 약점을 결정하고, 이미 사용하고 있는 전략을 식별하고(효과적일 수도 있고 그렇지 않을 수도 있음), 학생들의 목표와 열망을 찾아내고, 이러한 목표의 우선순위를 정하고 구체적인 계획을 세우기 위해 학생들과 협력하는 것이다. 이 초기 단계를 통해 코치들을 안내하기 위해 이 장 전반에 걸쳐 질문지와 양식이 제공된다.

Katy H. O'Brien 박사, CCC-SLP와 공동 집필한 제6장 '자기 관리 및 자율 학습 코칭: 목표-전략-행동-조정' 및 제7장 '자기 옹호 코칭'에서는 실행기능에 문제가 있는 대학생의 성공에 매우 중요한 세 가지 영역을 해결하는 데 필요한 기술을 코치에게 제공한다. 각 장의 초점은 학생의 목표나 그러한 목표를 달성하기 위한 전략뿐만 아니라 전체 자기 조절 과정에 있다. 제6장에서는 공부, 학습, 시간 관리, 계획 및 조직에 적용되는 코칭 관행을 통합한다. 왜냐하면 내 자신의 임상에서는 이러한 영역이 종종 분리될 수 없었기 때문이다. 제7장에서는 장애가 있는 대학생의 도움을 구하는 행동, 그리고 합리적인 편의 조치와 관련된 학생과 장애 서비스 전문가의 권리와 책임에 대해 코치가 알아야 할 정보를 제공한다. 코치에게는 GSAA를 사용하여 학생들이 장애 서비스 제공자, 강사 및 친구들과 함께 자기변호를 할 수 있도록 지도하는 방법에 대한 예가 제공된다.

제8장 '독립을 향한 코칭'에서는 학생들이 특히 '교착된' 것처럼 보일 때 더욱 독립적인 자기 조절자가 되면서 자기 코칭을 육성하기 위한 몇 가지 최종 제안과 함께 책을 마무리한다. 마지막으로, 독자들은 인식된 또는 실제 장애물을 탐색하고 잠재적

인 해결책을 식별함으로써 역동적 코칭을 현재 임상 또는 교육 실무에 어떻게 통합할 것인지 고려해야 한다.

제1부

기초 토대

제1장

실행기능 및 자기 조절

첫 번째 장에서 나는 독자들에게 실행기능을 소개하고 자기 조절이 수행하는 필수적인 역할을 설명한다. 대학생의 학업, 직장 및 사회생활에서 이러한 기술의 역동적이고 유동적인 특성을 고려할 때, 실행기능과 자기 조절 간의 관계를 이해하는 것이 매우 중요하다. 이러한 두 하위 유형 인지의 다양한 측면은 각각의 결함을 이해하는 데 도움이 될 뿐만 아니라, 대학생이 자신의 학문적, 사회적 성공을 최적화하기 위해 어떻게 지도를 받을 수 있는지 알려 준다. 이 장의 목적은 독자들에게 역동적 코칭 접근 방식의 기반이 되는 기본 지식을 제공하는 것이다. 따라서 이 장의 목표는 다음과 같다.

- 독자들에게 실행기능이 무엇인지, 대학생의 실행기능 장애가 어떤 것인지에 대한 이해를 제공한다.
- 독자들에게 실행기능의 핵심인 유동적이고 지속적인 인지 작용으로서의 자기 조절에 대한 이해를 제공한다.
- 독자들에게 자기 감찰, 자기 통제, 전략 및 계획 실행, 비교 및 조정 등의 지속적이고 의도적인 과정과 비교하여 자신에 대해 가지고 있는 신념(자기 인식 또는 자기 효능감이라고 함) 간의 관계를 설명한다.

● 독자들에게 대학생을 위한 자기 조절의 중요성과 그것이 우리 코칭 접근 방식의
초점인 이유를 설명한다.

실행기능이란 무엇인가

　신경심리학, 교육, 발달 및 인지심리학을 포함한 다양한 분야에서 등장한 실행기
능에 대한 몇 가지 수용 가능한 정의가 있다. 그러나 실행기능이 무엇이고 무엇을
하는지 이해하려면 먼저 실행기능이 더 넓은 인지 틀 내에 존재한다는 점을 이해해
야 한다. 가장 일반적인 틀은 30년 전인 1986년에 Stuss와 Benson이 제안한 것이다.
20세기 중반 Luria(1973, 1980)의 연구에 따르면, 인지의 구성 요소는 기본 및 상위 수
준의 사고 능력을 모두 포함하는 계층 구조로 간주된다. 이 표현에서 '자기감(sense
of self)'은 인지의 최고 수준이다. 이것이 우리가 자신을 인식하는 방식이며 일반적으
로 '자기 인식'으로 조작된다. 보다 기본적인 인지, 언어 및 운동 과정은 계층 구조의
맨 아래에 표시된다. 여기에는 주의, 각성, 시공간적 기술, 기억력, 언어, 지각, 정서
적 과정 및 운동 기술이 포함된다. 〈표 1-1〉은 이러한 각 과정에 대한 정의와, 각 과
정의 장애가 대학생의 행동에 어떻게 나타날 수 있는지에 대한 간략한 정의를 제공
한다. 예를 들어, 정보를 저장하는 기억 능력이 손상된 학생은 강의를 이해할 수 있
지만, 나중에 정보를 유지하는 데 어려움을 겪는다. 대부분의 학생은 자신에게 필요
한 모든 것을 배우는 데 어려움을 겪지만, 기억 장애가 있는 학생들은 특히 불리한
입장에 있다. 주의를 집중하는 데 어려움을 겪는 학생은 수업 시간에 발표된 내용을
기억하는 데 어려움을 겪는 것처럼 보일 수 있으므로 기억 장애처럼 보일 수 있지만,
근본적인 문제는 부주의로 인해 나중에 회상할 수 있도록 정보를 기억에 저장하는
데 어려움을 겪는 것이다.

　그러므로 인지, 감각, 언어 및 운동 장애는 다양한 장애를 초래한다. 이러한 장애
가 학생의 학업 및 사회적 경험에 미치는 실질적인 영향은 〈표 1-1〉에 나열되어 있

다. 이러한 장애는 예시일 뿐이라는 점에 유의하라. 이는 이러한 장애로 인해 발생하는 모든 장애를 포함하는 것은 아니다.

대학생들은 이러한 장애에 대해 무엇을 할 수 있는가? 장애를 보상하는 데 도움이 될 수 있는 합리적인 편의를 얻는 것 외에도(제7장 참조) 학생들은 자신의 실행기능의 도움을 받아야 한다. 기억 장애가 있는 학생들은 미리 계획하고 필기를 잘하고, 강의를 녹음하고, 효과적인 학습 및 시험 전략을 사용하는 데 도움이 되는 다양한 실행기능(위계의 중간에서)을 확보할 수 있다. 장애는 장애물과 장애물을 만드는 경향이 있는 반면, 실행기능은 이러한 장애물을 극복할 수 있는 도구이다(Ylvisaker, 1998).

Stuss와 Benson(1986) 모델에서 실행기능은 운동, 인지, 언어 또는 감정과 같은 보다 기본적인 장애로 인해 발생한 장애를 보상하는 능력을 조절한다. 이를 위해 그들은 자기감 또는 자기 인식과 기본 과정 사이의 중간에서 작동한다.

표 1-1 인지, 언어, 신체 및 감각 과정과 이러한 영역의 장애가 대학에서 학업 및 사회적으로 성공하는 능력에 미치는 방식

인지적 과정	이러한 결함이 있는 학생들이 가질 수 있는 어려움
주의(Attention): 특정 활동, 행동 또는 작업에 집중하는 것. 기본에서 복잡한 수준까지의 집중, 지속, 교대 및 분할이 포함됨	• 수업과 공부 중, 혹은 대화 중에 주의가 산만해진다. • 자신의 차례가 아닌데 이야기를 한다. • 좌절감에 대한 인내심이 낮다. • 과제나 개인적인 약속을 완수하지 않는다.
시공간(Visuospatial): 공간 이해, 항목이나 특징을 식별 혹은 사물을 인식하는 것과 같은 시각적 정보를 이해하고 정신적으로 조작할 수 있는 능력	• 읽기 과제를 천천히 또는 매우 어렵게 완료한다. • 읽을 때 쉽게 피로해진다. • 수치나 그래프를 해석하는 데 어려움을 겪는다. • 그래픽으로 표시된 정보를 부분적으로만 기억한다. • 강의 노트를 작성할 때 노트를 제대로 정리하지 못한다.
각성(Alertness): 각성을 유지하기	• 수업이나 공부 중에 잠이 든다. • 학업 활동 중에 각성이 수시로 변동하여 이해력과 기억력이 일관되지 않는다. • 특히 인지적 노력(수업이나 시험 등)을 한 후에는 잦은 휴식이 필요하다. • 일주일에 한 번 열리는 3시간 수업과 같이 빈도가 낮고 긴 수업을 참을 수 없다. • 작업을 완료하는 데 더 많은 시간이 필요하다.

〈계속〉

기억(Memory): 저장했다가 나중에 불러올 수 있도록 정보를 모으는 것	• 시험에 필요한 사실과 새로운 정보를 기억하는 데 어려움을 겪는다. • 읽은 내용을 잊어버린다. • 읽을 때 정보를 연결하거나 추론을 끌어낼 수 없다. • 과제 마감일이 언제인지 알지 못한다. • 반 친구의 이름을 기억하지 못한다. • 일정이 혼란스러워지면서 잘못된 날, 잘못된 장소, 잘못된 수업에 출석한다. • 공부할 때 반복과 같은 나쁜 기억력 전략에 의존한다. • 과제를 완료했지만 제출하는 것을 잊어버리거나 엉뚱한 곳에 둔다. • 한 수업에서 배운 정보와 다른 수업에서 배운 정보를 혼동한다. • 사교 모임에 참석하는 것을 잊어서 친구들과 멀어지게 된다.
자율/정서(Autonomic/Emotional): 자동 반응을 포함한 내적 기분 또는 감정	• 시험 불안이 있다. • 그룹을 피하고 급우나 교수와 개인적인 관계를 거의 맺지 않는다. • 불안이나 우울증으로 인해 정보를 기억하는 데 어려움이 증가하는 등의 인지적 '부작용'을 경험한다. • 학업 실패로 인해 학생으로서의 자기 효능감이 쉽게 약화된다. • 어려운 상황에 대한 회복력이 낮다. • 회피, 과식이나 소식, 알코올이나 카페인 과다 섭취 등 부정적인 대처 행동을 보인다. • 추가 확인으로 인해 과제가 늦게 제출되더라도 강박적으로 서류나 과제에 오류가 있는지 확인한다. • 학업과 사회생활의 균형을 맞추는 데 어려움이 있다.
감각/지각(Sensory/Perceptual): 촉각 또는 고유 감각(신체가 공간에서 어디에 있는지 아는 것)과 같은 일반적인 감각 입력. 시각 및 청각과 같은 특정 감각 입력	• 특히 그룹 작업 중에 배경 소음 때문에 말을 이해하는 데 어려움을 겪는다. • 명확하게 들을 수 없는 경우 또래와의 대화를 피한다. • 화이트보드의 슬라이드나 메모를 볼 수 없다. • 교과서를 읽는 데 어려움이 있다. • 글쓰기 자료를 조작하는 데 어려움이 있다. • 수업 시간에 선호 좌석을 요구한다. • 감각 과부하로 인해 일반적인 대학 경험을 즐기지 못한다(예: 축구 경기, 시끄러운 파티 또는 레스토랑 피하기).

〈계속〉

언어(Language): 표현 언어에는 단어를 생각하고, 단어의 소리를 순서대로 배열한 다음 이를 문법적으로 올바른 문장으로 구성하는 것이 포함됨. 적절한 속도와 의도한 의미에 맞는 억양으로 말함. 수용 언어에는 강조, 얼굴 또는 신체 표현, 억양과 같은 요소를 기반으로 하는 명시적 및 암시적 음성 이해 및 의미 해독이 포함됨. 또한 유창하게 읽고 쓸 수 있음	• 질문에 느리게 대답한다. • 여러 명의 화자의 말을 듣고 응답해야 하는 그룹 상호 작용으로 인해 좌절감을 느낀다. • 새로운 어휘를 천천히 배운다. • 단어를 찾을 때 '것(things)' 또는 '거시기(stuff)'와 같은 비특이적인 말을 사용하거나 횡설수설한다. • 강의를 이해하는 데 어려움을 겪지만 명확한 질문을 하는 것은 주저한다. • 강사의 말을 명확하게 듣고 시각적 입력을 사용하여 청취 이해력을 최대화하려면 수업 맨 앞자리에 앉아야 한다. • 동시에 듣고, 이해하고 쓰지 않기 위해서 대필자를 이용하거나 수업 후 급우들과 노트를 교환한다. • 텍스트를 읽을 때 함의적인 정보를 이해하는 데 어려움이 있다. • 함의적인 정보는 생략하면서 텍스트의 명시적인 정보에 초점을 맞춘다. • 긴 보고서를 작성하고 편집하려면 지원이 필요하다. • 글을 쓸 때 문법이나 철자 오류를 자주 범한다.
운동 근육(Motor): 팔다리, 손, 얼굴 또는 혀와 관련된 모터 움직임을 계획하고 실행함	• 수업 시간에는 천천히 메모한다. • 타이핑 속도가 생각의 흐름보다 느리기 때문에, 컴퓨터에서 보고서나 이메일을 작성하는 데 추가 시간이 필요하다. • 비공식적인 상황이나 수업 프레젠테이션과 같은 보다 공식적인 활동 중에 또래들과 이해하기 쉽게 대화하는 데 어려움을 겪는다. • 수업 사이를 이동하거나 수업 시간에 자리를 찾는 데 추가 시간이 필요하다. • 인지적 필요보다는 이동 필요에 따라 수업 시간에 좌석을 선택해야 한다(예: 더 명확하게 들을 수 있는 앞쪽에 앉는 것보다 휠체어를 위한 공간을 확보하기 위해 뒤쪽에 앉기).

실행기능으로 요약된 기술을 지칭하는 데 사용되는 용어는 다양하지만, 예측, 목표 설정, 계획 및 감찰과 같은 능력을 포함한다. 실행기능은 기본 기술을 제어하는 역할을 하고, 무엇을 주의해야 할지, 민감한 질문에 어떻게 미묘하게 응답할지, 어떤 목표가 다른 목표보다 더 중요한지, 전략 사용을 어떻게 시작할지에 대해 지시하고 평가하며, 결과를 목표와 어떻게 비교할지 등에 대한 결정을 내린다. 그러나 실행기

능은 보다 기본적인 과정에도 의존한다. 예를 들어, 일반적인 학생은 텍스트를 읽기 위해 주의를 유지할 수 있어야 하지만, 실행기능은 텍스트에 주의를 집중하는 동시에 어떤 정보가 가장 중요한지 결정하기 위해 노력한다. 이와 대조적으로, 학생이 새로운 정보를 유지할 수 없는 심각한 기억 장애가 있는 경우, 목표를 설정하고 전략적 결정을 내리는 능력이 저하될 것이다. 왜냐하면 이러한 종류의 결정은 최근에 발생한 일에 대한 정확한 기억에 어느 정도 의존하기 때문이다. 이는 또한 학생들이 기본 시스템 수준과 중간 수준의 실행기능에서 어려움을 나타낼 수 있음을 의미한다. 이 학생들은 **이중 장애**가 있다. 기본적인 인지 과정의 장애와 실행기능의 장애, 즉 장애를 보완하거나 대처하는 방법을 알아내는 데 도움이 되는 바로 그 과정의 장애이다.

신경심리학 및 재활 분야(예: 언어 병리학 및 작업 치료)는 '일상생활에서 목표 지향적이고 목적이 있는 행동을 결정'할 수 있는 실행기능의 통합적 성격을 강조해 왔다. 이러한 과정에는 억제, 작업 기억, 생각 및/또는 행동 전환, 목표 생성, 계획, 추론, 자기 통제, '특정 작업이나 상황에 맞는 감찰 및 적응 행동'이 포함된다(Cicerone et al., 2000, p. 1605).

실행기능이 어떻게 정의되는지와 관계없이 이러한 과정 중 많은 부분이 상호 연관되어 있다는 것은 의심할 여지가 없다. 2000년에 청년과 노년층의 광범위한 실행기능 작업을 분석한 결과, 이러한 기능은 기본적으로 정보 이동, 업데이트 및 감찰, 억제의 세 가지 범주의 행동과 관련이 있는 것으로 나타났다(Miyake, Friedman, Emerson, Witzki, & Howerter, 2000). 최근에는 Hofmann, Schmeichel 및 Baddeley (2012)가 실행기능의 다양한 모델에 포함된 요소를 검토하고 세 가지 공통 기능이 모델 간 변동성을 설명한다는 결론을 내렸다.

① **작업 기억**: 내부적으로 정보를 보유, 조작 및 업데이트하는 능력으로 정의된다.
② **억제**: 충동이나 일상에 기초한 행동이나 사고를 억제하거나 중단하는 능력으로 정의된다.
③ **정신 세트 전환**: 한 종류의 행동이나 사고 패턴에서 다른 종류의 행동이나 사고 패턴으로 앞뒤로 전환하는 능력으로 정의된다.

다른 사람들은 실행기능이 어린이(Gioia, Isquith, Guy, & Kenworthy, 2002)와 성인(Roth, Lance, Isquith, Fischer, & Giancola, 2013) 모두의 행동 조절과 메타인지라는 두 가지 광범위한 범주로 분류될 수 있음을 발견했다. 연구자들은 BRIEF(Behavior Rating Inventory of Executive Function)라는 질문지를 사용하여, 모든 항목이 **행동 조절과 사고 조절(메타인지)**이라는 두 가지 방식 중 하나로 상호 연관되어 있음을 발견했다.

이 책의 목적에 따라 실행기능과 대학생의 행동에서 나타날 수 있는 장애의 예가 〈표 1-2〉에 나열되어 있다. 이 목록은 연구에 대한 우리의 지식에서 나온 것이며 일반적으로 젊은 성인의 일상생활 경험과 실행기능 문제가 있는 대학생과의 작업에 이바지하는 것으로 식별된다. 예를 들어, 인지적 자기 조절 능력이 부족한 기억 장애 학생은 시험공부에 걸리는 시간과 노력을 과소평가하게 되어, 미리 계획을 세우고 공부 일정을 조정하고 더 많은 노력이 필요하다는 것을 알고 있는 인지적 자기 조절 능력이 뛰어난 기억 장애 학생보다 성적이 더 나쁠 수 있다. 따라서 인지, 운동, 감각, 언어 및 정서 장애가 있음에도 불구하고 대학에서 성공할 능력이 있는 학생들은 문제를 예측하고, 장애로 인해 발생하는 장애물을 극복하는 솔루션을 만들 수 있도록 강력한 실행기능 기술이 필요하다. 앞서 지적한 바와 같이, 다른 장애 외에 실행기능에 문제가 있는 학생은 이중 장애를 가지고 있다. 〈표 1-2〉에 나열된 실행기능 문제의 징후는 대학생들이 겪을 수 있는 문제 종류의 예이다.

실행기능 목록이 왜 그렇게 다양한가? 여기에는 세 가지 주요 이유가 있다. 첫째, 무엇보다도 이 정의는 과학과 교육의 발전을 기반으로 Luria(1980)와 Stuss와 Benson(1986)의 원래 틀을 수정하려는 다양한 분야의 연구자들의 노력을 반영한다. 목록이 수정되었지만 실행기능이 일상적인 문제를 관리하기 위해 더 기본적인 시스템을 감독하는 동시에 동일한 시스템으로부터 입력을 받는다는 개념은 검사하기 어려운 개념이었다. 위계의 반대편에서는 자신의 자기감(sense of self)이나 자기 인식의 통합과 영향력이 표면적으로는 타당하지만 증명하기는 어렵다. 과학 및 교육 공동체가 사용을 더 수용하고 있다는 점을 감안할 때, 우리는 한편으로는 보다 기본적인 인지 과정과 다른 한편으로는 자기 인식에 의해 수행되는 실행기능에 대한 기여를 이해하는 데 실제로 더 가까워졌다. 검사 결과, 인터뷰, 질문지를 혼합하여 개인이 자신의 생각에 대해 어떻게 생각하는지 그리고 그 이유를 알아본다.

둘째, 실행기능은 본질적으로 발달적이며, 실행기능에 부여된 명칭은 생애 전반에 걸쳐 바뀌는 것 같다. 어린이의 형성되는 실행기능은 성인 초기에 확고해진다. 신경 생물학적으로 피질 회백질의 구조적 구조와 백질의 연결은 젊은 성인의 뇌 전두엽에서 성숙에 이른다(Barnea-Goraly et al., 2005).

표 1-2 실행기능과 이러한 영역의 장애가 대학에서 학생의 능력에 나타날 수 있는 증상

실행기능	학생은 아마도…….
주의 통제(Attention control): 무엇에 주의를 기울일지, 무엇을 무시할지, 얼마나 오래 주의를 기울일지, 언제 주의를 전환할지 결정하는 것	• 과제의 한 부분에만 너무 집중한다. • 수업 중, 시험 중, 공부하는 동안 주의가 쉽게 산만해진다. • 긴 과제를 완료할 때 주의가 산만해진다. • 자료를 기억하거나 배우지 않는다.
기억 조절(Memory control): 정보를 조작하기 위해 정보를 마음속에 보유하는 것. 필요할 때 세부 정보를 인출하고, 나중에 어떤 일을 해야 한다는 것을 기억하는 것(즉, 미래 계획 기억)	• 토론이나 긴 지침 또는 텍스트를 따라갈 수 없다. • 멀티태스킹에 어려움이 있다(예: 듣기, 메모하기). • 제한된 정보를 바탕으로 결정을 내린다. • 과제를 수행하고 계획하는 것을 잊어버린다. • 중요한 세부 사항을 잊어버린다. • 이전의 중요한 정보를 기억하지 못하기 때문에 핵심 내용이나 이야기 결론을 놓치게 된다. • 선택 사항을 비교하는 데 어려움이 있다.
개시(Initiation): 상기시키는 것이나 기억에 대한 반응으로 행동하고 따라가는 것	• 게으르거나 의욕이 없어 보인다. • 과제를 시작하거나 다시 시작하는 데 문제가 있다. • 다른 사람에게 도움을 구하지 않는다. • 미루는 것처럼 보인다.
억제 및 충동 조절(Inhibition and impulse control): 상황에 맞지 않거나 어울리지 않는 말이나 행동을 하고 싶은 충동을 참는 것	• 즉각적인 결정을 내리고 성급하게 결론을 내린다. • 과제를 확인하지 않고 빠르게 완료한다. • 상황을 고려하지 않고 떠오르는 것을 말한다. • '기다려 보기'보다는 '즉시' 신속하게 대응한다.

〈계속〉

문제 식별 및 목표 설정(Problem indentification and goal setting): 문제가 있을 때를 알고, 목표를 결정하고, 목표 달성을 위해 더 작은 목표/작업을 만드는 것	• 문제가 있을 때 인식하지 못한다. • 일반적인 문제(예: 글쓰기에 문제가 있음)는 식별하지만, 문제의 원인이나 해결 단계는 식별할 수 없다. • 많은 목표를 생성하지만, 특히 대규모 할당의 경우 논리적 단계로 순서를 지정할 수 없다. • 목표를 달성하는 데 필요한 작은 단계로 나눌 수 없다.
사고와 행동의 유연성(Flexibility in thinking and behavior): 이전 또는 일상적인 관점, 행동, 사고 방식을 바꿀 수 있는 능력	• 다른 사고방식이나 행동 방식이 문제 상황을 해결하는 데 도움이 될 수 있다는 점을 인식하지 못할 수도 있다. • 특히 공부하고 사교할 때 일상에 얽매인다. • 새로운 일과를 시작하지만 유지할 수 없다. • 자기중심적으로 보인다. • 일상생활이 중단되면 다시 일상으로 돌아가는 데 어려움을 겪는다.
감정 자기 조절(Emotion self-regulation): 과민반응 없이 일상의 기복을 관리하고 회복하는 것	• 상황에 맞지 않는 방식으로 감정적으로 반응한다. • 피드백을 받을 때 화를 내거나 지나치게 낙담한다. • 짧은 시간 동안 감정의 변동이나 '기분의 변화'가 있다. • 누군가 자신의 의견에 동의하지 않으면 쉽게 짜증을 낸다.
인지적 자기 조절(Cognitive self-regulation): 전략의 필요성을 감찰하고, 전략을 선택하고 실행하는 것	• 학습의 필요성과 학습 전략을 사용할 필요성을 과소평가한다. • 과제를 완료하고 시험 공부를 하는 데 소요되는 시간과 노력을 과소평가한다. • 현재 학습 전략이 효과적이지 않더라도 학습 전략을 조정하거나 변경하지 않는다. • 유용할 수 있는 여러 가지 학습 전략을 알고 있지만 사용하지 않는다.

　　그리고 뇌는 현재 신경 가소성이라고 이해하는 것을 통해 성인기 전반에 걸쳐 변화하지만, 근본적인 구조적 토대는 20대 중반이 되면 상당히 완성된다(Lebel & Beaulieu, 2011). 환경(학교, 직장, 놀이)에 따라 요구 사항이 변화한다. 실행기능을 조력하는 가족에게 의존했던 아이들이 독립성을 발휘하고, 또래 피드백에 더 많이 의존하면서 더 어려운 상황을 탐색함에 따라 갑자기 실행기능을 수행하도록 기대받게 된다. 우리는 또한 우리가 경험한 것이 미래 시점에서 뇌가 어떻게 반응할지를

변화시킨다는 것도 알고 있다. 반대로, 노인이 되면 인지의 일부 측면이 저하된다 (Salthouse, Atkinson, & Berish, 2003). 따라서 실행기능의 정의는 해당 정의가 파생된 연령 그룹을 반영할 수도 있다.

셋째, 실행기능은 신경생물학의 차이나 장애에 의해 영향을 받는다. ADHD와 같은 신경발달 장애가 있는 개인은 지적 장애가 있는 개인과 다른 특정 종류의 실행기능 문제를 가지고 있다. TBI(외상성 뇌 손상, Traumatic Brain Injury), 뇌졸중, 종양, 뇌염 또는 진행성 신경 질환(예: 다발성 경화증)을 포함한 후천적 뇌 손상이 있는 개인은 부상이 발생했을 때 개인의 연령, 부상의 유형 및 심각도, 뇌 손상 위치, 질병의 회복 패턴 또는 진행에 따라 고유한 실행기능 결함을 갖는다. 따라서 실행기능의 정의는 연구가 기반으로 삼은 모집단 표본을 반영한다.

이전에 언급했듯이, 우리는 이러한 과정이 자기 평가, 전략 결정 내리기, 주의 분산하기, 행동 시작하기, 산만함 차단하기, 주의 전환하기, 노력하기, 목표 만들기, 행동 계획 따르기, 조정하기 등이 함께 작동한다는 것을 알고 있다. 피드백(자기 또는 외부)에 대한 응답으로 추론과 의사결정을 허용하기 위해 작업 기억에 정보를 보유한다. 이 모든 작업은 주어진 활동에서 수행을 최대화하기 위해 겉보기에 거의 노력하지 않고도 수행된다. 이것이 우리가 세상에서 기능하는 방식에 긍정적이거나 부정적인 영향을 미칠 수 있는 매우 중요한 사고 및 행동 방식이라는 데 광범위한 합의가 있다. 특히 장애가 있는 대학생의 경우 더욱 그렇다. 이 책의 목적에 따라 실행기능 영역은 각 영역의 어려움과 관련된 학생의 가능한 행동의 예가 〈표 1-2〉에 설명되어 있다.

그러나 실행기능이 모든 종류의 행동에 관여하는 것은 아니다. 무엇을 해야 할지 생각하지도 않는 자동적인 행동과 루틴은 수년간 동일한 행동을 반복하거나 조건화된 반응을 통해 굳어진 장기 기억에 기반을 두고 있다(Squire, 1992). 이러한 반응과 행동은 빠르고 자동적인 것처럼 보이며, 인지적 또는 의식적 통제가 거의 이루어지지 않는다. 이러한 행동의 예로는 아침 일과의 일부로 이를 닦거나, 자동차를 운전하거나, 심지어 오븐에서 칠면조 향을 맡자마자 지난 추수감사절 저녁 식사에 대한 추억을 떠올리는 것 등이 있다. 대학생들은 수업 중에 메모하기, 플래시 카드로 공부하기, 매일 아침 수업을 위해 책과 컴퓨터를 가방에 싸기 등 다양한 일상생활을 할 수 있다. 더 적절한 시간 동안 계획하고 공부하기 위해 실행기능을 사용하는 대신 시험 전에 벼락치기 공부를 하거나 전날 밤에 보고서를 쓰는 등 부적응적인 루틴을 설정할 수도 있다. 장애가 있든 없든 대학생은 고등학교 시절에는 잘 맞았던 예전의 일과에 의존할 수 있지만, 대학의 요구 사항을 충족하면 효과가 없게 된다. 실행기능 장애가 없는 학생은 무엇이 효과가 있는지 혹은 효과가 없는지 파악하고 조정할 수 있지만, 실행기능에 문제가 있는 학생은 스스로 이를 파악하는 기술이 부족하다.

자기 조절이란 무엇이며 실행기능과 어떤 관련이 있는가

자기 조절은 자신(따라서 '자기')의 인지적, 감정적 상태를 평가하고 그 평가에 비추어 무엇을 할지 결정하는 능력이다. 자기 조절은 인지적 고려 사항의 집합이며 우리 자신의 감정, 생각 및 행동을 감찰하고 제어할 수 있게 해 주는 '메타' 조작이다. 앞에서 Cicerone과 동료들(2000)이 기술한 자기 조절을 많은 실행기능 중 하나로 보는 대신 우리는 자기 조절을 단순한 것부터 복잡한 의도적인 행위에 이르기까지 모든 것을 수행하는 데 필요한 실행기능 과정과 통합적으로 관련되어 있다고 본다. 자기 조절은 상황 내에서 발생하며 제한된 자원이므로 학생들은 빠른 학습 결정과 느리고 계획적인 학습 결정을 모두 내려야 한다. 자기 조절의 이러한 측면을 더 자세히 탐색하려는 독자는 자기 조절 학습의 복잡성을 다루는 『메타인지 학습』 특별호를 참조하라(Ben-Eliyahu & Bernacki, 2015).

자기 조절은 때때로 **메타인지**(metacognition), 즉 인지 및 **메타기억**(metamemory)을 언급할 때 자신의 생각에 대해 사고하거나 기억과 학습에 대해 사고하는 것과 동의어로 사용된다. 때때로 자기 조절은 '자기 통제(self-control)'만을 포함하는 것으로 해석되거나, 과식과 같은 일상적이거나 충동적인 행동을 보류하거나 관여하지 않거나, 우리가 실제로 생각하는 것을 불쑥 내뱉지 않는 것으로 해석된다. 인지, 발달, 교육 심리학자들은 자기 조절을 자기 감찰과 자기 조절을 모두 포함하는 것으로 간주한다.

Flavell(1979)은 자기 조절을 두 부분으로 개념화한 발달심리학자였다. 그는 지속적인 '메타인지적 경험(metacognitive experience)'을 학교, 집, 직장 등 일상생활에서 일어나는 것과 우리가 참여하는 활동 중에 지역 사회에서 발생하는 것으로 설명했다. 이러한 경험은 자기 감찰(self-monitoring; 자기 평가)과 자기 조절(특정 방식으로 행동하기로 결정하는 능력)의 두 부분으로 나눌 수 있다. Stuss와 Benson(1986) 개념에서 이러한 과정은 모델 중간의 실행기능에 암묵적으로 내재되어 있지만, 자기 감찰 및 자기 통제에 중점을 두고 있다. Flavell의 개념화의 두 번째 부분은 메타인지적 또는 자전적 '신념'이다. 이것은 우리가 자신에 대해 믿는 것과 통합되는 일상 경험에 대해 저장된 기억이다. 여기에는 우리가 잘하는 것과 잘못하는 것, 그리고 어떤 전략이 성공했는지에 대한 아이디어가 포함된다. 신경심리학자들은 이것을 '자기감(sense of self)'이라 부르고, 이를 '자기 인식(self-awareness)'으로 조작할 수 있다. Flavell은 또한 이 둘 사이의 상호 작용을 강조했다. 메타인지적 경험은 우리의 메타인지적 신념이나 자기감을 업데이트하는 역할을 한다.

그 이후로 심리학자, 교육자, 재활 전문가들은 지속적인 자기 조절이 문제를 파악하거나 복잡한 활동에 참여하려는 목표 및 동기와 어떻게 상호 작용하는지를 생각해 왔다(Carver & Scheier, 2001; Evans, Kirby, & Fabrigar, 2003). Carver와 Scheier(1991)는 여기에 적합한 자기 조절의 두 가지 의미를 요약했다. 첫째, '사람이 [적극적으로] 세상과 상호 작용할 때 자기 교정 조정이 이루어진다는 의미'이고, 둘째, '목표 지향적 행동과 같은 목적의식'이다(p. 168). Kennedy와 Coelho(2005)는 자기 조절에 대한 이러한 개념을 사용하여 후천적 뇌 손상(예: TBI, 뇌졸중)으로 인해 실행기능에 문제가 있는 개인의 의도적이고 복잡한 활동에 대한 기본 과정과 결함의 잠재적 지점을 설명했다. 여기서는 행동의 주기 또는 순서로 표시되는 이것이 이 책 전체에서 사용되는 자기 조절 모델이다. [그림 1-1]은 2005년에 개념을 수정한 것이다. 이는 자기 감찰, 자기 통제, 조치 취하기, 목표와 성과 비교, 조정 사이의 지속적인 관계를 보여 준다. 우리의 접근 방식에 영향을 준 이론에 대한 논의를 위해, 독자들은 Hart와 Evans(2006)도 참고하기 바란다. 이 모델의 각 부분은 다음과 같은 방식으로 운영된다.

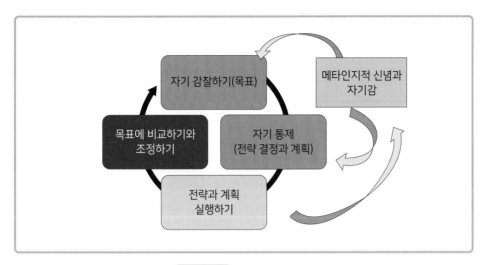

그림 1-1   자기 조절 모델

출처: Kennedy & Coelho (2005).

- 자기 감찰하기 또는 자기 평가하기는 과거 경험과 작업 요구 사항을 기반으로 개인이 어떻게 수행할지 고려하거나 예측함으로써 수행된다. 자신이 원하는 만큼 성과를 내지 못할 것이라고 생각하면 목표가 설정된다. 자신이 잘할 것이라고 생각한다면 목표를 세울 이유가 없다. 목표를 만드는 것은 실제로 '사건' 또는 나머지 단계를 생각하게 하는 순서를 촉발하게 한다(예: Locke & Latham, 2002).
- 자기 통제, 즉 전략 결정하기는 자기 감찰하기와 연결된다. 목표의 필요성을 스스로 평가한 후에는 전략적 결정을 내려야 한다(예: 이전에 사용했던 것과 동일한 전략을 사용하거나 다른 전략을 사용).
- 행동하거나 전략 계획을 실행한다.
- 피드백을 받을 때 결과와 목표를 비교한다. 피드백은 자체적으로 생성되거나(자기 감찰하기 사용) 외부에서 생성될 수 있다(예: 강사 또는 고용주 피드백). 피드백 유형과 관계없이 기꺼이 자기 감찰하려는 행동은 이 단계의 핵심 구성 요소이다. 목표가 달성되면 목표나 전략을 조정할 필요가 없다. 그러나 목표가 달성되지 않으면 목표나 전략 중 하나를 조정해야 한다(예: 목표를 변경하거나 다른 전략을 선택하여 구현).

공부하는 대학생의 일반적인 메타인지적 경험을 예로 들어 보겠다. 학생은 상황을 평가하고(자기 감찰) 다가오는 시험을 위해 공부에 노력을 기울여야 한다는 것을 깨달아 전략(자기 통제)을 사용하기로 하고(예: 수업 노트 복습) 하나를 선택한다. 그것은 과거의 그녀에게 좋은 일이었다. 그러나 시험 성적이 예상보다 낮을 때(결과를 목표와 비교), 그녀는 목표를 달성하려면 다음번에는 다른 전략(자기 통제)을 사용해야 한다고 결정한다. 목표와 성취도의 불일치, 즉 예상보다 낮은 성적은 목표가 동일할 경우 다른 학습 접근 방식을 고려하도록 강요한다. 그러나 그녀는 다음 시험에 대한 성적 기대치를 낮추고 동일한 학습 전략을 고수할 수도 있다. 이 두 시나리오 모두에서 그녀는 조정을 통해 목표와 성과 사이의 불일치를 줄였다(Carver & Scheier, 1991).

[그림 1-1]에 표시된 모델에서 메타인지적 신념 또는 자기 인식은 모두 메타인지적 경험에 영향을 미치고 또한 영향을 받았다. 이것이 어떻게 작동할까? 앞의 예에서 학생은 자신을 학문적으로 강하고(메타인지적 신념) 수업 노트를 복습하는 것과 같은 간단한 전략에 의존할 수 있는 사람으로 여겼다. 이것이 과거에 잘 먹혔던 방식이었고 지금은 그 전략을 바꿀 이유가 없다고 생각했다. 이로써 그녀의 자기감과 과거 경험이 그녀의 전략 선택에 영향을 미쳤다. 그러나 결과가 기대했던 것보다 낮을 때 그녀는 목표를 조정하거나(예: 낮은 성적을 받아도 괜찮다) 다른 전략을 선택하여 좀 더 수용 가능한 성적을 얻을 확률을 높일 수 있었다. 자신에 대한 인식(자기 효능감이라고도 함)이 강하면, 즉 자신이 더 나은 성적을 받을 수 있다고 믿는다면, 메모 카드를 만들어 셀프 퀴즈에 사용하는 등 이전에 자료가 어려울 때 사용했던 전략과 같은 다른 학습 전략을 선택할 가능성이 크다. 다음 시험을 준비하기 위해 그녀는 노트 카드를 사용했고 시험 성적이 향상되었다. 이러한 경험은 강한 학생으로서 그녀의 자기감을 바꾸지는 않을 것 같지만, 요구가 더 큰 상황에서는 더 많은 시간과 노력이 필요한 다른 전략을 사용해야 한다는 것을 그녀에게 보여 줄 수 있다. 그리고 자신이 강한 학생이라는 기본 믿음은 변하지 않을 수 있지만, 이 경험은 **자신이 이를 파악하고 성공할 수 있다는 인식**을 풍부하고 깊어지게 했다.

자기 효능감 또는 자기 결정성은 자기 인식의 중요한 측면이며 '나는 성공할 것이다' 또는 '나는 이것을 알아낼 것이다'라는 믿음이 조작적 정의에 사용된다. 그러나

'자기 결정'에 대한 더 넓은 기반의 구성 개념은 진행 중인 자기 평가와 자기 조절뿐만 아니라 자기 효능감이나 자기 자신에 대해 가진 신념 모두를 포착한다. 자기 결정성은 다음과 같다.

> 개인이 목표 지향적이고 자기 조절적이며 자율적인 행동을 할 수 있게 해 주는 기술, 지식, 신념의 조합이다. 자신의 강점과 한계를 이해하는 것과 함께 자신이 유능하고 효과적이라는 믿음은 자기 결정성에 필수적이다. 이러한 기술과 태도를 바탕으로 행동할 때 개인은 자신의 삶을 통제하고 성공적인 성인의 역할을 맡을 수 있는 더 나은 능력을 갖게 된다(Field, Martin, Miller, Ward, & Wehmeyer, 1998, p. 115).

실제로 강한 자기 결정성을 가진 개인은 낮은 자기 결정성을 가진 개인보다 목표 달성에 더 큰 노력을 기울이고 더 끈질기게 노력할 가능성이 높다(Bandura, 1997). 그러나 학생들은 또한 실행 가능한 목표를 만들 수 있어야 하고 목표를 달성하기 위한 지식, 계획 및 기술을 갖추어야 한다(Schunk, 1991).

감정을 스스로 조절하는 것은 지금까지 논의의 중심이 되어 왔던 인지적 자기 조절 능력에 긍정적 또는 부정적 결과를 미칠 수 있는 중요한 요소이다. 감정 조절은 자신의 감정 상태를 스스로 감찰하고 조절하는 능력이다. 불안과 같은 감정이 발생하면 개인의 자기 통제력에 부정적인 영향을 미칠 수 있다. Wyble, Sharma 및 Bowman(2008)은 인지 영역에서 자기 통제 결정을 내리는 능력을 방해할 수 있는 정서적 자기 조절의 신경 네트워크를 설명했다. 그들은 성가신 인지 조절 과제(즉, 스트룹 과제) 동안, 부정적인 감정적 간섭이 어려운 작업에서 속도를 늦추거나 억제하거나, 심지어 주의를 철수시킬 수도 있다는 사실을 보여 주었다. 대학에서는 학생들이 학업이나 사회적으로 어려움을 겪는 경우 부정적인 피드백을 많이 받을지도 모른다. 이러한 부정성은 상황이나 활동에서 피하거나 물러날 가능성을 초래할 수 있고, Wyble과 동료들은 보호나 방어 기제로 설명한다. 따라서 대학에서 좋은 성적을 거두고 긍정적인 피드백을 받는 학생들보다 이러한 학생들이 의지할 수 있는 코치나 개인들로 구성된 팀의 지원을 받는 것은 이 학생에게 훨씬 더 중요하다. 더욱이, 애

초에 부정적인 경험이 발생하지 않도록 방지하는 것은 실행기능 문제가 있는 대학생을 지원하는 핵심 요소가 될 수 있다.

❧ 왜 자기 조절을 강조하는가

자기 조절은 '자기(the self)'가 이러한 과정에 어떻게 입력되는지를 평가하고, 선택하고, 행동하고, 적응하고, 이해하는 능력이다. 자기 조절은 실행기능의 핵심인 일련의 과정이다. 현재의 대학 및 직장 환경을 고려해 보라. 성공적인 학생이나 직원은 규칙을 따르지만 빠르게 평가하고, 옵션을 찾고, 필요에 따라 적응할 수 있는 사람이다. 이러한 유동적 형태의 지능은 실제로 두 환경 모두에서 학습을 예측한다. Sitzman과 Ely(2011)가 실시한 메타 분석에 따르면 자기 조절의 네 가지 측면이 학습과 업무에 가장 큰 영향을 미치는 것으로 나타났다.

① 달성 가능한 목표를 식별하고 설정한다.
② 이러한 목표를 향해 취하는 조치를 지속적으로 수행한다.
③ 좋은 노력이나 동기를 부여하고 유지한다.
④ 성공할 수 있는 지식과 기술을 가지고 있다는 자기 효능감을 갖는다.

이런 의미에서 자기 조절은 학습 맥락에서 "목표 지향적 행동을 반영하며 함께 작동하는 다양한 과정이 포함된다. ……"(Sitzman & Ely, 2011, p. 421). 여기에서 맥락은 대학이다.

일반적으로 고등학생과 대학생의 자기 조절은 전반적인 학업 성취 및 적응과 관련이 있는 것으로 보인다. 자기 조절 능력을 갖춘 학생들은 이러한 능력이 없는 학생들에 비해 졸업할 가능성이 더 크고 GPA도 더 높다(Getzel & Thoma, 2008; Kitsanta, Winsler, & Huie, 2008). 대학생의 GPA에 기여하는 요인에 대한 검토에서, Richardson, Abraham, Bond(2012)는 자기 효능감이 GPA를 가장 잘 예측하고 학생의 고등학교 GPA가 그 뒤를 따른다는 것을 발견했다. 또한 자기 조절의 세 가지 측면(자기 효능감, 목표 설정, 노력 조절) 모두 GPA와 정적 상관관계가 있었다.

또한, 여러 연구에서는 고학년 고등학생과 대학생의 자기 조절과 학업 스트레스 사이의 관계를 지적한다. 예를 들어, Kadzikowska-Wrzosek(2012)은 시험 스트레스를 경험했지만 자기 조절 전략을 사용한 18~19세 청소년이 자기 조절 기술을 사용하지 않은 스트레스를 받은 학생에 비해 정신 건강 문제가 더 적다는 사실을 발견했다. 다른 연구에서는 대학교 1학년 때 자기 조절 능력(건설적 사고 또는 문제해결, 감정 조절, 숙달감)이 향상된 학생들이 1학년 말에 자기 조절 능력이 향상되지 않은 학생들과 비교하여 심리적으로 더 잘 적응했다는 사실을 발견했다(Park, Edmundson, & Lee, 2011).

불행하게도, 개인은 자기 조절 능력이 제한되어 있는 것 같다. 사회 및 행동 과학 분야의 600개 이상의 연구에 따르면 자제력, 즉 목표를 달성하는 데 필요한 생각이나 행동을 조절하는 능력이 고갈될 수 있는 것으로 나타났다. 즉, 우리는 일정한 양의 자기 조절 자원이 있으며, 자원이 고갈되면 자기 조절을 억제하거나 사용할 가능성이 낮아진다(Muraven & Baumeister, 2000). 대학생들에게는 자제력의 필요성이 매우 요구될 수 있다. 학생들은 공부하고, 수업에 정시에 도착하고, 마감일을 지키고, 건강한 생활 습관을 실천하고, 때로는 친구에게 거절하는 등의 규율을 발휘해야 한다. 그러나 대학 생활의 일부인 스트레스는 자제력을 손상시키거나 고갈시킨다. 예를 들어, 높은 수준의 시험 스트레스를 경험하는 학생들은 시험 전에 흡연을 더 많이 하고(West & Lennox, 1992) 운동을 덜 하는 경향이 있다(Steptoe, Wardle, Pollard, Canaan, & Davies, 1996). 이 두 가지 행동에는 자제력이 필요하다. 후자의 경우 흡연에 대한 자제력을 발휘할 수 없었고, 전자의 경우 운동을 계속함으로써 자제력을 발휘하지 못했다. Oaten과 Cheng(2005)은 시험 중에 스트레스를 받은 학생들이 건강에 해로운 식습관, 흡연, 카페인 섭취에 더 많이 관여할 가능성이 크고, 감정 조절 능력이 부족하고, 끝까지 최선을 다하지 않는, 예를 들어 좋지 않은 공부 습관을 가질 가능성이 높다는 사실을 발견했다. 대학생과 함께 일하는 전문가가 스트레스가 자기 조절에 미치는 해로운 영향을 더 잘 이해한다면, 학생들이 학기 중 중요한 시기에 자기 조절 피로를 예방하기 위한 스트레스 관리 계획을 수립하는 데 도움을 줄 수 있다.

장애가 없는 대학생의 경우 자기 조절은 일반적으로 학업 성공을 예측한다. 장애가 있는 개인의 경우 강력한 실행기능, 특히 자기 조절 기술을 갖는 것이 성공에 더욱 중요하다. 청각, 시각, 이동 장애와 같은 장애가 있는 학생의 경우, 강한 실행기능이 있는 학생은 장애를 보완하고 해결할 수 있으며 학습, 사교 및 업무에 대한 많은 장애물을 극복할 수 있다. 그러나 **실행기능 장애**가 있는 학생들은 성공 가능성을 높일 수 있는 자기 조절 기술이 부족하다. 왜냐하면, 그들은 이러한 **비판적인 사고방식**과 **문제해결 방식**이 부족하기 때문이다. Ylvisaker(1998)는 이러한 자기 기술을 강조할 필요성을 강조하면서 "당신이 가진 것보다 당신이 가진 것으로 무엇을 하느냐가 더 중요하다."라고 하였다. 즉, 대학 수준의 학습을 할 수 있는 기본적인 인지력, 언어력, 기억력을 갖춘 학생의 경우, **장점과 단점보다 자신의 장점을 어떻게 활용하고 단점을 보완하는지가 대학 성공에 더 중요하다.**

요약하면, 실행기능은 더 기본적인 인지 능력을 감독하는 고차원적인 인지 과정으로 간주한다. 실행기능 기술에 대한 정의와 목록은 많지만, 자기 조절은 실행기능에 내재된 일련의 과정들이다. 자기 조절에는 지속적인 조절 과정(자기 감찰, 자기 통제, 자기 행동, 자기 비교/조정)과 자기감, 혹은 자신에 대해 믿는 것이 모두 포함된다. 복잡하고 의도적인 활동에서는 목표 설정, 전략 선택, 필요한 단계 계획 및 순서 지정, 전략을 사용하여 단계 수행, 전략을 사용하여 성과 평가, 필요한 경우 조정을 수행하기 위해 자기 조절이 필요하다. 자기 조절의 하나로 강한 자기 효능감과 자기 결정성은 대학뿐 아니라, 직장에서도 성공을 예측하는 요인이다. 자기 조절 능력은 모든 대학생에게 중요하지만, 장애가 있는 학생에게는 매우 중요하다. 그러나 실행기능 장애가 있는 학생들은 문제해결, 보상, 대학의 학업, 직업 및 사회적 요구에 적응할 수 있는 인지 과정에 장애의 본질이 있기 때문에 독특한 단점을 가지고 있다.

이제 제2장의 후천적 조건(예: 뇌 손상) 또는 발달 조건(예: ADHD)의 결과로 실행기능 문제를 겪을 가능성이 있는 대학생 그룹을 살펴보겠다.

제2장

실행기능 문제가 있는 대학생

이제 실행기능과 자기 조절, 그리고 이러한 기술이 대학생에게 어떻게 나타날 수 있는지 이해했으므로 이러한 기술과 관련하여 장애가 있을 가능성이 있는 대학생의 유형을 설명하겠다. 많은 대학생은 식별 가능한 장애가 있는지 여부와 관계없이 실행기능 측면에서 어려움을 겪을 수 있다. 대학에 입학하는 학생 중 대학이 요구하는 요구 사항에 진정으로 준비된 학생은 거의 없다. 그러나 시간이 지남에 따라 일반 학생들은 대학 환경에 적응하여 학업을 성공적으로 완료하고 사회적 관계를 유지하기 위해 일상을 조정하는 경향이 있다. 사실 대학 학위의 이점을 생각할 때, 단지 혜택의 일부는 수강 과목의 내용에 기인한다. 다른 나머지는 다양한 직장, 학교 및 사회적 환경에서 사용할 수 있는 복잡하고 유연한 실행기능 루틴의 개발로 인한 것이다. 이러한 유형의 실행기능 개발을 종종 '성숙'이라고 한다. 그러나 실행기능에 문제가 있는 학생들은 대학 환경에 대한 준비가 되어 있지 않을 뿐만 아니라, 이러한 학업 요구 사항을 충족하는 방법을 알아내는 데 필요한 기술도 없다. 이렇게 그들은 필요한 기술이 부족하므로 자신이 원하는 학생이 되기 위해 스스로 적응하려고 고분분투한다.

이 장의 주요 목표는 장애가 있는 모든 대학생의 맥락 안에서 실행기능 문제가 있는 대학생을 설명하는 것이다. 국립교육통계센터(NCES; Raue & Lewis, 2011)는

2008~2009년에 총 3,680개(4,170개 중 88%) 기관에 총 707,000명의 장애 학생이 등록했다고 보고했다. [그림 2-1]은 장애 범주별로 학생을 등록한 고등 교육 기관의 비율을 가장 높은 것부터 가장 낮은 것 순으로 보여 준다. 86%에서 41%까지의 다양한 범주에서 거의 50% 이상의 기관이 TBI, 자폐 스펙트럼 장애(Autism Spectrum Disorder: ASD), 인지/지적 장애 또는 '기타' 종류의 장애를 앓는 학생이 없다고 보고한 것이 주목할 만하다.

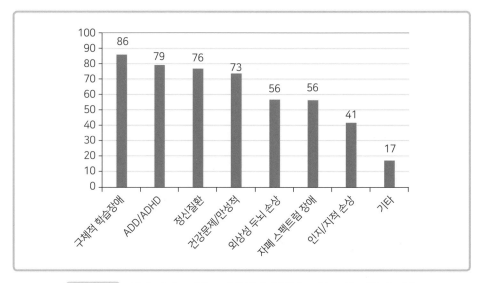

그림 2-1 장애 카테고리별로 대학생이 등록된 고등 교육 기관의 비율

출처: Raue & Lewis (2011).

　더 놀라운 점은 모든 고등 교육 기관이 학습 장애 또는 ADHD가 있는 학생을 등록했다고 보고하지 않는다는 것이다. 이는 확실히 대학 캠퍼스에서 가장 큰 장애 학생 그룹이다.

　[그림 2-2]에는 장애 범주별로 학생 비율이 가장 높은 것부터 가장 낮은 것 순으로 표시되어 있다. 일부 장애 학생 그룹에 대한 보고가 부족한 점을 고려할 때, 이 수치는 **장애 학생 수가 실제 장애 대학생 수를 과소대표할 가능성이 있음**을 말해 준다. 장애 학생 서비스에 등록하는 것은 선택 사항이며, 전체 인구 규모를 고려할 때 이 숫자가 낮은 이유 중 하나일 수 있다. 더욱이, 특정 학생 하위 그룹은 장애 서비스로부터 지

원을 구할 가능성이 어느 정도 있을 수 있다. 이 숫자는 대학 캠퍼스 내 특정 장애 학생 그룹의 실제 분포를 반영하지 않을 수도 있다. 장애 학생 서비스로부터 지원을 구하지 않는 이유는 제7장에서 더 자세히 논의된다. Kennedy, Krause, Turkstra(2008)는 TBI를 앓고 있는 대학생 중 거의 50%가 장애 학생 서비스에 익숙하지 않거나 이러한 서비스에 접근한 적이 없는 것으로 나타났다.

이러한 학생 그룹의 장애가 시작된 시점을 고려하여 장애가 그들에게 어떠한 영향을 미칠 수 있는지 살펴보자. 장애가 있는 대학생 중 가장 큰 그룹은 발달 장애가 있는 학생이다. 즉, ADHD, LD(Learning Disabilities), 인지/지적 장애 및 ASD가 있는 학생이다. [그림 2-2]의 통계에 따르면, 이 그룹은 장애 대학생의 54%를 차지한다. 다른 그룹의 학생들은 청소년기 후반이나 성인기 초기에 장애를 갖게 된다.

우리의 경험에 따르면, 실행기능 문제가 있는 학생들을 이러한 방식으로 고려하는 것은 대학에서 경험하는 실행기능 문제의 종류와 자신의 장애를 보는 방식에 영향을 미치는 두 학생 그룹 간의 몇 가지 명확한 차이점이 드러난다. 발달 장애를 가지고 대학에 입학하는 학생들은 특수 교육 및 전환 팀을 포함하여 초등학교, 중학교 및/

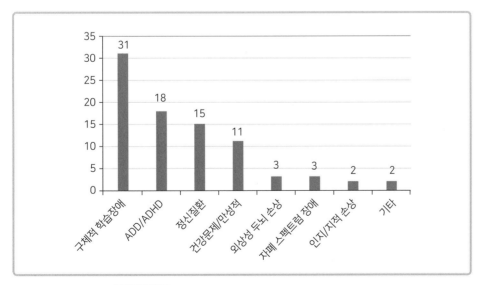

그림 2-2 중등학교 이후의 장애 등급별 학생 비율

출처: Raue & Lewis (2011).

또는 고등학교 전반에 걸쳐 교육 지원 및 편의 조치를 제공받을 가능성이 높다. 그들은 수년 동안 장애를 안고 살아왔고, 최근에 장애를 갖게 된 청년들에 비해 고등학교 시절의 경험을 바탕으로 더 확고한 자아의식을 갖고 있다. 또한 이 학생들은 과거에 효과가 있었거나 효과가 없었던 전략에 대해 더욱 확고한 신념을 갖고 있다. 그들은 이미 자신을 '시각적 학습자' 또는 행동을 통해 배우는 사람으로 여길 수도 있다. 따라서 그들은 자기 결정성을 포함하여 강한 자기 인식을 가질 수 있다. 그들에게 부족한 것은 강력한 실행기능에 대한 요구가 크고 지원의 양이 감소한 대학에서 어떻게 나아갈 것인지에 대한 이해이다. "학생들이 제한된 외부 구조를 제공하고 목표 지향적 행동을 조직하기 위한 내부 능력에 더 큰 요구를 하는 고등 교육 환경으로 전환함에 따라 ADHD 및 LD를 앓고 있는 많은 학생은 지원 서비스에 대한 강화된 필요에 직면한다. 이러한 새로운 수준의 도전은 종종 부모, 교사, 학교 프로그램이 높은 수준의 외부 구조를 제공했던 학생들의 고등학교 경험과 뚜렷이 대조된다"(Parker & Boutelle, 2009, p. 204). 갑자기 자기 조절 능력에 대한 요구가 부담되면서 모든 것을 파악하는 것은 학생들 자신에게 달려 있다. 그들은 오래된 전략과 일상이 효과적이지 않을 수 있는 새로운 학문적, 사회적 도전에 직면하고 있으며, 고등학교 때 받았던 지원의 양과 유형은 사실상 사라졌다.

청소년 후기에 실행기능 문제가 발생한 학생들의 경우, 자신의 능력과 장애에 대한 이해 또는 인식 부족으로 인해 대학에서의 요구가 더욱 악화된다. 앞서 언급한 바와 같이, 초등학교나 중학교 때 장애를 갖게 되면 발달 장애인에게 제공되는 것과 같은 지원을 받았을 수 있으며, 자아의식도 유사하게 확립될 수 있다. 그러나 고등학교 후반이나 대학에 입학할 때 후천적 장애를 갖게 된 학생들은 지원을 받더라도 자신이 무엇을 할 수 있고 무엇을 할 수 없는지 이해할 만큼 충분히 오래 '새로운 두뇌'를 갖고 살아오지 못했다. 이 학생들은 실제로 대학의 요구 사항이 무엇인지 파악하는 능력도 없으며, 이러한 요구 사항을 충족하기 위해 사용할 수 있는 전략도 없다. 이 두 그룹의 학생 사이의 차이점은 이러한 변화에 대처하는 방법, 대학에서 지도하는 방식, 성공을 위해 얼마나 많은 코칭 지원이 필요한지에 영향을 미친다.

학생들이 청소년기에 장애를 갖게 되었는지 또는 장애를 가지고 태어났는지 아닌지에 관계없이, 이 학생들 대부분이 이중 장애를 가지고 있다는 점을 기억하는 것이 중요하다. 즉, 이들은 기본적인 학습, 언어, 인지, 감각(예: 시각, 청각) 및 신체 장애가 있을 수 있지만, 학습 능력을 평가하고 실행기능을 사용하여 요구에 맞게 학습 전략을 조정하는 데 어려움을 겪는다. 〈표 1-1〉과 〈표 1-2〉를 다시 참고하면, 이러한 개인은 인지 과정뿐만 아니라 이러한 과정을 제어하는 실행기능에도 결함이 있다. 일상적인 대학 활동에서 나타나는 장애는 이 표에 포함된 많은 예와 유사해 보이지만, 중재 노력이 효과적으로 이루어지기 위해서는 이중 장애의 두 측면을 모두 다루어야 한다. 이러한 이중 장애의 영향을 받는 각 학생 그룹을 더 자세히 살펴보겠다. 먼저 우리는 발달 장애가 있는 학생들과 그들의 실행기능 문제에 대해 논의하고, 이어서 후천성 뇌 손상이 있는 학생들과 그들의 실행기능 문제에 대해 논의한다.

발달 장애 및 실행기능 문제가 있는 대학생

LD 및 ADHD 학생은 실행기능에 문제가 있을 가능성이 있는 장애 대학생 중 가장 큰 그룹이다. 정의에 따르면, 특정 LD가 있는 개인은 전반적인 지능, 학업성취 영역 및 인지 처리 영역 간에 장애 불일치가 있는 사람이다(고등교육 및 장애 협회[AHEAD], 2000). LD가 있는 개인은 실행기능에 문제가 있을 수도 있고 없을 수도 있다. 반대로, ADHD/주의력 결핍장애(Attention-Deficit Disorder: ADD)가 있는 개인은 근본적인 실행기능 문제의 결과로, 자신의 행동과 감정을 조절하는 능력에 영향을 미치는 자기 조절 장애로 오랫동안 믿어 왔다(예: Barkley, 1997). 예를 들어, Wallace, Winsler 및 NeSmith(1999)는 자신감(자기 효능감), 실행기능을 요구하는 학생의 책임 수행(예: 마감일 준수, 과제 지시 따르기) 및 연령이 ADHD가 있는 대학생의 학업 성취도(GPA)를 가장 잘 예측하는 변수라는 것을 발견했다.

ADHD는 전 생애에 걸쳐 나타나며 발달 부주의 및/또는 과잉행동-충동성을 특징으로 한다(American Psychiatric Association, 2000). DuPaul, Weyandt, O'Dell 및

Varejao(2009)는 대학생의 ADHD 유병률과 발병률을 검토한 결과, 2~8%가 ADHD를 갖고 있으며 과잉행동–충동성 장애가 가장 흔하다는 결론을 내렸다(DuPaul et al., 2001; Lee, Oakland, Jackson, & Glutting, 2008). 이것이 사실이라면 ADHD 및 ADD를 앓고 있는 수천 명의 학생들이 대학을 다닐 때 지원을 받지 못하는 것이다.

ADHD/ADD가 있는 개인의 경우 실행기능 문제는 이제 근본적인 일차적 결함으로 간주한다. Willcutt, Doyle, Nigg, Faraone 및 Pennington(2005)은 ADHD 환자에게 실행기능에 대한 일반적인 검사를 실시한 83개 연구에 대한 메타 분석을 수행했다. 포함된 연구 전체에 걸쳐 ADHD가 있는 개인은 3,734명, 식별 가능한 장애가 없는 개인은 2,969명이었다. ADHD 환자는 실행기능 문제에 대한 **모든 검사에서 더 낮은 성적을 보였지만, 억제, 각성(주의 유지), 작업 기억 및 계획의 손상이 실행기능 문제의 가장 일관된 영역이었다.** ADHD를 앓고 있는 모든 개인이 동일한 종류의 실행기능 문제를 겪는 것은 아니라는 가변성이 발견된 것은 그리 놀라운 일이 아니다. 연구자들은 다음과 같이 결론을 내렸다.

> EF(실행기능, Executive Function) 약점은 ADHD와 상당한 관련이 있지만, EF 결핍이 해당 장애가 있는 모든 개인에게 ADHD의 단일하고 필요하며 충분한 원인이라는 가설을 뒷받침하지 않는다. 대신, EF 장애는 ADHD의 전반적인 신경심리학적 병인을 구성하는 몇 가지 중요한 약점 중 하나인 것으로 보인다(Willcutt et al., 2005, p. 1342).

이러한 근본적인 실행기능 처리 장애는 문제해결의 어려움 및 열악한 자기 조절과 같은 다른 실행기능 문제와 함께 대학에서의 학업 및 사회적 성공을 방해할 수 있으며 이러한 관계는 현재 잘 입증되어 있다(예: Barkley, 1990; Butler, 1995).

ADHD를 앓고 있는 대학생들이 겪는 어려움은 무엇인가? DuPaul과 동료들(2009)은 ADHD 학생들이 겪는 학업적 어려움(및 사회적, 심리적 어려움)을 증명하는 간단하지만 자세한 연구 요약을 제공했다. 학문적으로, 이 저자들은 ADHD가 있는 전체 학생의 GPA가 낮고, 과제와 시험을 제 시간에 완료하는 데 어려움이 있으며, 장애가 없는 학생과 비교할 때 과제를 완료하기 위해 더 열심히 노력한다는 사실을 발견했다. 다른 연구자들은 ADHD를 앓고 있는 대학생들이 자신의 학습을 감찰하지 못하고, 어떤 학습 전략을 언제 사용해야 하는지 모르고, 비효과적인 전략을 사용하는 등의 자율 학습 문제를 보고한다는 사실을 발견했다(예: Zwart & Kallemeyn, 2001).

ADHD 학생이 대학에서 사회적 어려움을 겪는다는 연구 결과는 상이한 결과를 보이고 있다. 일부 연구는 학생들이 비장애 또래들에 비해 자존감이 낮고 적응력이 떨어진다고 보고한 반면(Shaw-Zirt, Popali-Lehane, Chaplin, & Bergman, 2005), 다른 연구는 학생들이 대학교 1학년 때 또래들처럼 자신의 사회생활에 만족한다고 보고했다(Rabiner, Anastopoulos, Costello, Hoyle, & Swartzwelder, 2008). 그럼에도 불구하고, ADHD를 앓고 있는 대학생의 사회적 문제가 실행기능 문제에만 관련되어 있는지는 확실하지 않다. 사회적 문제는 성격 유형, ADHD 유형(부주의 또는 과잉 행동), 특정 종류의 실행기능 문제를 포함하는 요인의 조합으로 인해 발생할 가능성이 더 높다.

ADHD와 LD가 있는 학생의 기본 처리 장애 중 일부가 겹치는 점을 고려할 때, 코치의 접근 방식에 영향을 미칠 수 있는 이러한 그룹 간의 차이점이 있는가? Reaser, Prevatt, Petscher 및 Proctor(2007)는 학습 및 학습 전략 목록 2판(LASSI; Weinstein & Palmer, 2002)을 사용하여 ADHD 학생의 학습 및 학습 전략을 언어 장애가 있는 학생 및 장애가 없는 학생과 비교했다. LASSI의 80개 항목에는 태도, 동기 부여, 시간 관리, 불안, 집중력, 정보 처리, 주요 아이디어 선택, 학습 보조 자료, 자가 검사 및 검사 전략 등 10개의 하위 척도가 있다. 장애가 없는 학생은 태도와 학습 보조 항목을 제외한 모든 하위 척도에서 두 장애 그룹보다 더 긍정적인 점수를 받았다. ADHD 그룹은 시간 관리, 집중력, 주요 아이디어 선택 및 검사 전략에서 LD 및 비장애 그룹보다 낮은 점수(즉, 더 나쁨)를 받았다. "ADHD를 앓는 학생들이 두 그룹보다 성과가 더 나쁘다고 보고한 영역에는 ADHD의 전형적인 특징인 두 가지 영역, 즉 집중력 저하와 자기 조절 및 시간 관리 능력 부족이 포함된다"(Reaser et al., 2007, p. 633). 그러나 ADHD 집단의 점수는 LD 집단과 유사하지만, 비장애 집단에 비해 낮은 영역인 동기부여, 불안, 정보 처리, 자가 진단 등이 있었다. 따라서 LD가 있는 학생들은 자기 조절에 대해 덜 명시적인 교육으로 구성된 코칭 지원이 필요할 수도 있다.

후천적 뇌 손상을 입은 학생들에 대해 논의하기 전에, 지적 장애와 ASD가 있는 학생들도 실행기능 문제를 보일 수 있다는 점에 유의하는 것이 중요하다. 지적 장애가 있는 학생들은 코치의 지원과 자신의 고유한 학습 필요에 맞게 특별히 고안된 프로그램의 지원을 통해 대학에 다닐 수 있다. 초등학교에서 ASD가 있는 학생의 수가 증가하고 학교 전반에 걸쳐 이러한 학생들에게 필요한 중재 및 구조적 지원 그리고 높아지는 특정 학습 및 사회적 능력과 장애에 대한 인식을 고려할 때, 대학 캠퍼스에서 ASD가 있는 학생의 수가 증가할 것이다. 현재 이 학생들이 초등학교에서 받는 지원의 양과 종류를 고려하면, 많은 학생이 실제로 대학 과정에서 성공할 수 있다는 것이 놀라운 일은 아니다. 그러나 이러한 수준의 지원이 더는 존재하지 않는 대학에 가게 되면, 그들은 자신의 일정을 관리하고 마감일을 지키며 대학 생활에 참여할 준비가 되어 있지 않는 것이다.

후천적 뇌 손상 및 실행기능 문제가 있는 대학생

후천성 뇌 손상(Acquired Brain Injury: ABI)은 출생 후 언제든지 발생하는 신경학적 손상이다. ABI에는 외상성 및 비외상성(예: 뇌졸중, 신경 질환)이라는 두 가지 광범위한 범주가 있다. 질병통제예방센터(CDC)는 "TBI는 머리를 부딪히거나 충격을 가하거나 충격을 받거나 관통하는 등 뇌의 정상적인 기능을 방해하는 두부 손상으로 인해 발생한다. TBI의 심각도는 '경증'(즉, 정신 상태나 의식의 짧은 변화)부터 '심각함'(즉, 부상 후 장기간의 무의식 또는 기억 상실증)까지 다양하다."(www.cdc.gov/traumaticbraininjury/basics.html)라고 정의한다. 이 정의에 따르면, 부상 심각도는 뇌진탕에서 혼수상태까지 다양하다. 뇌진탕이 뇌 손상인지 여부에 대해 일반 대중 사이에서는 약간의 혼란이 있지만, 의료 전문가들 사이에서는 혼란이 없다. 실제로 뇌진탕은 매우 경미한 TBI이다. [그림 2-2]의 통계에 따르면 대학에 재학 중인 장애 대학생 중 2%만이 TBI를 앓고 있는 것으로 나타났지만, 우리는 이 숫자가 점점 늘어나고 있다는 것을 알고 있다.

- 뇌진탕을 포함하여 TBI를 겪은 최근 전쟁에 참전한 군인과 퇴역 군인들이 911/ GI 이후 법안(post-911 GI Bill)을 사용하여 기록적인 수로 대학 캠퍼스로 돌아 가고 있다. 제3장에서는 이 특별한 대학생 그룹에 대해 설명한다. 2000년부터 2011년 사이에 국방부는 TBI를 겪은 군인이 235,046명이라고 추정했다(CDC, National Institutes of Health, Department of Defense, & Department of Veterans Affairs Leadership Panel, 2013).

- 축구 및 일상적인 운동 활동으로 인해 스포츠 관련 뇌진탕을 겪는 청년들은 모 범 사례가 개발됨에 따라 의료, 운동, 재활 및 학업 지원을 받을 가능성이 훨씬 더 높다. CDC는 미국에서 운동 활동 중에 매년 160~380만 건의 뇌진탕이 발생 하는 것으로 추정한다(Langlois, Rutland-Brown, & Wald, 2006).

　　매년 220만 명의 사람들이 TBI를 앓고 있다는 미국의 TBI 통계는 충격적이다. 응 급실 데이터에 따르면 이 숫자에는 뇌진탕이 발생한 개인이 포함되어 있으며 대부분 은 몇 주 내에 증상이 호전되는 경우이다. 뇌진탕 환자 중 10~15%는 뇌진탕 후 증후 군이라고 불리는 두통, 피로, 집중력 저하 등의 증상이 장기간 지속되는 것으로 추산 된다. 어린이와 청소년이 뇌진탕을 겪을 가능성이 가장 크지만, 지난 10년 동안 최근 발발한 전쟁으로 인해 수만 명의 군인이 뇌진탕을 포함한 TBI를 겪었고, 이는 전쟁 의 대표적인 부상이 되었다. 차량 사고와 낙상도 TBI의 주요 원인으로 남아 있으며, 특히 대학생 연령의 젊은 성인에게 더욱 그렇다.

　　TBI 이후 흔히 나타나는 인지 및 의사소통 장애에는 주의력 장애, 새로운 정보 기 억 및 학습, 처리 속도 저하, 단어 찾기 장애, 실행기능 장애 등이 포함된다(예: Draper & Ponsford, 2008). 외상 중 뇌의 광범위한 손상(즉, 뇌의 많은 영역이 손상됨)과 전두 엽의 크기 및 위치로 인한 실행기능의 문제는 TBI에서 어디에나 존재한다. 부상 후 1년 동안 이 모집단에 공통적으로 나타나는 실행기능 문제에는 세 가지 일반적인 그룹 또는 범주가 있다(Busch, McBride, Curtiss, & Vanderploeg, 2005). 첫째, 이 집단 은 행동을 스스로 생성하는 능력뿐만 아니라 행동(또는 반응)을 유지하거나 전환하 는 능력의 감소를 경험한다. 둘째, 이러한 사람들은 문제를 비교, 대조 및 해결하기 위해 작업 기억이나 정보 보유 및 조작에 어려움을 겪는다. 그리고 마지막으로, 이러한 개인은 부정확할 수 있는 정보를 억제하고 보고하는 데 어려움을 겪는다. 그리고 이 세 가지 종류의 실행기능 장애는 중등도에서 중증의 TBI 후에 흔히 발생하지만, 각 개인과 각 부상이 독특하다는 점을 인식하는 것도 중요하다. 이는 TBI와 관련된 가장 일반적인 종류의 실행기능 문제이다. 따라서 추가적인 실행기능 장애와 결합된 보다 기본적인 인지 장애(예: 주의력, 기억력, 학습 장애)의 높은 유병률을 고려하면, TBI를 앓고 있는 대학생이 이중 장애를 갖고 있다는 것이 분명하다. Kennedy, Vaccaro 및 Hart(2015)의 것과 같은 교육 문서에서는 TBI가 있는 대학생의 실행기능 문제에 대해 설명한다. 대상 독자는 대학 캠퍼스의 장애 서비스 제공자이지만, 이러한 문서는 TBI 및 실행기능 문제가 대학생에게 미칠 수 있는 영향에 익숙하지 않은 다른 전문가와 공유할 수 있다(www.partnership.vcu.edu/TBIresources/downloadables/CollegeStudents_TBI.pdf).

TBI가 있는 학생이 대학에 가면 어떻게 될까? 불행히도 문헌은 매우 명확하다. 왜냐하면, TBI를 앓고 있는 학생들은 학문적으로나 사회적으로 어려움을 겪기 때문이다. 그들은 부상 전보다 같거나 낮은 성적을 얻기 위해 더 많이 공부하고 더 많은 전략을 사용하고 더 많은 노력을 기울여야 한다고 보고한다(Hux et al., 2010; Kennedy, Krause, & O'Brien, 2014; Mealings, Douglas, & Olver, 2012; Willmott, Ponsford, Downing, & Carty, 2014). 그들은 또한 시간 관리 문제와 체계적 유지의 어려움을 보고한다. 이러한 문제로 인해 그들은 수업량을 줄여서 학위를 취득하는 데에도 결국 더 오랜 시간이 걸리고, 졸업할 경우 전반적으로 수업료가 더 높아진다(Kennedy et al., 2008). Kennedy와 동료들(2014)은 대학에서의 어려움을 기술하는 13개의 진술문에서 네 가지 범주, 즉 시간 관리 및 조직화하기, 공부하고 배우기, 사회적 측면, 그리고 긴장이나 스트레스가 나타난 것을 발견했다.

사회적으로, TBI가 있는 학생들은 부상 이전보다 친구 수가 적고 "다른 사람들이 자신의 문제를 이해하지 못한다."라고 보고한다(Kennedy et al., 2014). TBI가 있는 청소년은 다른 장애가 있는 또래보다 사회 활동에 덜 참여하며, 그들의 부모는 그들이 사회적 상황에서 철수하고, 주도권을 덜 갖고, 보다 내성적일 가능성이 더 크다고 보고한다(Turkstra, Politis, & Forsyth, 2015). 이러한 결과가 오로지 인지 장애(예: 기억력, 처리 속도, 실행기능 문제) 때문이라고 결론 내리기 쉽지만, 이 청소년들이 부상을 입은 후 일정 기간 동안 운전을 할 수 없는 경우도 있고, 사교 활동에 초대받지 못하며, 졸업 학점을 따라잡기 위한 추가 작업/노력은 그들이 사교할 시간이 적어진다는 것을 의미한다(Turkstra et al., 2015).

가벼운 TBI나 뇌진탕이 있는 젊은 성인의 경우는 어떤가? 경미한 TBI 또는 뇌진탕 환자에게 실행기능 문제를 포함한 인지 장애가 있는가? 대학 운동선수와 같이 뇌진탕을 앓는 대부분의 개인은 부상 직후 또는 부상 후 며칠 이내에 인지적 또는 신체적 증상을 경험한다(예: Covassin, Stearne, & Elbin, 2008). 다행스럽게도 뇌진탕 환자의 대다수는 처음 몇 주 내에 초기 증상이 완전히 회복되는 것을 경험한다(예: Halstead et al., 2013; McClincy, Lovell, Pardini, Collins, & Spore, 2006). 초기에 회복되지 않는 사람들의 경우, 지속적인 증상은 신체적(피로, 시각 장애, 두통, 불균형), 인지적(주의력 문제, 느린 처리, 기억 장애, 실행기능 문제) 및 심리사회적(과민성, 불안, 우울증, 좌절감, 분노) 측면으로 나타날 수 있다(www.cdc.gov/headsup/basics/concussion_symptoms.html). [그림 2-3]은 이 세 가지 영역 간의 가능한 상호 작용을 보여 준다. 예를 들어, 뇌진탕 후 증후군이 있는 사람들에게는 밝은 빛에 대한 민감성이 매우 흔하다. 밝은 조명은 몇 시간 또는 며칠 동안 지속될 수 있는 두통을 유발할 수 있다. 후유증이 있는 학생들은 밝은 교실에서 선글라스를 착용할 수 있는 편의를 받을 수 있지만, 이를 위해서는 익숙하지 않은 자기 옹호가 필요하다. 또한 뇌진탕 피로를 겪는 학생들은 휴식을 취할 수 있는 조용한 장소를 찾는 데 필요한 실행기능(또는 에너지)이 없다면 갑자기 캠퍼스에서 쉴 곳 없이 지내게 될 수도 있다. 불행하게도 다발성 뇌진탕을 앓은 학생들은 특히 기억력 및 학습 능력과 관련된 증상이 더 많이 나타날 가능성이 높다(Iverson, Gaetz, Lovell, & Collins, 2004).

뇌진탕을 앓는 학생들은 이러한 증상을 관리할 준비가 되어 있지 않다. 이는 부분적으로는 이전에는 관리할 필요가 없었기 때문이고, 부분적으로는 실행기능 문제 때문이다. 뇌진탕 환자를 포함한 많은 사람은 뇌진탕 환자들이 보다 심각한 TBI 환자와 마찬가지로 실행기능에 동일한 문제를 가질 수 있다는 사실을 인식하지 못한다.

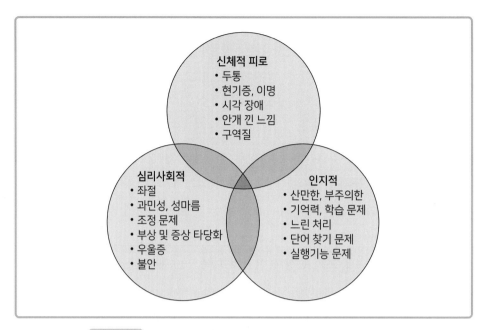

그림 2-3 뇌진탕 후 상호작용하고 겹치는 세 가지 증상 영역

Knollman-Porter, Constantinidou, Hutchinson Marron(2014) 등은 뇌진탕 후 증후군과 관련된 증상을 요약했다. 여기에는 주의력 조절, 감정 및 인지적 자기 조절, 작업 기억 및 억제의 감소가 포함된다. 최근 Donders와 Strong(2016)은 BRIEF-A(실행기능의 행동 평가 목록-성인 버전)를 사용하여 부상 후 1~12개월 동안 경미한 TBI가 있는 성인의 자체 보고 실행기능을 탐색했다. 그들은 실행기능의 세 가지 영역, 즉 메타 인지, 행동 조절, 감정 조절이 영향을 받는다는 것을 발견했다. Drake, Gray, Yoder, Pramuka 및 Llewellyn(2000)은 단어를 빨리 생각하기, 계획 및 전략 수립 속도, 향상된 기억력이 부상 후 3~15개월에 경미한 TBI가 있는 성인의 직업 상태(work status)를 예측한다고 보고했다. 분명히 실행기능 문제는 뇌진탕의 결과일 수 있다.

이제 뇌진탕을 앓은 학생이 대학을 포함한 학교로 복귀할 때 자신의 증상 상태를 관리하면서 천천히 학교로 복귀해야 한다는 공감대가 형성되었다. 학교로의 느린 초기 전환에는 처음에 더 적은 수의 수업 참석, 필기량 감소, 하루 중 예정된 휴식 시간, 학생의 증상이 없어질 때까지 시험 응시를 최소로 유지하는 것이 포함될 수 있다. 학생들이 얼마나 빨리 대학에 복귀하느냐는 뇌진탕 관리 프로그램의 하나로 증상을 주의 깊게 감찰하는 정도에 따라 달라진다. 현재 일부 대학에는 Miamy University 뇌진탕 관리 프로그램과 같이 뇌진탕을 앓는 학생 운동선수를 위한 공식적인 절차와 치료 센터가 있다. 이러한 프로그램이 있는 대학에 다니는 뇌진탕을 앓고 있는 학생은 증상을 관리하는 동안 학생을 교육하고 추적하는 방법을 아는 보건 진료소 직원이 동행해야 한다. 인지 활동 감찰 기록지는 학생들이 대학에 돌아올 때 증상을 추적하는 데도 도움이 된다(Master, Gioia, Leddy, & Grady, 2012).

뇌진탕을 포함한 TBI를 앓고 있는 대학생들은 대학 직원과 장애 서비스 전문가가 전통적으로 직면하지 않았던 독특한 문제를 안고 있다. 이 장 끝에 있는 [부록 2-1]은 뇌진탕 후 증후군 환자가 직면하는 독특한 증상과 학업적 어려움에 대해 교육자와 장애 서비스 제공자를 위해 제작된 교육 책자이다.

비외상성 뇌 손상은 뇌졸중, 진행성 질환(예: 다발성 경화증, 파킨슨병, 알츠하이머병), 비진행성 질환(예: 뇌염, 수막염), 알레르기 반응 및 기타 다양한 신경학적 사건과 질병으로 인해 발생할 수 있다. 신체의 다른 곳에서 외상이나 질병으로 인해 뇌로 가는 산소가 감소하는 것이다. 이러한 손상에서는, 실행기능을 담당하는 특정 영역, 즉 전두엽과 뇌의 나머지 부분과의 백질 연결에 대한 국소적 또는 국부적 뇌 손상으로 인해 실행기능 문제가 발생한다. 예를 들어, 좌반구 전두엽 뇌졸중이 있는 개인은 언어 장애가 있을 뿐만 아니라 처리 속도, 시작, 계획 및 문제해결 능력이 저하될 수 있다. 우반구 전두엽 뇌졸중 환자는 개시, 처리 속도, 감정 조절, 추론 및 문제해결 능력이 저하될 수 있다.

요약하면, 실행기능에 문제가 있는 학생들이 기록적인 숫자로 대학에 다니고 있다. 전통적으로 대부분의 학생은 ADHD/ADD 및 LD를 앓고 있는 학생이었지만, 이전보다 더 많은 지적 장애 및 ASD 학생이 대학에 다니고 있다. 최근 TBI와 뇌진탕에 대한 관심이 높아짐에 따라 더 많은 대학생이 자신의 결함을 인식하고 대학에 있는 동안 지원을 구하고 있다. 학생 그룹 간의 유사점과 차이점에 대해 알게 된 후, 제3장에서는 뇌 손상 및 외상 후 스트레스 장애(PTSD)를 앓고 있는 군인 출신의 대학생에 대한 심층적인 이해를 제공한다.

제3장

군 복무자 및 대학 퇴역 군인

　9·11 이후 GI 법안(post-911 GI Bill)을 통해 200만 명의 퇴역 군인이 미국 대학에 입학할 수 있는 것으로 추산된다(Madaus, Miller, & Vance, 2009). 따라서 이 장의 목적은 학업 성적에 영향을 미칠 수 있는 군 복무와 관련된 요소를 논의하는 것이며, 이 정보를 통해 군 복무자 및 퇴역 군인[1]이 대학에 등록할 때 그들을 코칭하는 방법이 향상되기를 바란다. 이 장의 구체적인 목표는 다음과 같다.

- 군인/퇴역 군인의 학교 복귀에 영향을 미칠 수 있는 군 복무 및 전투 배치와 관련된 부상 및 증상의 복잡한 패턴을 설명한다.
- 군인 및 퇴역 군인과의 의사소통을 강화하고 강력한 치료 동맹 개발을 지원할 수 있는 군대 문화에 대한 이해를 촉진한다.

---

1)　역자 주: 이 장에서 '군 복무자'는 대학생 신분의 현역 군인을 뜻하고, '퇴역 군인' 혹은 '재향 군인'은 대학생 신분의 제대한 군인을 의미한다.

폭발, TBI 그리고 전쟁의 상처

아프가니스탄(Operation Enduring Freedom: OEF)과 이라크(Operation Iraqi Freedom: OIF) 작전의 전쟁과 새로운 새벽 작전(Operation New Dawn)의 철수 단계(OND)는 미국 역사상 가장 긴 군대 교전을 의미한다. 2001년 이후 약 270만 명의 군인이 이라크와 아프가니스탄에 배치되었으며(Watson Institute for International and Public Affairs, 2015), 160만 명의 군인이 퇴역 군인 신분으로 전환되었다(Adams, 2013). 이러한 전쟁은 적군이 폭발 장치를 사용하는 것이 특징이며, 이로 인해 군인과 퇴역 군인 사이에서 폭발물 노출 사고의 발생률이 높다. 전투에서 입은 부상의 절반 이상이 폭발 장치와 관련이 있다(Hoge et al., 2008; Terrio et al., 2009). 폭발은 가압파와 관련된 1차 부상을 초래할 수 있다. 다른 부상은 날아다니는 파편, 낙상, 폭발 파동과 관련된 연기 또는 독소와 관련될 수 있다(Warden, 2006). 군용 보호 장비와 전장 의료의 개선으로 TBI(외상성 뇌 손상, Traumatic Brain Injury)를 포함할 수 있는 이러한 부상의 생존 가능성이 효과적으로 높아졌다. 민간인과 마찬가지로 이라크와 아프가니스탄에서 발생한 TBI의 75~90%는 경미한 정도이다(Hoge et al., 2008; Schell & Marshall, 2008; Terrio et al., 2009). 국방 및 재향 군인 뇌 손상 센터(DVBIC, 2015)는 2000년부터 2014년 사이에 전 세계 군대에서 배치된 군인과 배치되지 않은 군인 모두가 320,344건의 TBI를 겪었다고 보고한다. 이러한 TBI 중 82.5%는 경증, 8.3%는 중등도, 1%는 중증, 1.4%는 관통 뇌 손상, 6.8%는 분류할 수 없는 것으로 분류되었다. Iverson, Langlois, McCrea 및 Kelly(2009)는 가능한 한 많은 TBI를 포착하도록 설계된 선별 방법으로 인해 보고된 TBI의 총 수에 위양성 및 위음성 보고서가 모두 포함될 수 있다고 지적한다. 이 총계는 증상이 계속 나타나는 개인의 수가 아니라, **TBI를 보고한 개인의 수**를 반영한다. 군인의 경미한 TBI를 식별하는 데 있어 다른 어려움으로는 사건이 발생한 지 오랜 후에 실시하는 검사와 전투 스트레스에 대한 자연스러운 반응으로 "멍하고 혼란스럽다."라고 보고한 개인을 포함시키는 것 등이 있다(Iverson, 2010; MacGregor,

Dougherty, Tang, & Galarneau, 2012).

중등도에서 중증의 TBI는 일반적으로 주의력, 기억력, 실행기능의 심각한 인지 장애와 관련이 있는 반면, 가벼운 TBI(**뇌진탕**이라고도 함)는 일반적으로 우수한 예후와 관련이 있다. 민간인과 운동선수로부터 얻은 증거(Iverson, 2005; McCrea et al., 2003; McCrory et al., 2013)에 따르면, 이들 개인의 대다수는 부상 후 3개월 이내에 신경심리학적 증상이 해소되는 것을 경험한다. 그러나 일부 개인은 뇌진탕 후 지속적인 증상을 보고하며, 이 증상의 유병률은 민간인의 2%에서 20% 이상인 것으로 보고된다(예: Alves, Macciocchi, & Barth, 1993; Gunstad & Suhr, 2004; Wood, 2007). 수많은 연구에 따르면 군인과 퇴역 군인의 만성 뇌진탕 후 증상은 경미한 TBI보다 PTSD와 같은 동반 장애와 더 관련이 있을 가능성이 높다(예: Hoge et al., 2008; Polusny et al., 2011). 병인에 관계없이 이 집단의 지속적인 인지 장애는 대학 성적을 저하시킬 수 있다.

경미한 TBI 병력이 있는 일부 군인 및 퇴역 군인은 부상 후 몇 년 동안 집중력 및 기억력 영역에서 지속적인 인지 장애를 보고한다. 전문가들은 경미한 TBI가 뇌진탕 후 증후군과 동의어가 아니라는 점을 인지해야 한다. 전투 경험은 배치 기간 이후에도 지속될 수 있는 신체적 또는 정신적 어려움에 기여할 수 있다(Belanger, Donnell, & Vanderploeg, 2014). 또한 전쟁 지역으로 배치하면 뇌 손상이 없더라도 신경 심리학적 손상에 기여할 수 있다는 점에 유의해야 한다. Vasterling과 동료들(2006)은 배치된 개인이 지속적인 주의력과 기억 측정에서 감소된 수행능력을 보여 주었다는 것을 발견했으며, 이는 전투 배치 **자체**가 신경 기능의 미묘한 변화와 연관되어 있음을 시사한다.

❧ 외상 후 스트레스 장애

2001년 아프가니스탄 전쟁이 시작된 이래, 전투에 배치된 군인과 퇴역 군인들은 '다중 외상 임상 3대 요소(polytrauma clinical triad)'라고 불리는 일련의 장애인 PTSD, 만성 통증 및 TBI 진단을 받았다(Lew et al., 2009). 뇌 외상과 전투 스트레스는 독일이 포탄에 폭발물을 사용한 것으로 인해 제1차 세계 대전 초기에 관찰되었다. 이 상태는 '쉘 쇼크(shell shock)' 또는 '신경쇠약증(neuroathenia)'으로 표시되었다(Shively & Perl, 2012). 제2차 세계 대전과 한국전쟁 당시 불안, 우울증, 기분 변화, 수면 장애, 약물 남용, 자살 충동을 보이는 군인들은 '전투 피로증(combat fatigue 혹은 battle fatigue)'으로 진단되었다.

미국정신의학협회는 베트남전이 끝난 지 5년 후인 1980년에, 이러한 증상군을 PTSD로 규정했다. PTSD는 사망 또는 심각한 부상의 위협을 포함하고 개인의 사회적 상호 작용, 업무 능력 또는 기타 중요한 영역에서 기능하는 능력에 심각한 고통이나 손상을 초래하는 병인학적 사건(또는 사건들)에 대한 노출과 관련이 있다(American Psychiatric Association, 2013). Hoge와 동료들(2004)은 12.2~12.9%의 군인과 해병대가 이라크에 배치되었고, 아프가니스탄에 배치된 이들 중 6.2%가 배치 후 3~4개월에 PTSD 진단 기준을 충족했다는 사실을 발견했다. PTSD는 감정, 생각 또는 사건의 재경험, 회피 행동, 각성과 반응성의 변화, 인지와 기분의 지속적인 부정적 변화 등을 특징으로 하는 **불안 장애**이다(American Psychiatric Association, 2013). PTSD의 진단 기준에는 수면 장애, 과민성, 공격적인 행동, 과잉 경계, 집중력 문제, 과장된 놀람 반응 등이 포함되지만 이에 국한되지는 않는다(American Psychiatric Association, 2013).

PTSD 유무에 관계없이 사막 폭풍 작전 참전 용사를 비교한 연구에서, Vasterling, Brailey, Constans 및 Sutker(1998)는 PTSD 그룹의 신경 인지 발견에는 무질서한 각성과 관련될 수 있는 지속적인 주의력 영역의 경미한 결함이 포함되지만, 이에 국한되지 않고 선택적 주의나 주의 전환의 결함은 없음을 발견했다. 기억과 관련하여 작업 기억 및/또는 정보의 정신적 조작 및 초기 정보 획득에 결함이 나타났지만, 학습된 내용을 유지하는 데에는 결함이 없었다. 또한 PTSD 그룹은 학습 작업 중에 이전에 제시된 정보로부터 더 많은 간섭을 경험했는데, 이는 오류율이 더 높고 PTSD가 아닌 그룹보다 관련된 정보와 관련이 없는 정보를 분리하는 데 더 큰 어려움이 있음을 나타낸다.

Vasterling과 Brailey(2005)의 문헌 연구에 따르면, 전두엽 기능 장애와 관련이 있을 수 있는 개시 문제가 있는 개인은 약간의 지도 후에 전략을 성공적으로 사용할 수 있지만, 덜 자발적인 전략 생성에 참여하는 것으로 나타났다. 이 결과는 이러한 개인이 초기 지도 후에 전략 사용을 지원하기 위해 광범위한 서비스가 필요하지 않을 수 있음을 시사한다. Vasterling과 Brailey는 또한 완전히 참여하지 않음, 즉 잠재력을 최대한 발휘해야 하는 활동에서 단절된 결과로 인지 기능 장애가 발생한다고 논의한다. PTSD 문헌을 요약하는 것은 이 장의 범위를 벗어나지만, 전투에 배치된 개인과 함께 일하는 모든 전문가는 PTSD가 뇌진탕 후 증후군과 유사한 증상을 초래할 수 있다는 점을 이해하는 것이 중요하다.

❧ 만성 통증

통증은 복잡한 현상이다. 급성 통증은 부상 가능성을 경고한다. 그러나 만성 통증은 급성 부상 이후에도 지속될 수 있으며 과거 부상이나 신체적 손상의 증거가 없는 경우에도 지속될 수 있다(American Academy of Pain Medicine, n.d.; www.painmed.org/patientcenter/facts-on-pain/#chronic). VA(Department of Veterans Affairs) 의료 센터의 OEF/OIF 퇴역 군인 340명을 대상으로 한 후향적 연구에서 81.5%가 만성 통증을 호소했으며, 허리 통증(58%)과 두통(55%)이 가장 흔하다고 보고했다(Lew et al., 2009). 두통은 PTSD와 가벼운 TBI 또는 더 심각한 TBI의 병력이 있는 퇴역 군인에 의해 자주 보고되기 때문에, 전문가들은 두통의 원인을 뇌 손상으로 돌리고 싶어 할 수 있다. 그러나 두통이 단일 원인과 연관되지 않을 가능성이 있다. 두통은 "통합된 의학적 및 심리적 개입에 대한 반응 정도에 있어 통증 상태 중에서 유일하다"(Borkum, 2007, p. 3). 병인에 관계없이 일반적으로 두통과 통증은 우려할 만한 원인이다. Von Korff, Dworkin, Le Resche 및 Kruger(1988)는 두통과 허리 통증이 있는 개인이 다른 통증 상태가 있는 개인보다 활동 제한이 더 높다고 보고했으며, 통증은 심리적 고통과 관련이 있음을 발견했다.

❧ 수면 장애

OEF/OIF/OND 퇴역 군인의 인지 및 일상 기능에 영향을 미치는 둘째 요인은 수면 장애이다. 수면 문제는 PTSD, 주요 우울 장애, 일반 불안 장애를 포함하되 이에 국한되지 않는 다양한 정신 건강 장애의 진단 기준에 포함된다(American Psychiatric Association, 2013). 수면 문제는 완전 수면 부족과 부분 수면 부족으로 분류할 수 있다. 부분 수면 부족은 수면 단편화, 선택적 수면 단계 박탈, 수면 시간 감소로 분류된다(Banks & Dinges, 2007). 14일 동안 밤에 4~6시간으로 수면을 제한한 전향적 연구에서 작업 기억과 지속적인 주의력을 평가하는 인지 작업의 수행은 1~2일 동안 잠을 전혀 자지 못한 개인의 수행과 비슷했다(Van Dongen, Maislin, Mullington, & Dinges, 2003). Mysliwiec와 동료들(2013)은 전투 경험이 있는 군인의 41.8%가 밤에 5시간 이하의 수면을 취했다고 보고한 것으로 나타났다. Luxton과 동료들(2011)은 짧은 수면 시간이 일반적이며 배치 후 기간에 재배치된 군인들에게서 지속된다는 것을 발견했다. 수면이 감소하는 이유에는 불안한 꿈(Troxel et al., 2015), 통증, 생각을 늦추는 능력 부족(Polley, Frank, & Smith, 2012)이 포함된다. 배치 전에 불면증 증상이 있었던 개인은 배치 후 PTSD, 우울증, 불안이 새로 발병하고(Gehrman et al., 2013) 향후 자살 충동(Ribeiro et al., 2012)의 위험이 더 높은 것으로 드러났다.

🎖 우울증과 도덕적 손상

Hoge와 동료들(2004)은 아프가니스탄과 이라크에 배치된 후 3~4개월 동안 조사했을 때 육군 병사의 14~15%가 우울증과 관련된 증상을 보고했다는 사실을 발견했다. 문헌에 따르면 일반적으로 이라크와 아프가니스탄에서 전투에 참전한 많은 사람이 PTSD와 우울증을 모두 경험했으며, 배치에서 돌아온 이후 시간이 길어질수록 두 장애의 유병률도 증가하는 것으로 나타났다(Tanelian & Jaycox, 2008).

Katon, Kleinman, Rosen(1982)은 우울증을 "특징적인 생물학적 또는 무기력한 증상, 정동과 인지의 심리적 변화, 종종 선행하는 사회적 스트레스 요인뿐만 아니라 질병"(pp. 245-246)이라고 정의한다. 주요 우울 장애 및 주요 우울 삽화(MDD/MDE)의 증상에는 불면증 또는 수면과다, 피로, 관찰 가능한 정신운동 동요 또는 지체, 무가치감 또는 부적절한 죄책감, 사고 능력 저하, 혹은 감소가 포함되나, 이에 국한되지는 않고 집중력, 우유부단함, 죽음이나 자살에 대한 반복적인 생각을 포함한다 (American Psychiatric Association, 2013). 또한 MDD/MDE 증상은 뇌진탕 후 증후군의 증상 및 일반 불안 장애의 증상과 중복된다는 점에 유의하는 것이 중요한데, DSM-5 (American Psychiatric Association, 2013)[2] 기준에는 불안, 쉽게 피로함, 집중력 저하, 과민성, 수면 장애 등이 포함되지만 이에 국한되지는 않는다. 그리고 우울증은 신체화의 가장 흔한 원인 중 하나이며(Katon et al., 1982), 이는 의료 이용 증가와 관련이 있다는 점에서 주목할 만한 가치가 있다(Katon, Berg, Robins, & Risse, 1986).

액면 그대로 받아들이면 전투에 참여하는 일부 개인이 우울증과 불안을 경험할 수 있다는 것은 놀라운 일이 아니다. 전쟁은 죽음과 파괴로 특징지어진다. 신체적, 정신적 부상 외에도 윤리적, 도덕적 고통을 초래하는 상태인 도덕적 부상에 대한 관심이 높아지고 있다(Litz et al., 2009). Edward Tick(2005)은 그의 저서 『War and the Soul』에서 Erik Erikson의 "핵심적인 정신장애 …… 응집력이 붕괴된 퇴역 군인 환자의 자아 정체성"에 대한 언급을 인용하면서 그들의 삶은 더 이상 일관된 정체성이 없는 것처럼 보이기 때문이라고 하였다(p. 105). 전문가로서 우리는 퇴역 군인들이 현재 기능에 대한 인식을 표현하는 발언(예: "더 이상 아무것도 기억할 수 없습니다.")을 통해 이러한 인지 연속성 상실을 설명하는 것을 자주 들었다. 뇌진탕/경증 TBI 병력이 있는 사람들에게서도 "예전에는 **모든 것**을 잘 기억했습니다."라는 말을 가끔 들을 수 있다. 이 언급은 과거의 수행을 과대평가하고 모든 증상을 부정적인 사건에 귀속시키는 경향, 즉 '옛날의 편견(good-old-days bias)'이라고 불리는 현상을 반영할 수 있다 (Gundstad & Suhr, 2001; Lange, Iverson, & Rose, 2010). 흥미롭게도, 이들 개인은 집에 돌아온 후에야 인지 저하가 발생하며 배치 전반에 걸쳐 우수한 인지 수행을 보고하는 경우가 많다. 코치는 도덕적, 윤리적 고통을 직접적으로 해결할 수는 없지만, 개인을 정신 건강 서비스 제공자에게 소개할 수 있으며, 학업 활동에 대한 자기 효능감을 높이는 데 도움이 되는 코칭을 통해 개인이 '학생' 정체성을 개발하도록 도울 수 있다.

---

2) 역자 주: DSM은 처음 출판된 뒤 다섯 차례 개정되었다. DSM-5는 2013년에 발행되었고, 2015년에 국내에서 번역되었다. 최근 2023년에는 『정신질환의 진단 및 통계 편람 제5판 수정판』(DSM-5-TR; 권준수 역, 학지사, 2023)이 출판되었다.

⊜ 물질 사용

현역 군인과 퇴역 군인이 경험할 수 있는 상황에 대한 앞선 설명을 고려하면 이들의 높은 약물 사용률은 놀라운 일이 아닐 수 있다. Graham과 Cardon(2008)은 OEF/OIF 퇴역 군인을 대상으로 조사한 결과, PTSD와 이전 TBI에 대해 양성 판정을 받은 사람들 중 65.9%가 과거 알코올 사용을 보고했고, 53%가 현재 알코올 사용을 보고한 것으로 나타났다. Najavits, Highley, Dolan 및 Fee(2012)는 TBI, 약물 사용 장애 및 PTSD가 상대적으로 흔하게 발생하기 때문에 이 3요소(triad)에 주의력, 집중력 및 기억력 지연의 결핍, 탈억제 그리고 통찰력의 부족 증상을 포함하되, '삼합병성 장애(trimorbid disorder)'라고 부른다.

⊜ 증상 및 의원 발생의 잘못된 귀속

의사와 기타 의료 제공자(예: 물리과 의사, 신경과 전문의, 신경심리학자, 신경행동학자)가 뇌진탕 증상을 진단하고 원인을 찾는다는 점을 기억하는 것이 중요하다. 왜냐하면, 전문가들은 노력 검사(effort testing)와 신경 영상을 포함한 광범위한 평가 결과를 해석하도록 훈련을 받았다. 뇌진탕 후 증상이 우울증과 같은 다른 장애와 겹치기 때문에 오진이 발생할 수 있다. 예를 들어, Iverson(2006)은 우울증을 앓는 10명 중 9명이 진보적 기준을 충족했고, 10명 중 5명은 PCS에 대한 보수적 기준을 충족했는데, 이는 '지각된 인지 장애가 우울증의 주요 특징'이기 때문이라는 것을 발견했다(p. 304).

경미한 TBI 후 인지 증상을 다루는 심리교육을 제공할 때, 전문가는 증상의 잘못된 귀인으로 인해 장기적인 피해를 초래할 가능성을 염두에 두어야 한다(예: Hoge, Goldberb, & Castro, 2009). Mitenberg, DiGulio, Perrin 및 Bass(1992)는 증상 강화 주기가 증상 지속에 대한 기대에 기여할 수 있다는 이론을 세웠다. 관심 있는 독자는 '심각한' 또는 '매우 심각한' 인지 문제를 보고한 경미한 TBI 병력이 있는 이라크 전쟁 참전 용사의 의원 발생(Iatrogenesis) 사례를 설명하는 Roth 및 Spencer(2013)를 참조하라.

교육적 맥락에서 군대 문화를 고려하기

군대 문화와 전투 정신

군대 문화는 Exum, Coll, Weiss(2011)에 의해 "군 구성원이 민간인뿐만 아니라, 서로 생각하고, 의사소통하고, 상호 작용하는 방식을 지배하는 가치, 신념, 전통, 규범, 인식 및 행동"으로 정의된다(p. 17). 군대 문화에 주입된 원칙은 근무 중 및 근무 외 생활 전반에 걸쳐 군인의 행동을 안내하기 위한 것이다(Coll, Weiss, & Yarvis, 2010).

군대의 주요 기능은 전투이다(Dunivin, 1994). 군 복무의 각 분야에는 전투 임무를 안정적으로 수행할 수 있는 응집력 있고 고도로 훈련된 부대를 육성하기 위한 고유하지만 중복되는 일련의 가치를 가지고 있다. 명예, 진실성, 충성심과 관련된 가치는 군 복무의 모든 분야에서 찾아볼 수 있으며, 군인들이 정직하고 엄격한 도덕적 행동 원칙을 준수하도록 보장한다. 용기, 헌신, 의무에 대한 헌신은 군인들이 고난, 역경, 치명적인 위험에 직면하여 임무를 완수할 힘을 찾을 수 있도록 하는 가치이다. 이러한 가치는 군인들이 더 큰 이익을 위해 희생할 것이라는 기대가 있는 그룹 결속력과 신뢰를 조성하는 데 도움이 된다(Hooker, 2003). 또한 복잡한 임무를 완수하는 데 꼭 필요한 그룹 상호 의존성을 조성한다. 군대적 가치는 규율과 성공 동기를 강조한다. 한 학생은 "훈련 중에 훈련병 상사를 처음 만났을 때, 그는 우리 소대에게 우리가 성공하기 위해 필요한 유일한 것은 규율과 동기 부여뿐이라고 말했다."라고 말함으로써 자신의 학업적 성공을 군 경험 덕분으로 돌렸다(Ness, Rocke, Harrist, & Vroman, 2014, p. 154). 다른 퇴역 군인들은 자신의 군 경험과 가치가 자기 동기 부여, 업무 우선순위 지정 능력, 효과적인 시간 관리 등의 분야에서 학업 경력에 긍정적인 영향을 미쳤다고 보고했다(Ness et al., 2014; Rumann & Hamrick, 2010). 따라서 규율 및 헌신과 관련된 일부 군대 특성 및 가치는 학업 성공을 위해 중요한 자기 조절 기술에 긍정적인 영향을 미칠 수 있다.

전투 정신(Battlemind) 훈련은 군인들에게 전투 경험을 지원하고 생존을 보장하기 위해 가르치는 기술과 행동을 의미한다(Castro, 2006). 이러한 기술은 군인의 안전은 물론 전투 임무의 성공을 향상시키는 역할을 한다는 점에서 전투 현장에서 적응적이다. 이러한 일련의 전투 기술이 '고정(hardwired)'되어 전투 현장에서 돌아온 후에도 활성 상태로 유지되면 잠재적인 문제가 발생한다. 〈표 3-1〉에는 전투 정신의 측면이 포함되어 있으며 이에 대한 설명이 나와 있다.

표 3-1 전투 정신과 이것이 군인 및 퇴역 군인의 대학 경험과 관련된 방식의 측면

전투	민간인 상황
전술적 인식 대 과도한 경계	
생존은 전투 환경에 대한 예리한 인식에 달려 있다. 군인들은 안전을 보장하기 위해 360도 경계 영역을 개발하도록 교육받는다.	현역 군인과 퇴역 군인은 특히 위협을 감지할 수 있는 '시선'이 좋지 않고 탈출 경로가 거의 없는 대규모 그룹이나 밀폐된 공간에서 불안감을 느낄 수 있다. 이러한 불안은 산만함을 유발할 수 있다. 현역 군인과 퇴역 군인은 환경의 여러 측면에 걸쳐 주의를 나누는 방법을 배웠지만, 민간인 상황에서는 특정 초점을 맞춘 선택적 관심이 필요할 수 있다. 최근 전투 경험이 있는 개인은 인터뷰 중에 미소를 짓고 주의를 기울일 수 있지만, 질문을 받으면 그들의 생각은 그들이 들었던 소음이나 창밖으로 본 움직임과 관련하여 다른 곳에 쏠렸을 수도 있다. 이러한 부주의는 강의 및 숙제 집중력에 영향을 줄 수 있다.
표적 공격 대 부적절한 공격	
전투는 순간의 결정이 '죽일지 죽을지' 여부에 영향을 미치는 스트레스가 많은 환경이다. 분노는 군인을 경계하고, 깨어 있고, 집중하게 만드는 무기이다.	과민성과 분노가 높아지면 사회적 관계에 장애물이 될 수 있다. 현역 군인과 퇴역 군인은 다른 사람의 말을 잘못 해석하고, 의도된 유머나 사소한 모욕에 과잉 반응할 수 있다.
임무 OPSEC(운영 보안) 대 비밀성	
전투 지역에서의 임무에 대한 논의는 임무의 안전을 위태롭게 하지 않기 위해서 반드시 알아야 할 사항이다. 이것이 암시하는 바는 전투 장면에서는 당신이 신뢰하는 사람들에게만 비밀을 털어놓는다는 것이다.	현역 군인과 퇴역 군인은 대학 성적에 장애가 되는 조건과 관련이 있음에도 불구하고, 전투 경험을 다른 사람과 공유하기를 꺼릴 수 있다.

〈계속〉

친구(결속력) 대 철수	
현역 군인과 퇴역 군인은 '그곳에 가 본 적도 없고, 그런 일을 해 본' 적도 없는 전투 경험이 없는 재활이나 대학 장면의 전문가를 신뢰하는 데 느릴 수 있다. 현역 군인/퇴역 군인의 전투 동료는 목숨을 걸고 믿을 수 있는 가족과 같다.	현역 군인과 퇴역 군인은 결과적으로 제한되는 다른 전투의 퇴역 군인과 함께 있는 것을 선호할 수 있으며, 그 결과 캠퍼스에서 이용할 수 있는 사회적 경험의 범위가 제한될 수 있다.

현역 군인 및 퇴역 군인에게 지원 서비스를 제공하는 전문가의 목표는 군대 문화적 역량, 즉 군대 문화를 이해하고 감상하는 능력을 개발하여 군대 배경을 가진 개인에게 더 나은 참여와 재활 및 학업 지원을 제공하는 것이다. 군대 문화에 대한 이해가 어떻게 이 그룹의 서비스를 향상시킬 수 있는지에 대한 몇 가지 예는 다음과 같다.

준비와 지식, 계급과 직업에 대한 이해를 통해 면접에서 군 복무 및 가치 통합하기

- **준비하라.** 일부 현역 군인과 퇴역 군인은 민간인과 신뢰를 구축하는 데 어려움을 겪는다. 돕고자 하는 진심 어린 소망을 전달하는 한 가지 방법은 그들의 군대 경험에 대해 가능한 한 완전한 지식을 갖는 것이다. 우리 실무에서는 초기 인터뷰에 앞서 철저한 차트 검토를 수행하고, 현역 군인/퇴역 군인의 이력에 대한 이해를 제시하며, 정보의 확인 또는 수정을 요청한다. 우리가 알아 두면 도움이 될 만한 다른 내용이 있는지 묻는다. 군대 이력 정보가 확보되지 않은 경우에는 초기 대화 중에 정보를 얻는 것이 도움이 될 수 있다. Coll, Weiss 및 Yarvis(2010)는 다음을 포함하여 인터뷰를 시작하기 위해 제안된 질문 목록을 제공한다.

"당신은 어느 군대에서 복무했습니까?"

"어디에 주둔하셨나요?"

"당신의 군대 주특기 분야(MOS)는 무엇이었습니까?"

"아직도 배치되어 있는 가족이나 친구가 있나요?"

"전투에 참여하셨나요?"

- **지식을 갖추라.** 군인을 지칭할 때는 올바른 용어를 사용하라. '군인'이라는 용어는 군대에서 복무하는 군인에게만 적용된다. 해병대원을 군인이라고 부르는 것은 의도치 않게 일부 개인에게 불쾌감을 줄 수 있다. 해병대는 자신을 '해병대'라고 부르는 것을 선호한다. 해군 구성원은 '선원'이라는 용어를 선호할 수 있고, 공군 구성원은 '공군'이라는 용어를 선호할 수 있다. '군인'이라는 용어는 군 복무의 모든 분야에서 복무하는 사람들에게 적용될 수 있는 일반적인 용어이다.

- **군대의 계급 구조와 주특기 분야를 이해하라.** 부상 전 인지 능력의 추정치는 평가 검사 척도의 최고 수행뿐만 아니라 발달 이정표 달성, 학업 이력, 직업 이력과 관련된 정보로부터 추론할 수 있다(Lezak, Howieson, Bigler, & Tranel, 2012). 직업 이력을 신뢰성 있게 평가하려면, 군대 계급 및 해당 계급과 관련된 책임에 대한 지식이 필수적이다. 다음에 군 복무에 배치된 개인은 병원을 세우고, 도로를 건설하고, 학교를 개교함으로써 마을과 도시의 관리에 도움을 주었을 수도 있다. 그들은 오류의 여지가 거의 없는 공중 및 지상 부대와 관련된 작전을 조정했을 수 있다. 그들은 매우 어려운 조건에서 복잡한 문제를 해결하도록 요청받았을 수도 있다(Shinseki, 2013). 현역 군인과 퇴역 군인이 보고 및/또는 보일 수 있는 학습 어려움을 보완할 수 있는 깊은 삶의 경험을 대학 생활에 가지고 온다는 점을 고려하는 것이 현명하다.

군인에게 스트레스를 유발할 수 있는 요인 인식

군대는 시간 엄수를 매우 중요하게 생각한다. 전투 중에 군대나 물자가 늦게 도착하면 생명을 잃을 수도 있다. 현역 군인과 퇴역 군인들은 "일찍 오지 않으면 늦는다."라는 말을 자주 사용한다. 재활의 맥락에서 서비스 제공자가 회기를 늦게 시작하거나 예정된 시간을 넘기도록 환자를 기다리게 하는 것은 드문 일이 아니다. 군대 문화를 이해하지 못하는 서비스 제공자는 서비스 제공자가 나타나기를 기다리고 있거나 다음 약속에 늦는 일부 현역 군인 및 퇴역 군인에게 이로 인해 스트레스가 가해지는 것을 전혀 모를 수 있다. 군대 문화에서 시간 엄수의 중요성을 이해하는 제공자는 정시에 회기를 시작하고 완료할 가능성이 높으며, 최소한 필요할 경우 회기를 늦추도록 허락을 요청할 가능성이 크다.

🔩 군인들이 목표를 달성할 수 있도록 미묘한 방법으로 서비스 조정

TBI와 같은 부상을 입은 군인은 어느 시점에서 복귀하는 것이 적합한지 판단하기 위해 의료 평가 또는 '장애 평가(Med Board)'를 받게 된다. 현역 군인과 함께 서비스를 시작할 때 우리는 그들이 어떻게 언급되고 싶은지 묻는다. 대부분의 경우, 그들은 이름을 기준으로 비공식적으로 언급되는 것을 선택한다. 그런 다음 의료 기록에서 어떻게 언급되기를 원하는지 묻는다. 의료 기록에서 직급(예: 'John' 또는 'Mr. Smith' 대신 'SSG' 또는 'Smith Sergeant')으로 언급하면 복무 의지가 강화될 수 있으며, 파일을 검토하는 의료 서비스 제공자에게 미묘한 영향을 미칠 수 있다. 우리의 경험에 따르면 복무에 대한 강한 열망을 가진 많은 군인이 의료 기록에서 직급으로 언급되는 것을 선택한다.

≋ 대학의 퇴역 군인과 군인에 대한 지원의 필요성

2012년 현재 미국 내 대학생 945,000명이 Post-9/11 GI Bill에 따라 혜택을 받을 수 있는 자격을 제공하는 군대에 소속되어 있다(Kirkwood, 2014). 일부 연구에서는 대학 퇴역 군인의 감소율에 대한 우려가 제기되는 반면(Ness & Vroman, 2014), 미국 재향군인회(SVA)의 최근 연구에 따르면 GI Bill 혜택을 받는 퇴역 군인 중 절반 이상이 학위를 취득한 것으로 나타났다(Jelinek, 2014). 그러나 퇴역 군인, 특히 전투 경험이 있는 사람은 비군인, 비배치 군인에 비해 대학의 기대치를 충족하기가 더 어렵다는 징후가 있다. SVA 연구에 따르면 퇴역 군인의 졸업률(51.7%)은 퇴역 군인이 아닌 일반 학생(56%)의 졸업률보다 약간 낮았지만, 이 이정표를 달성하는 데 더 오랜 시간이 걸렸다. 이 연구에 참여한 대부분의 퇴역 군인 학생들은 4년 이내에 준학사 학위를, 6년 이내에 학사 학위를 취득했다. 대학 졸업의 장애물에는 방위군 및 육군 예비군에 복무하는 학생들의 복무 배치와 관련된 중단과 대학 경험을 탐색하고 대학 생활에 통합되며, 학문적 요구를 성공적으로 충족하는 능력에 영향을 주는 가벼운 TBI 병력과 다수의 동반질환이 포함된다. 그러나 군대 훈련을 통해 그러한 어려움을 극복하는 데 도움이 되는 강점이 있다는 증거도 있다.

대학에 지원하려는 동기는 종종 내적 요인과 외적 요인 모두에 기반을 두고 있다 (Ness et al., 2014). 최근 제대했거나 전역하여 소득이 없는 퇴역 군인에게 학교에 대한 재정 지원의 유혹은 강력한 인센티브가 될 수 있다. 그러나 9 · 11 이후 GI 법안과 관련된 자금이 허용 가능한 학업 성적에 달려 있기 때문에, 배치 관련 요인으로 인해 학교 성적이 저하될 경우 이러한 등록 인센티브는 역효과를 낳을 수 있다. 퇴역 군인은 학교에서 실패할 경우 교육 혜택을 갚아야 할 수도 있다. 이는 퇴역 군인의 성공 기회를 극대화하는 지원 서비스 개발의 중요성을 강조한다.

Grossman(2009)은 대학 진학을 원하는 군인 및 퇴역 군인의 어려움과 요구 사항을 설명하고 미국 대학이 '완벽한 폭풍'이라고 표현한 상황에 대비하도록 도전 과제를 확대했다. 첫째, 2008년 「미국 장애인법 개정법」(ADAAA)에 따라 인지 장애에 대한 자격을 더욱 쉽게 얻을 수 있다. 또한 ADAAA는 인지 장애에 대한 배제 기준을 제거하여 장애인이 장애 치료를 받고 있더라도, 법에 따라 서비스를 유지할 수 있도록 허용한다(예: 이전에 리탈린을 복용하던 집중력 장애가 있는 사람이 약리학적 치료가 인지 장애의 영향을 효과적으로 완화했을 것이라는 믿음으로 장애 서비스를 거부당했을 수도 있음). 둘째, 2008년 7월 9 · 11 이후 GI 법안이 통과되면서 교육 지원 서비스의 범위가 확대되었다. 자격을 갖춘 사람들에게는 Post-9/11 GI Bill이 등록금 전액, 월 주택 수당, 학교에 다니는 동안 도서 및 소모품 비용으로 연간 최대 1,000달러를 제공할 수 있다. 셋째, 이러한 교육 법안은 군 복무와 관련된 TBI 병력과 동반 장애로 인해 의료, 정신 건강, 인지 장애가 있는 퇴역 군인의 대학 등록에 중요한 영향을 미친다. Grossman은 대학이 군인과 퇴역 군인에게 캠퍼스 챔피언을 제공해야 한다고 제안한다. 왜냐하면 그들이 부상의 복잡한 성격을 이해하고 그들이 대학 수준에서 성공적으로 수행하며, 의미 있는 직업으로 전환될 학위를 취득하는 데 필요한 서비스에 접근하도록 도울 수 있기 때문이다.

대학 캠퍼스는 전투 군인과 퇴역 군인의 학업 및 상담 요구를 충족하기 위해 장애 서비스를 제공하는 방법을 복잡하게 만드는 여러 가지 문제에 직면해 있다. 단순히 장애 서비스 대상자를 식별하는 것은 문제가 될 수 있다. 현역 군인 및 퇴역 군인은 장애 서비스 기준을 충족하는 학생의 '권리와 책임'을 인식하지 못할 수 있고(Madaus et al., 2009) '전사의 힘' 문화적 가치(Dunivin, 1994)로 인해 어려움을 인정하기를 꺼린다(Shackelford, 2009). 더욱이, 대학 교직원은 배치 관련 조건과 관련된 심리적, 정서적, 인지적 어려움이 종종 '숨겨져' 있기 때문에 현역 군인/퇴역 군인 학생의 장애를 식별하는 데 어려움을 겪을 수 있다(Madaus et al., 2009).

Vance와 Miller(2009)는 고등교육 및 장애 협회 회원들에게 전투원과 퇴역 군인의 필요 사항에 관해 조사한 결과, 응답자들이 장애의 여러 원인을 식별했다는 사실을 발견했다. 이 학생들에게 제공되는 서비스는 PTSD와 같은 심리적, 정서적 문제에 가장 빈번하게 초점을 맞추었고, 통증이나 시력 및/또는 청각 장애와 같은 건강 및 의학적 문제, 인지 장애와 관련된 학습 장애가 그 뒤를 이었다. Vance와 Miller 조사 응답자들은 서비스에 대한 가장 높은 요구가 학업 서비스(예: 개인교습 및 작문 연구실) 분야였으며, 커리큘럼 조정(예: 평생 학점, 퇴역 군인 전용 수업), 진로 상담(예: 군대 경험을 민간 직업으로 전환) 및 학업 조정(예: 우선 등록, 학업 편의) 등이 그 뒤를 이었다. Grossman(2009)과 마찬가지로 Madaus와 동료들(2009)은 대학 캠퍼스 프로그램에서 퇴역 군인의 고유한 요구 사항을 잘 알고 있는 서비스 직원을 퇴역 군인에게 제공할 것을 강력히 권장한다. 그들은 또한 그 대학 프로그램이 VA(재향 군인 병원) 프로그램과 협력할 것을 권고한다.

많은 연구에서 퇴역 군인의 대학 성적에 전투 파견, TBI 및/또는 PTSD가 미치는 영향을 조사했다(Ellison et al., 2012; Ness et al., 2014; Rumann & Hamrick, 2010; Smee, Buenrostro, Garrick, Sreenivasan, & Weinberger, 2013). 이러한 연구는 교육 계획, 군대 문화 및 사회적 관계, 과각성 및 불안의 영향, 인지적 어려움과 관련된 영역 전반에 걸쳐 공통 주제를 밝혔으며, 모두 다음 단락에 요약되어 있다.

교육 계획과 대학 생활 안내하기

현역 군인 및 퇴역 군인 학생들은 입학 절차, 학자금 지원 옵션, 캠퍼스 서비스, 등록 절차 및 학위 계획에 대해 익숙함이 부족하여 종합적인 학업 상담을 쉽게 받을 필요가 있다고 보고했다. 한 학생은 인터넷 검색을 하던 중 우연히 발견한 강화된 퇴역 군인 서비스를 제공하는 대학에 등록하기 위해 전국으로 이주했다고 밝혔다(Ellison et al., 2012). 다른 연구 참여자들은 과제를 완료하는 데 어려움을 겪고, 종종 자신의 장애를 밝히고 도움을 구하는 것을 매우 꺼리는 요인, 즉 학교 지원, 재정 지원받기, 학업 계획 개발 및 수업 요구 사항 충족의 복잡한 과정에 해가 될지도 모르는 요인을 확인했다(Smee et al., 2013). 일부 퇴역 군인들은 학업 어려움의 이력과, 지원 서비스가 더욱 필요하다고 보고했다. 그들 중 한 사람이 "솔직히 말해서, 이들 중 많은 사람이 학교 다닐 때 공부를 못해서 군에 입대했습니다."라고 말했다(Ellison et al., p. 212). 젊은 퇴역 군인은 더 많은 지원과 지도를 원할 수 있는 반면, 나이 많은 퇴역 군인은 명확한 직업적, 학문적 목표를 염두에 두고, 교육 계획에 대한 지원이 덜 필요한 경우가 많다.

대학 생활을 하는 데 군인에서 민간인으로 전환하는 과정에서 본질적이고 급격한 변화로 인해 어려움을 겪을 수 있다. 군대 생활은 고도로 구조화되어 있다. 왜냐하면 무엇을 입을지, 언제 먹을지, 언제 어디서 일할지에 대한 선택의 여지가 거의 없다. 군대에서의 의사결정은 명확한 명령 체계에 기초하며, 퇴역 군인들은 무엇을 해야 할지 지시받는 것에 익숙해졌다고 말했다. 파병 중에 작업이 설정되고 일상화될 때까지 반복적으로 실행된다(Rumann & Hamrick, 2010). 일부 퇴역 군인들은 구조와 일상적인 방식을 거의 제공하지 않고, 더 많은 결정을 내려야 하는 요구 사항을 제공하는 교육 환경에 적응하는 데 어려움이 있음을 인정했다(Ness et al., 2014). 또한 GI 법안에 따라 학생들은 거의 풀타임 과정을 이수해야 하고, 수업에는 수업 시간 외에 많은 시간의 작업이 필요하므로 학교 요구 사항은 군대 작업보다 시간 집약적인 경우가 많다.

Ellison과 동료들(2012)은 고등학교를 졸업하고 바로 군 복무를 마친 일부 젊은 퇴역 군인이 독립적으로 생활할 수 있는 능력을 지원하는 기본적인 생활 기술을 전혀 개발하지 못했을 수도 있다고 지적한다. 의학적 및 심리사회적 스트레스 요인과 관련된 전투 파견 후 문제는 군대에서 학교로의 전환과 관련된 어려움을 증폭시키고

"노숙자, 가족 지원 붕괴, 중독 재발, 신체적 부상 및 장애와 같은 긴급한 임상적 필요"를 포함하는 하향적 삶의 궤적을 초래할 수 있다(p. 212). 많은 퇴역 군인은 가족과 함께 살지 않고 적절한 주택, 교통비, 청구서 비용을 지불하는 것과 관련된 재정적 어려움을 견디는 동시에 까다로운 학교 일정에 전념할 시간과 자원을 찾으려고 노력한다. 설문 조사 응답자 중 한 사람은 재정적 의무와 학교의 요구가 결합한 스트레스 요인에 압도되어 우울증과 약물 사용을 초래하고 궁극적으로 대학을 중퇴한 퇴역 군인 몇 명을 알고 있다고 보고했다.

군대 문화와 사회관계

성공적인 전투 임무를 위해서는 높은 수준의 상호 의존성과 신뢰가 필요하기 때문에, 군대 문화는 군인들의 동료애를 조성한다. 군 복무 중 긴밀한 사회적 유대에 익숙해진 많은 퇴역 군인은 캠퍼스 내 비교적 덜 조직화된 사회 구조에서 외로움과 고립감을 느낀다고 보고한다(Ness et al., 2014). 퇴역 군인 학생들은 '보이지 않는 느낌'을 보고하며, 다른 학생 및 교수진과의 관계를 발전시키는 데 어려움을 겪을 수 있다. Rumann과 Hamrick(2010)은 전투에서 돌아온 퇴역 군인들이 학생 동료들과는 달리 자신이 성숙했다고 인식한다고 언급했다. 또한 퇴역 군인들은 생명을 위협하는 전투 경험에 비하면 사소해 보이는 일상의 작은 사건으로 인해 화를 내는 동료들에게 짜증을 느낀다고 보고한다. 일부 퇴역 군인들은 퇴역 군인이 아닌 학생 동료들이 보여 준 수준 이하의 직업윤리로 인해 좌절감을 표시했다. 민간인 학생들은 가끔 "사람을 죽였나요?" 또는 "폭파되는 사람을 보았나요?"와 같은 무감각한 질문을 하기도 한다. 이러한 유형의 질문은 일반적으로 짜증을 유발하며, 이는 많은 사람이 전투에서 돌아온 첫해에 경험했다고 보고한 과민성과 분노 문제로 인해 더욱 악화될 수 있다(Ness et al., 2014; Rumann & Hamrick, 2010; Smee et al., 2013).

대부분의 설문 조사 응답자는 다른 퇴역 군인들과 친목을 도모하는 것이 더 쉽다고 밝혔으며, 종종 전투를 경험한 다른 퇴역 군인들에 대한 내재적인 신뢰를 보고했다(Ellison et al., 2012). 공유된 경험, 군대 문화의 독특한 언어와 유머를 사용하여 의사소통하는 능력, 민간인 생활로의 전환과 관련된 어려움에 대한 이해가 퇴역 군인들 사이에서 사교 활동에 기여하는 요인으로 언급되었다(Rumann & Hamrick, 2010). Ellison과 동료들(2012)은 청년과 노년 퇴역 군인 모두 참전 후 적응 및 학교로의 전환과 관련된 문제를 극복하기 위해 '그곳에 있었던' 퇴역 군인의 동료 지원이 필요하다고 표현한 것을 관찰했다.

🔧 과각성 및 불안

과각성 및 안전에 대한 우려는 참전 후 많은 군인 및 퇴역 군인에게 다양한 이유로 발생하며 특히 PTSD 환자에게서 두드러진다. 이러한 스트레스 반응은 전투 환경에서 전사의 정상적이고 기능적인 행동이다. 그러나 민간 상황에서는 우연히 촉발될 수 있다(Hoge, 2010). 토론 중인 설문 조사에 참여한 퇴역 군인 학생들은 특히 높은 수준의 소음과 활동이 있는 캠퍼스(Ness et al., 2014), 갑작스러운 큰 소음이 발생하는 경우 또는 전투 현장에서 길가 폭탄이 종종 위치했었던 도로 공사에 근접할 경우(Ellison et al., 2014) 과도한 경계가 존재함을 자주 확인했다. 한 학생은 '사람들이 당신 옆으로 달려오는 것'을 안전 반응의 유발 요인으로 묘사했다. 그는 자신의 두뇌 일부가 항상 위협 분석을 수행하고 있다고 보고했다. 많은 응답자는 사람들이 뒤에서 걸어올 때 비슷한 불편함을 공유했다(Rumann & Hamrick, 2010).

학생들은 다양한 방식으로 과잉 각성 및 안전 문제에 대처한다. 일부는 긍정적이고 다른 일부는 부정적이다. 일부 학생들은 전체 교실을 모니터링하기 위해 '시선(line of sight)'이 확보되는 교실 뒤쪽에 앉는다. 이는 산만함을 줄이기 위해 학급 앞에 앉도록 자주 권장하는 것과 같은 보상 인지 전략과 충돌할 수 있다. 인지 지원으로 사용되는 다른 표준 전략도 불안에 대한 보상으로 사용될 수 있다. 예를 들어, 감독관 시험(proctored exams)은 추가 시간 허용과 함께 방해 요소가 없는 환경에서 제공될 수 있으며(Ellison et al., 2012), 이는 느린 인지 처리에도 적합한 조정이다. 학생들은 또한 캠퍼스 내 조용한 장소로 물러나거나(Ness et al., 2014), 스트레스와 불안을 완화하는 데 도움이 되는 물질을 사용한다고 보고했다.

🔧 인지적 과제

전투에 참전한 퇴역 군인 학생이 보고한 어려움을 고려할 때, Ness와 동료들(2012)의 연구에서 인지 증상을 학업 활동에 대한 주요한 장애물로 식별하지 않았다는 점은 흥미롭다. 일부는 TBI 병력이 있거나 현재 PTSD 증상이 있는 대규모 퇴역 군인 학생 표본에서 연구 대상자는 '강력한 학업 성취도'를 설명했다(Ness & Vroman, 2014).

가장 흥미로운 발견은 TBI 병력 및/또는 현재 PTSD 진단을 받은 학생들이 TBI 병력 및/또는 현재 PTSD 증상이 없는 학생들보다 학습에 대한 자기 효능감 점수가 더 낮았지만, GPA는 그렇지 않았다는 것이다. 학업적 자기 효능감은 일반적으로 GPA의 강력한 예측 변수이기 때문에 이는 놀라운 일이다(Zajacova, Lynch, & Espenshade, 2005). 저자들은 이 결과가 샘플링 편향에 의해 부분적으로 설명될 수 있다고 지적하지만, 또 다른 설명이 있을 수 있다. 군대 문화는 자기 훈련, 시간 엄수, 자급자족을 특징으로 하는 강력한 직업윤리를 장려한다. 이러한 자질은 일부 퇴역 군인이 학업적 자기 효능감이 감소한다는 인식에도 불구하고 학업적 성공을 달성할 수 있도록 탄력성을 어느 정도 제공할 수 있다는 증거가 된다. 군 복무와 특히 전투 경험은 응답자들에게 성숙함과 삶에 대한 보다 명확한 관점을 제공하여 학교에 참여하도록 동기를 부여하고, 그들이 직면한 과제를 성공적으로 해결할 수 있다는 자신감을 제공했다고 평가했다(Rumann & Hamrick, 2010). 한 응답자는 "걱정하지 마세요. 17세의 기본 훈련 첫 주나 자대배치 첫 두 달, 혹은 처음으로 계속해야 하는 처음 25마일 도로 행군만큼 도전적인 대학의 과제를 다 할 수 있는 건 아닙니다."라고 말했다(Ness et al., 2014, p. 154). 동기 부여와 규율을 내면화하는 과정은 기본 훈련 중에 시작되고, 군대 경험 전반에 걸쳐 강화된다(Rumann & Hamrick, 2010). 학업 환경에 적용했을 때 퇴역 군인들은 동기 부여와 규율이 수업에 참여하고, 공부하고, 학기 보고서를 작성하는 데 도움이 되었다고 밝혔다. 한 퇴역 군인은 "전투 지역에서 임무를 수행하지 않는 것은 생명을 위협합니다."라고 설명했다(Ness et al., 2014, p. 154). 두 연구의 학생들은 군 경험을 통해 입대 전보다 더 나은 학생이 되었다고 생각한다. 이러한 연구는 군 경험을 통해 전반적인 자기 효능감이 학업적 자기 효능감 감소에도 불구하고, 현역 군인/퇴역 군인 학생들이 학교에서 성공할 수 있을 정도로 높아질 수 있음을 나타낸다.

Smee와 동료들(2013)은 현역 군인과 퇴역 군인 학생과 함께 일하는 대학 코치가 약점을 '보상'하기보다는 인지적 강점을 강화하는 '회복탄력성 구축자'로 편의를 제공하도록 권장한다. 이 접근 방식은 군대의 '전사력(warrior strength)' 모델과 일치하며 성공에 대한 긍정적인 기대를 촉진한다. 그들은 학생들이 적극적인 학습자가 되고 교실에서 리더십 역할을 맡도록 도전하며 군대 절차를 학문 분야에 적용함으로써 군대적 가치에 호소할 것을 권장한다. 예를 들어, 성공적인 임무 계획 및 실행은 대학 참여와 동일한 단계 및 기술에 의존한다. 일정 및 자료 조직화, 일정 개발 및 준수, 반복과 노력, 근면을 통한 기술 개발, 그리고 자신의 강점과 약점을 보완하기 위한 편의 조치의 활용이 대학 프로그램을 성공적으로 이수할 것이라는 지식이다. 가장 중요한 점은 현역 군인과 퇴역 군인이 임무를 수행한 후 무엇이 옳았는지, 무엇이 잘못되었는지, 다음 임무에서 무엇을 다르게 할지를 결정하는 '사후 검토'에 익숙하다는 점이다. 학생들은 사후 검토를 통해 현재 학습 관행과 편의 조치의 효율성을 자체 평가하도록 권장될 수 있다. 이러한 기술은 역동적 코칭에 내재된 자기 조절 연습과 매우 일치한다.

고등 교육 기관에 대한 권장 사항 요약

1. **다양한 가용 지원을 제공하라.** 군인과 퇴역 군인은 다양한 요구 사항을 제시한다. 많은 이가 지원을 전혀 요구하지 않는다. 다른 사람들은 학업 편의 조치를 훨씬 넘어서 의료 및 정신 건강 서비스, 약물 남용 상담 및 재활을 포함하는 지원을 요구할 수도 있다. 일부 사람들은 재정적 어려움, 노숙자 및 가족 갈등과 관련된 위기를 해결하기 위해 적절한 지원과 자원에 접근할 수 있도록 돕는 서비스가 필요할 수 있다. 학생들은 대학 지원 및 등록 절차와 대학 시스템 탐

색과 관련된 기본 과정을 통해 1:1로 지도할 수 있는 옹호 상담사가 필요할 수 있다. 부상당한 군인들이 지역 사회로 다시 복귀하는 데 필요한 사항을 충족할 수 있도록 최대한 다양한 학업 편의 조치가 제공되어야 한다.

2. **대학 교직원 및 대학 행정 직원에게 교육을 제공하라.** 교육은 군대 문화, 가벼운 TBI의 자연사, 일부 학생의 TBI 결과, 전투와 일반적으로 관련된 조건이 학업 성과에 어떻게 영향을 미칠 수 있는지에 초점을 맞춰야 한다. 이러한 문제를 완전히 이해하면 대학 직원이 지원 서비스가 필요한 학생을 식별하고 이러한 학생들이 느끼는 낙인을 줄일 수 있는 민감성을 제공하는 데 도움이 될 수 있다. 뇌진탕 후 증상을 가벼운 TBI로 잘못 분류함으로써 정반대로 해결되어 지속적인 인지 증상이 나타날 수 있는 특이한 위험에 대한 지침이 있어야 한다. 회복에 대한 긍정적인 기대를 형성하고 회복탄력성을 구축하는 것에 대한 구체적인 지침은 이와 관련하여 특히 도움이 될 수 있다.

3. **퇴역 군인 단체의 발전과 교내 활동을 지원하라.** 퇴역 군인 단체는 사회화, 군 복무 및 배치와 관련된 보상 및 과제 확인, 학생들이 겪고 있는 삶의 어려움에 대한 동료 지원을 위한 수단을 제공할 수 있다.

4. **VA와 협력하여 최대한의 전문 서비스를 제공하라.** VA(재향 군인 병원, Veterans Affairs)의 다중 외상 치료 시스템은 퇴역 군인의 복잡한 요구 사항을 관리하는 데 도움이 될 수 있는 광범위한 의료, 정신 건강 및 재활 프로그램을 제공한다 (U.S. Department of Veterans Affairs, 2015). VA는 금전적 비용이 수반되는 편의 조치를 위한 자원이 될 수 있다. 예를 들어, 인지를 위한 보조 기술은 자격 요건이 되는 퇴역 군인에게 무료로 제공될 수 있다. 정신 건강 및 재활 서비스는 지역 사회 기반 외래 진료소 또는 퇴역 군인의 집에 대한 원격 의료 연결을 통해 먼 거리에 걸쳐 제공될 수 있다. 고등교육 교직원은 서비스 이용에 관한 지침을 얻기 위해 정신 건강 및 재활 프로그램 내의 사례 관리자와 관계를 발전시키도록 권장된다. 최근 VA 보조금을 통해 캠퍼스 내 VA의 입지를 확대하여 VITAL(추가 하부의 VA 캠퍼스 도구 키트 참조)과 같은 프로그램을 통해 퇴역 군인에게 직접적인 지원을 제공할 수 있게 되었다.

추가 자료

- 경미한 TBI 및/또는 PTSD에 대한 자세한 내용은 Cifu 및 Blake(2011), Vasterling, Verfaelllie 및 Sullivan(2009), Vasterling, Bryant 및 Keane(2012)을 참조하라.

- 군대 문화에 대한 자세한 내용은 『Once a Warrior Always a Warrior』(Hoge, 2010)를 참조하라.

- 대학 선택 및 자금 조달, 퇴역 군인의 학교 복귀 지원에 대한 실제 정보를 보려면 코치는 '외상성 뇌 손상 후 학업 성공을 위한 학교 복귀 가이드'(http://dvbic.dcoe.mil/back-school-guide-academic-success-after-traumatic-brain-injury)를 참조하라.

- VA 캠퍼스 도구 키트는 고등 교육 기관, 캠퍼스 내 임상 치료 및 치료 관리 서비스와의 협력을 통해 퇴역 군인 학생이 교육 목표를 달성하도록 돕기 위해 고안된 지역 사회 참여 계획이다(www.mentalhealth.va.gov/studentveteran/#sthash.A27Wvw1s.dpbs).

- Warrior Scholar 프로젝트는 퇴역 군인에게 무료로 제공되는 몰입형 1주 및 2주 학업 워크숍 또는 '부트캠프(bootcamps)'로 구성되며 미국 최고의 대학 중 일부에서 개최된다(http://warrior-scholar.org/about.html).

- '뇌진탕, 폭발 및 뇌 손상의 영향 이해: 가족, 퇴역 군인 및 간병인을 위한 안내서'는 TBI를 지속한 군인이 있는 가족, 퇴역 군인, 간병인 및 치료사를 지원하는 데 도움이 되는 온라인 안내서이다(www.brainlinemilitary.org/content/2008/11/understanding-effers-concussion-blast-and-brain-injuries-guide-families-veterans-and-caregi_pageall.html).

- 직장, 집, 대학에서 군인 및 퇴역 군인과 함께 작업하는 방법에 대한 자세한 내용은 국방부, 재향군인회 및 TBI 전문가가 최근 간행한 간행물인 경미

한 TBI의 인지 재활에 대한 치료사 가이드『A Clinician's Guide to Cognitive Rehabilitation in Mild TBI: An Application to Military Service Members and Veterans』(Mashima et al., 2017)를 참조하라.

역동적 코칭

제4장

역동적 코칭 접근법

거의 모든 사람은 한때 누군가로부터 코칭을 받은 적이 있거나, 아니면 스포츠 코치가 되어 본 적이 있을 것이다. Merriam-Webster 사전에 따르면 '코치'란 선수나 연기자를 가르치고 훈련하는 사람, 스포츠 팀의 구성원을 가르치고 훈련시키며 경기 중에 팀이 어떻게 플레이할지 결정하는 사람 또는 특정 주제 안에서 누군가에게 수업하는 사람을 의미한다. 폭넓은 활동을 위해 개인을 가르치고 지원하는 다양한 종류의 코치들이 있다. 예를 들어, 가수들을 위한 목소리 코치나 개인적, 직업적 목표를 달성하려는 개개인들을 위한 '라이프' 코치 등이 있다. 코칭의 목적에 관계없이, 코칭은 가르치거나 지도하는 것을 포함한다. 코치가 가르치는 내용, 가르치는 방식, 가르치는 시점 및 장소는 개인, 맥락 및 목적에 따라 다양하다.

이 장에서는 코칭 접근 방식과 그 핵심 요소에 대한 개요를 제공하며, "누가 코치가 될 수 있는가?"라는 질문부터 시작한다. 그런 다음 여기서 설명하는 코칭 접근 방식을 형성하는 데 도움이 된 최상의 코칭 모델을 설명한다. 다음으로, 작업의 기초가 된 이전 코칭 접근 방식에 대한 간단한 논의를 하고, 역동적 코칭 접근 방식을 설명한다. 이 코칭 접근 방식의 핵심 기능 또는 원칙은 최상의 학습과 교육 관행에 대한 근거 및 동기강화상담(Motivational Interviewing: MI) 접근 방식의 근거를 기반으로 한다. 이 장은 자기 조절을 강화하는 코칭의 구조와 역동적 과정에 중점을 둔다. 여기에서 코칭 과정을 설명하면서 코치와 학생이 함께 사용할 수 있는 실용적인 양식과 체크리스트를 제공하여 자기 조절 교육을 안내하는 데 도움을 주고자 한다. 이러한 문서를 사용하여 자기 관리, 자율 학습, 공부 및 자기 옹호를 코칭할 때의 활용 예시는 제6장과 제7장에서 제공된다. 따라서 이 장에서는 코치가 대학생들을 자기 조절에 관한 가장 효과적인 촉진, 지원 및 교육하는 방법에 대해 설명한다.

'역동적 코치'는 누구인가

실행기능 문제가 있는 청소년 및 성인과 함께 일한 경험이 있는 전문가들은 역동적 코칭 접근 방식을 사용하는 법을 배울 수 있다. 교육자, 언어치료사, 작업치료사, 심리학자(진로, 재활, 교육), 신경심리학자 및 직업재활 전문가의 업무 범위에는 이러한 학생들과 함께 작업하는 데 필요한 기본 지식과 기술이 포함된다. 가장 기본적인 요구 사항은 당신의 주(state)에서 자격 또는 면허를 받는 것이다. 그러나 특정, 특별한 그룹의 개인들과 함께 일하기 위해 전문가들의 교육을 보충하는 추가 지식과 기술이 일반적으로 필요하다. 예를 들어, 발달적인 도전과 관련하여 청소년과 작업한 교육자는 뇌의 질환으로 인한 퇴행성 장애가 있는 대학생을 코칭하기 위해 추가 교육이 필요하다. 마찬가지로 의료 모델의 실천에 경험이 있는 재활 전문가는 뇌 손상을 입은 개인들과 작업할 지식과 기술을 갖고 있을 수 있지만, 발달 장애가 있는 대학생들이 마주하는 어려움을 잘 이해하지 못할 수 있으므로 더 많은 교육이 필요하다. 교육 수준에 관계없이 대다수의 대학생과 함께 일하는 전문가들은 장애가 있는 사람들을 가르치는 것에 대한 교육을 받지 않았다. 교육자는 교육 모델에 익숙하며, 재활 전문가는 의료 치료 접근법에 익숙하다. 그러나 이제 두 직업 모두에 대한 연구 증거는 직접 교육 및 메타인지 전략 교육과 같은 교육적인 코칭 방법이 개인에게 특정 전략을 사용하도록 교육하는 훈련을 하는 데 최적의 결과를 제공한다는 것을 입증하고 있다(Ehlhardt et al., 2008; Kennedy et al., 2008; Swanson, 1999; Tate et al., 2014).

실행기능에서 학생들을 코칭하기 위한 모델

코칭의 행동 모델에서 가장 중요한 것 중 하나는 Prochaska의 변화 단계이다. 예를 들어, 어떤 학생이든 문제 상황을 토론하고 많은 전략과 해결책을 시도하겠다고 말하더라도 실제로는 이를 실행하지 않는 경우가 있다. 각 회기마다 학생은 계획을 실행하지 않는 이유로 다양한 이유를 내놓았으며, 이 계획은 수업에서 A를 받기 위한 학습 전략을 포함하고 있었다. 변화의 단계는 학생의 행동을 전환, 예측부터 유지 보수에 이르기까지 연속으로 볼 수 있도록 한다(DiClemente & Velasquez, 2002; Prochaska, DiClemente, & Norcross, 1992). 처음에는 중독성 행동을 바꾸려는 개인들을 돕기 위해서 고안되었지만, 이러한 변화 단계는 복잡하지만 규칙적인 행동의 변화를 설명하고 촉진하는 데 사용된다. 변화의 다섯 단계는 다음 〈표 4-1〉에 나와 있으며, 다음 단계로 나아가는 데 도움이 되는 코치에게 유용한 전략도 함께 나와 있다. 여기서 소개된 학생은 코칭 회기에서 **계획** 단계를 되풀이하는 것처럼 보이지만 이러한 전략 중 어떤 것도 **행동**하지 못한다. 표에 나와 있는 전략을 사용하는 코치는 학생이 목표 달성에 대한 자신의 헌신을 다시 검토하고 이러한 전략을 사용하는 손해와 이점을 **고려**하도록 안내한다. 학생은 고려 단계에서 이러한 손해와 이점을 현실적으로 그리고 명시적으로 탐색하지 않았다고 밝힐 수 있다. 이렇게 하면 학생은 원래의 A를 받는 목표를 B를 받는 목표로 수정하고, 과거에 사용한 학습 전략을 사용하기로 결정할 수 있다. 이러한 전략은 이미 익숙하기 때문에 노력과 시간이 덜 필요하며 쉽게 행동할 수 있다. 학생들은 그 과정 중 서로 다른 지점에서 막힐 수 있는데, 이러한 문제에 대해 논의하고 이를 극복하는 방법을 학생에게 가르치는 것은 학생과의 신뢰 관계를 형성하고, 학생에게 자율성을 부여하며 개방적인 의사소통을 촉진하는 이러한 결정이 복잡하다는 것을 인정하는 것에 달려 있다.

1998년에 Ylvisaker와 Feeney는 재활 치료사와 ABI(후천성 뇌 손상) 환자 간의 **협력적 접근법**을 처음으로 기술했다. 이 접근법에서 치료사는 가설을 생성하고 이를 환자와 협력하면서 체계적으로 검사한다. 치료사와 환자 간의 **문제해결** 및 **상호 조절**을 통해 긍정적인 행동 루틴이 견고해질 때까지 사용된다. 이후 Ylvisaker(2006)는 특정 행동이 발생하는 맥락에 특화된 자기 코칭 접근법을 설명했다. 맥락은 집, 직장 및 학교와 같이 환자가 자연스럽게 만나는 사람들로부터 정기적인 피드백을 받는 자연 환경을 포함한다. 이러한 피드백은 단순히 치료사뿐만 아니라 다양한 사람으로부터 제공된다.

Quinn, Ratey, 및 Maitland(2000)는 주로 ADHD(주의력 결핍 과잉행동 장애)가 있는 대학생들과 관련된 코칭을 설명했다. Ylvisaker와 Feeney(1998)와 마찬가지로 이 저자들은 코치와 학생 간의 **관계**를 "개인의 성장 가능성과 코치의 기술이 결합된 관계"라고 강조했다(p. 11). 코치는 구조, 지도 및 피드백을 제공하면서 개인이 개인적 목표를 달성하는 데 도움을 주고 지원한다. ADHD가 있는 학생들을 대상으로 한 코칭의 실제 예시는 일상생활, 학문, 개인 및 사회 기술에 관해 제공되었다.

표 4-1 실행기능 문제가 있는 학생들을 위한 변화 단계 및 보완 코칭 전략

변화의 단계	설명 및 예시	제안된 코칭 전략
전숙고	**설명**: 이것은 가장 초기의 단계로, 개인은 문제의 존재를 모르고 있다. 그/그녀는 저항, 반항, 그만두거나 합리화하는 문제의 존재를 인정하지 않는다. **예시**: 학생이 기억력 및 조직 능력에 문제가 있어 숙제를 놓치고 시험 성적이 좋지 않다는 사실을 부인한다.	학생이 저항, 반항, 그만두거나 합리화하는 경우에 따라 다음과 같이 결정된다. • 변화는 어렵다는 것을 인정한다. • 주저하는 학생의 말에 귀 기울이고 공감한다. • 학생의 독립성을 인정하면서 선택권을 제공한다. • 강점을 식별하여 약점을 보완할 수 있는 자신감을 증진시킨다. • 학생이 현재의 행동 또는 상황의 장단점을 파악하도록 하고, 단점을 비난으로 사용하지 않고 균형 있게 요약한다.
숙고	**설명**: 개인은 문제가 있다는 것을 인정하지만 잠재적인 해결책을 조사하더라도 문제의 원인 또는 해결책을 반드시 찾지는 못한다. 그/그녀는 장점과 단점을 반복 비교하면서 고려할 수 있다.	• 주의 깊게 공감하며 경청한다. • 학생의 능력/장애에 맞게 개인화된 교육 정보를 제공한다. • 학생이 결과를 확인/평가할 수 있도록 피드백을 제공한다.

〈계속〉

	예시: 학생은 자신의 조직 능력과 기억력 문제로 인해 숙제를 놓치고 시험 성적이 좋지 않다는 것을 깨닫는다.	• 학생이 문제를 인식하고 얼마 동안 고민했는지 알아본다. • 학생과 함께 장단점을 명시적으로 제시하여 변화의 방향으로 균형 있게 끝을 맺는다. • 학생이 변화할 수 있음을 확인한다.
준비	**설명**: 개인은 변화를 위해 준비가 되었다. 그/그녀는 과거에 변화를 시도해 보았지만 실패한 경우가 있을 수 있으며, 변화를 위한 계획과 헌신을 해야 한다. **예시**: 학생은 학습 계획을 작성하고 학습 전략을 선택한다. 계획은 복잡하거나 간단할 수 있다.	• 학생의 계획, 해결책 및 전략에 대한 아이디어를 적극적으로 경청한다. • 변화에 대한 의지가 얼마나 강한지를 평가한다. • 학생이 현실적이고 구체적인 계획을 세울 수 있도록 지원한다. 모호한 계획은 계획이 없을 수도 있다. • 계획, 해결책 및 전략에 대한 선택권을 제공한다. • 일부 계획, 해결책 및 전략은 다른 상황에서도 사용할 수 있는 것으로 소개한다. • 과거에 실패한 계획을 재활용하지 않도록 조심스럽게 경고한다. • 계획에 대한 개인적인 경험을 예로 들어 효과가 있었던 것과 없었던 것을 설명한다.
행동	**설명**: 계획을 행동에 옮기는 것은 보통 행동이나 행위에 변화를 가져오는 구체적인 단계를 취하는 것을 의미한다. 계획을 행동함으로써 목표 달성이 보장되지 않는다는 점을 주목해야 한다. **예시**: 학생은 공부 계획과 학습 전략을 실행했다. 이 과정에서 예상치 못한 도전과 변화하는 시장 상황을 다루기 위해 행동 계획을 수정하고 적응해야 한다.	• 학생이 계획을 행동에 옮기는 데 성공했음을 확인한다. • 학생이 계획/전략의 사용을 추적하고 목표가 달성되고 있는지 추적할 수 있는 방법을 제공한다. • 학생과 다른 사람들의 피드백을 기반으로 목표나 계획을 수정하는 것에 대해 논의한다. • 행동 단계를 다시 자기 조절 과정과 연관시킨다.

〈계속〉

유지	설명: 계획을 사용하여 원하는 행동을 유지한다. 그러나 재발 및 단계를 다시 반복할 수 있다. 예시: 학생은 계획을 계속 실행한다. 그러나 루틴이 충분히 확립되지 않았거나 루틴을 방해하는 요소가 발생하여 학생이 이전 단계로 돌아가 다시 시작하는 경우 이를 중단할 수 있다.	• 새로운 계획이나 루틴을 유지하는 것이 어렵다는 것을 인정한다. • 학생이 과거의 공부 습관, 시간 관리 루틴 및 대처 방식으로 되돌아갈 때, 인내와 회복력을 촉진하기 위해 학생을 지원한다. • 운동 루틴이나 다이어트의 예시를 사용하여 사람들이 새로운 루틴을 유지하지 못하는 이유를 탐색한다. • 학생과 함께 계획을 세운다. 계획을 다시 시작하거나 이전 계획이 더 이상 적용되지 않을 경우 새로운 계획을 세운다.

참고: DiClemente와 Velasquez(2002) 및 Prochaska, DiClemente 및 Norcross(1992)에서 종합된 내용.

문제 중심 학습은 많은 코칭 접근의 기본 요소 중 하나이다. 여기서 학생들은 문제를 식별하고 목표를 설정하며 잠재적인 장애물을 고려하여 계획을 개발하고 이를 행동하는 방법을 배우게 된다. Swartz, Prevatt 및 Proctor(2005)는 대학원생이 ADHD(주의력 결핍 과잉행동 장애)가 있는 다른 대학생을 코칭하는 문제 중심 학습 접근법을 설명했다. Finn, Getzel 및 McManus(2008), Parker와 Boutelle(2009)은 학습 장애 및 장애가 있는 학생들을 위한 대학교인 Landmark College에서 사용되는 유사한 접근법을 설명했다.

코치들은 성찰적 사고를 모델링하고 학생들의 목표를 계획하고 실현할 수 있는 능력을 촉진하기 위한 구체적인 종류의 질문을 사용한다. 질문을 주요 의사소통 도구로 활용함으로써…… 코칭은 학생이 삶의 목표에 대한 행동을 취할 수 있는 능력에 중점을 둔다. 코치들은 학생들을 창의적이고 재능 있게 보면서 그들이 중요하게 여기는 목표를 달성하기 위한 행동 방법을 배우도록 돕는다(Parker & Boutelle, 2009, p. 205).

실제로, Landmark College의 코칭 서비스 미션 진술서는 다음과 같다.

탐색과정을 통해 코칭은 학생들이 자기 자신을 이해하고 가치를 두며 목표를 실현하기 위한 행동을 취하도록 독려하는 지원, 구조, 전략 및 안내된 실습을 제공한다. 코치에게 는 학생들이 창의적이고 재능 있게 보이며, 이로 인해 자기 인식이 높아지면서 자신의 답을 발견할 능력을 가진 사람들로 보인다(Parker & Boutelle, 2009, p. 206).

자기 조절을 위한 역동적 접근법

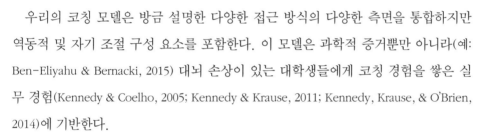

우리의 코칭 모델은 방금 설명한 다양한 접근 방식의 다양한 측면을 통합하지만 역동적 및 자기 조절 구성 요소를 포함한다. 이 모델은 과학적 증거뿐만 아니라(예: Ben-Eliyahu & Bernacki, 2015) 대뇌 손상이 있는 대학생들에게 코칭 경험을 쌓은 실무 경험(Kennedy & Coelho, 2005; Kennedy & Krause, 2011; Kennedy, Krause, & O'Brien, 2014)에 기반한다.

역동적 코칭은 개인이 자신의 실행기능을 활용하여 상황을 정확하게 평가하고 발생하는 문제를 해결하여 가깝고(즉, 즉각적인) 먼(장기적인) 목표를 달성할 수 있도록 지원하고 가르치는 접근 방식이다. 여기서 '역동적'이라는 용어를 사용한 이유는 학생의 학업적 요구와 상황에 따라 자기 조절 과정이 계속 진행 중이며 끊임없이 변화하기 때문이다. Parker와 Boutelle(2009)이 요약한 바에 따르면, "임상 실무 보고서는 교수법의 설명 모델이 효과적인 학습 방법을 빨리 습득하지만, 이러한 기술을 자기 조절된 방식으로 사용하는 데 지속적인 어려움을 겪는 학생들에게 큰 효과를 보이지 않을 수 있다."라고 언급하고 있다(p. 205). 다시 말해, 실행기능 문제가 있는 학생들은 학습 전략을 배울 수 있지만, 주어진 시간에, 주어진 활동에 특정한 문맥에서 조직적으로 적용하기가 어렵다.

우리의 코칭 접근 방식의 주요 특징은 네 가지 주요 원칙으로 구성되어 있다. 여기에서는 대학생들과의 협력에서 장애가 있는 학생들과 함께 사용하는 최선의 코칭 방법과, 인지 재활치료에서의 최선의 코칭 방법을 결합하여 '역동적 코칭'이라고 부른다.

- **원칙 1**: 역동적 코칭은 코치와 학생 간의 신뢰를 기반으로 한다.
- **원칙 2**: 역동적 코칭의 구조는 자기 조절을 모델링하고 촉진한다.
- **원칙 3**: 역동적 코칭은 자연스러운 학습이 이루어지는 대학 환경에서 진행되며, 결과물은 실용적이고 기능적이며 학생 중심적이다.
- **원칙 4**: 역동적 코칭은 사고, 행동 및 성찰의 방법으로 자기 조절을 명시적으로 가르친다.

원칙 1: 역동적 코칭을 통한 관계 구축하기

실행기능 문제가 있는 대학생들에게 역동적 코칭을 사용하는 궁극적인 목표는 학생들이 변화할 수밖에 없는 상황과 활동 중에 어떻게 생각하고, 배우고, 조직화하며, 사회화하는지에 대한 전문가가 되도록 하는 것이다. 분명한 것은 대학생들이 졸업이후 오랜 시간 동안 대학에서 겪은 도전과 유사한 도전을 대면하면서 계속해서 성장하고 조정될 것이라는 점이다. 그리고 이러한 학생들이 변화하고 있기 때문에 그들이 추구하는 목표도 변화할 것이다. 교육, 직업재활, 작업치료, 심리학, 언어·음성 치료 및 장애 전문가와 같은 전문가로서 대학생들의 독립적인 대학 생활을 돕고 변화시키는 방법은 무엇일까? **우리는 학생들과 협력적인 관계를 구축하고 학생들에게 다양한 학업 환경과 목적에 대한 자기 조절 방법을 명시적으로 가르치는 것을 통해 이를 해낼 수 있다.**

코치는 학생들이 스스로 전문가가 되는 것을 목표로 동기를 부여하고 영감을 주며 모델링하고 지도하고 지원하며 안내한다. 그렇다면 코치는 어떻게 대학 환경에서 '전문가로서의 코치'에서 '전문가로서의 학생'으로의 전환이 이루어지도록 할 수 있을까? 이러한 전환을 이루기 위해서는 코치-학생 협력 관계가 형성되어야 한다 (Parker & Boutelle, 2009; Quinn et al., 2000; Ylivsaker, 2006; Ylivsaker & Feeney, 2009). 이러한 협력 관계는 상호존중과, 장애가 있는 학생들이 과거 경험과 일부 현재 대학생 경험을 기반으로 **자기 자신에 대한 가치 있고 독특한 지식**을 가지고 있다는 믿음을 통해 형성된다. 이러한 아이디어가 실행기능 문제가 있는 대학생들에게 어떻게 전달

되는지가 중요하다. 동기강화상담 기법은 코치에게 처음에는 학생들과 함께 이러한 도전 과제를 해결하고, 결국에는 학생들 스스로 해결책을 찾을 수 있다는 메시지를 강조하는 실용적인 의사소통 방법을 제공한다. 한 대학생이 이렇게 말했다. "아, 이 해했어요! 저는 저만의 코치가 될 거예요!" 동기강화상담은 학생들과의 의사소통 방 식이다.

'변화의 언어'에 특별한 주의를 기울이는 협력적이고 목표 지향적인 의사소통 방식이 다. 이것은 특정 목표에 대한 개인적 동기를 강화하고 그 목표에 대한 헌신을 강화하기 위 해, 수용과 동정의 분위기에서 개인의 변화 동기를 끌어내고 탐색하기 위해 디자인되었다 (Miller & Rollnick, 2013, p. 29).

코치가 따를 필요가 있는 네 가지 기본 원칙이 있다. (1) 공감표현하기, (2) 불일 치 개발하기, (3) 저항에 구르기 그리고 (4) 자기 효능감 지지하기(Miller & Rollnick, 2002)이다. 동기강화상담은 원래 중독 상담사에 의해 사용되었으나, 이후의 메타 분 석 연구에서는 당뇨병, 고혈압, 고콜레스테롤과 같은 상태를 가진 개인들의 건강 변 화를 대상으로 한 무작위 대조 연구에서 동기강화상담의 유의미한 효과를 발견하 였다(Lundahl, Kunz, Brownell, Tollefson, & Burke, 2010; Rubak, Sandbaek, Lauritzen, & Christensen, 2005). 게다가 최근의 메타 분석 연구는 전문가들이 동기강화상담 의사 소통 기술을 사용할 때, 내담자들이 변화를 의미하는 언어를 더 자주 사용하고 변하 지 않는 것을 의미하는 언어를 덜 사용하는 경향이 있다는 것을 보여 주었다(Magill et al., 2014).

동기강화상담의 사용은 상호 존중과 학생들이 자주성을 갖고 있다는 믿음을 전달하며, 적극적인 경청과 질문이라는 중요한 요소를 통해 구현된다. Miller와 Rollnick(2002)은 전문가가 변화를 유도하는 질문과 응답을 다음과 같이 사용한다고 설명한다.

(1) 변화 이야기를 유도하기 위한 **개방형** 질문하기, (2) 변화 이야기를 위해 내담자를 **공감** 및 강화하기, (3) 내담자가 표현한 변화 이야기를 때로는 선택적으로 **반영**하여, 그 이야기를 다시 한번 들을 수 있게 하기 그리고 (4) 변화 이야기에 대한 수집, 연결 및 전환 **요약**을 제공하여 내담자가 했던 발언을 한 번 더 듣게 해 주기(p. 83)이다.

이 동기강화상담 접근법인 OARS(개방형 질문하기, 긍정적인 피드백 주기, 반영하기, 요약하기)는 코치가 학생들과 변화에 관한 대화를 이끌 때 사용할 수 있다(제5장, 제6장 및 제7장에서의 예시 참조). 〈표 4-2〉는 이러한 유형의 질문에 대한 간단한 정의와 복잡한 상황에서 학생들을 코칭할 때 사용될 수 있는 예시를 제공한다.

대학생 중독 문제, ADHD(주의력 결핍 과잉행동 장애), 학습 장애 및 뇌 손상이 있는 개인들과 동기강화상담을 사용하는 것을 지지하는 강력한 개념적, 과학적 근거가 있다. 음주 문제가 있는 대학생에게 사용된 동기강화상담 개입에 대한 두 가지 별개의 검토에서 알코올 소비와 음주 문제를 감소시켰다는 결론이 밝혀졌다(Branscum & Sharma, 2010; LaBrie, Cail, Pedersen, & Migliuri, 2011). 동기강화상담이 ADHD가 있는 청소년 대상 두 가지 치료 중 하나에 추가되었을 때, 계획 및 솔루션 중심 치료에서 중요한 개선이 발견되었으며, 이는 치료 종료 후 3개월 동안 유지되었다(Boyer, Geurts, Prins, & Van der Oord, 2014). 또한 뇌 신경 심리학적 검사 결과, 계획 문제 및 실행기능에 대한 부모 보고, 동반 증상 및 교사 보고에서도 개선된 것으로 나타났다. 이 대규모 ($N = 159$) 무작위 배정 통제 처치 시험의 결과는 ADHD가 있는 청소년을 대상으로 다른 유형의 개입에서 일반적으로 좋지 않은 결과와 대조된다.

동기강화상담은 뇌 손상(ABI)이 있는 개인들과 작업할 때에도 효과적이다(예: Bomdardier & Rimmele, 1999). Hsieh, Ponsford, Wong 및 McKay(2012)는 불안 증후군을 겪는 뇌 손상 환자들에게 인지 행동 치료 **이전**에 제공된 동기강화상담 기술이 불안과 비생산적 대처를 덜 발생하게 했다는 것을 발견했다.

표 4-2 동기강화상담 질문(OARS)과 복잡한 상황에서 학생들을 지도할 때 사용될 수 있는 예시

질문 및 진술의 종류	코치가 ~을 나타내는 것을 보여 준다.	예시
개방적 질문(Open questions): 단순한 '예/아니요'의 대답이 아닌, 풍부하고 복잡한 대답을 촉진하는 질문이다.	진심으로 관심을 가지고 이해하고 공감하는 것을 나타낸다.	• 새 직장에서의 첫날은 어땠나요? • 정말 피곤할 때 무엇을 느끼는지 말해 봐요. • 더 자세히 얘기해 주세요.
확인(Affirmations): 자신의 이해를 긍정적으로 전달하면서 판단하지 않는 진술이다.	학생의 감정, 욕망, 목표, 꿈, 아이디어 등을 인정한다.	• 이 문제에 정말 많은 생각을 하셨군요. • 당신이 편의 조치를 사용하지 않는 이유가 있는 것 같아요.
성찰(Reflections): 공감을 성찰하고 깊은 이해 수준을 촉진하는 진술이다.	상황의 복잡성, 심지어 그 상황의 장단점까지 인식하면서 학생을 변화로 이끈다.	• 이게 얼마나 어려울지 이해해요. 쉽지 않은 일이고 고려해야 할 사항이 많을 거예요.
요약(Summaries): 듣고 이해한 내용을 종합적으로 표현하는 진술이다.	간단한 개요를 작성하여 상황을 이해하고, 코치나 학생이 오해하지 않도록 설명할 기회를 제공한다.	• 알겠어요. 제가 제대로 이해하는지 알려 주세요. 당신은 집중이 필요한 시험을 보기 위해 장애 서비스에 도움을 청해 시험을 칠 수 있지만, 이게 너무 번거롭거나 귀찮은 것 같아요.

참고: Miller와 Rollnick(2002, 2013) 및 MacFarland(2012)에서 종합된 내용.

　뇌 손상을 입은 개인들의 회복 및 재활에 동기강화상담이 어떻게 적용되는지 검토하려면 Medley와 Powell(2010)의 내용을 참고하기 바란다. 또한 의사소통 장애가 있는 개인과 함께 동기강화상담이 어떻게 적용되는지 알고 싶다면 McFarlane(2012)의 내용을 참고하기 바란다.

　동기강화상담을 파트너십을 확립하는 데 사용하는 것 외에도, 코치는 학생들에게 **명시적으로** 자신에 대한 모든 중요한 정보의 전문가라는 사실을 전달할 수 있다. 예를 들어, 그들이 어떻게 생각하고, 무엇을 좋아하고, 무엇을 싫어하고, 어떻게 느끼

고, 무엇이 그들에게 동기를 부여하는지, 다른 사람들과 어떻게 관련되는지, 과거에 효과가 있었던 (또는 효과가 없는) 전략 그리고 단기 목표와 장기적인 계획 등에 관한 모든 정보이다. 학생들은 코치와 공유해야 할 '자기감(sense of self)'을 가지고 있으며, 동기강화상담으로 가능한 신뢰와 지원이 있는 관계가 이를 촉진한다. 동기강화상담은 이 파트너십을 암묵적으로 강화하지만, 학생들에게도 명시적으로 자신들 또한 전문가임을 알려 주는 것이 매우 중요하다. [양식 4-1]은 코치가 학생들과 다른 이들에게 이 역동적 접근 방식을 설명하는 방법을 보여 주고 있다.[1] 동기강화상담에 대한 추가 자료로는 Berger와 Villaume(2013), Miller와 Moyers(2006), Rosengren(2009)의 출판물 등이 있다.

코치 외에도 학생들은 다른 사람들로부터 지원을 받아야 한다. 가족, 친구 및 기타 전문적인 지지 체계를 갖는 학생들은 학업, 사회 및 감정적인 실망에 직면했을 때 더 견고하고 끈기 있는 경향이 있다(Wyman, Cowen, Work, & Parker, 1991). 따라서 학생들은 자신의 장애를 인식하고 신뢰할 수 있는 개인들끼리 **팀 구성**을 하도록 장려받는다. 학생들이 어떤 사람이 그들의 팀에 들어가야 하는지와, 팀 구성원이 어떤 역할을 해야 하는지 결정하는 과정은 제7장에서 자세히 논의된다.

마지막으로, 코치는 학생들이 새로운 상황 또는 스트레스 상황에서 어떻게 대처하는지 인식하고 존중해야 한다. 일부 대학생들은 문제를 예방할 수 있다고 생각할 때, 새로운 접근 방식을 시도하는 데 매우 개방적이다. 이러한 '문제 중심' 또는 '해결 중심' 학생들은 계획자로서 활발하게 참여하며 예방 조치를 채택하는 경향이 있다(Krpan, Stuss, & Anderson, 2011a, 2011b; Lazarus & Folkman, 1984). 학생들은 또한 계획자가 될 수 있지만, 새로운 상황에 대해 '지켜보는 접근 방식(wait-and-see approach)'을 가질 수도 있다. 이러한 학생들은 과거의 전략이나 루틴에 의존하는 시행착오 학습에 더 편안하게 다가간다. 그들은 실수에서 배운다. 여기서 중요한 점은 '필요에 따라' 그들이 배운다는 것이다. 그러나 일부 학생들은 스트레스를 경험하거나 예상하는 상황을 피하려고 한다. 이러한 감정 중심의 피해 회피 대처를 갖는 학생들

---

1) 모든 재현 가능한 양식은 장 끝에 있다.

은 뇌 손상 후에 전반적인 결과가 낮을 수도 있다(Anson & Ponsford, 2006; Dawson, Cantanzaro, Firestone, Schwartz, & Stuss, 2006). 피해 회피 대처 스타일을 가진 학생들은 때로는 교착되어 목표 달성을 향해 나아가지 못할 수 있으며, 특히 이러한 학생들에게는 지원적이고 수용적인 동기강화상담 접근과 자기 조절 지도를 사용하여 보다 적극적인 계획을 세우도록 안내하고 가르쳐야 한다. 〈표 4-3〉에는 이러한 학생들이 대학 재학 중에 자기 조절을 배울 때 동기강화상담을 사용하여 역동적으로 지도하고 지원하는 우수한 코치들의 가이드 목록이 포함되어 있다.

◈ 원칙 2: 자기 조절을 모델링하고 촉진하기 위한 역동적 코칭 구조화하기

역동적 코칭에는 그 자체로 자기 조절을 모델링하는 프레임워크 네 가지 단계가 있다. 이러한 단계는 [그림 4-1]에 나와 있으며, 이 책의 나머지 장에서 자세히 설명되어 있다. 이러한 단계는 많은 측면에서 Sohlberg와 Turkstra(2011)의 계획, 실행 및 평가(Planning, Implementation, Evaluation: PIE)와 유사하며, 뇌 손상이 있는 개인에게 인지 재활을 제공하는 전문가들이 따라야 하는 조직적 프레임워크이다. 우리의 목적을 위해 PIE는 전문가들이 계속해서 자신의 목표와 개입을 재평가하는 프레임워크이다. 우리의 PIE 적용 안에서는 코치와 학생이 **함께 협력한다.**

◈ 표 4-3 우수한 코치가 하는 일과 하지 않는 일

우수한 코치가 하는 일	우수한 코치가 하지 않는 일
자기 조절을 명시적으로 모델링한다.	학생들이 암묵적으로 이를 수행할 것이라고 가정한다.
상황의 복잡성을 인정한다.	현실의 상황을 과도하게 단순화한다.
학생들과 협력하여 장단점을 고려한다.	학생들이 '수령자'가 되는 일방향 지도를 한다.
학생들에게 최상의 해결책에는 협력이 필요하다고 알려 준다.	학생의 협력 없이 해결책을 만든다.

〈계속〉

목표, 전략 및 계획이 어떻게 변하는지 모델링한다.	이러한 목표, 전략 및 계획이 확정되어 있다는 인상을 준다.
학생들에게 책임을 부여한다.	학생들의 실수를 가혹하게 비판하거나 무시한다.
학생의 모든 문제를 해결할 수 없다는 것을 알고, 언제 의뢰할지 알고 있다.	학생이 모든 것을 할 수 있다고 믿고 그에 따라 행동한다.
개방형, 확언형 성찰형, 그리고 요약형 질문을 한다.	말하거나 강의하거나 '강력히 권장한다.'
동기 부여를 한다.	'해야 한다'라는 표현을 사용하여 부끄러움을 일으킨다.
자율성을 장려하고 신뢰의 관계를 유지한다.	의존성을 장려한다.
필요할 때 지원을 제공한다.	필요하지 않거나 요청하지 않은 경우에도 지원을 제공한다.
동정과 공감을 표현한다.	비난한다.
학생들의 욕망과 선호도를 믿고 존중한다.	학생들을 믿을 가치가 없다고 여긴다.
학생들의 선택을 촉진한다.	선택권이 없는 학생들에게 무엇을 해야 하는지 알려 준다.
학생들에게 자기 옹호 방법과 다른 사람에게 도움을 구하는 방법을 보여 준다.	학생들이 완전히 자립할 수 있도록 장려한다.
실수, 잘못된 결정 또는 '그냥 안 되는 것'에 대한 토론을 장려한다.	'문제를 해결'하려고 너무 빨리 진행하여 토론을 방해한다.

정보 수집 및 평가 단계에서 코치와 학생들은 학생의 강점, 어려움, 선호도, 신념 및 목표를 식별하는 데 도움이 되는 정보를 수집하고 평가한다. 이 단계는 일반적으로 동기강화상담 및 설문 조사와 질문지를 활용하여, 코치와 학생이 임상 보고서, 성적표 및 특별한 요청을 검토하는 처음 몇 번의 코칭 회기에서 수행된다. 이 단계는 필요하다고 판단될 경우 추가 검사와, 학생들의 설문 조사 및 질문지에 대한 답변을 기반으로 하는 반구조화된 면접도 포함한다. 이 단계에 대한 자세한 내용은 제5장에서 설명되어 있다.

코칭의 두 번째 단계, **해석과 계획 단계**는 첫 번째 단계에서 직접 파생된다. 여기서 코치와 학생은 보고서, 질문지 및 면접에서 수집한 정보를 해석하거나 번역한다. 이

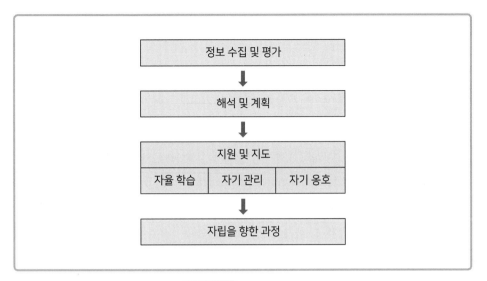

그림 4-1 코칭의 단계

것은 학생이 자신이 무엇을 잘하고 어디에서 어려움을 겪는지 생각하는 방법을 배우고, 코치가 실행기능 문제가 일상적인 학업 및 사회 활동과 어떤 관련이 있는지 맞춤형 교육을 제공하는 협력적 과정이다. 공동계획을 시작하면 코치와 학생은 즉각적인 학업적 필요 또는 가까운 목표 및 장기적이거나 더 먼 미래의 목표를 식별한다. 이러한 계획들은 또한 학생들의 능력, 선호도 및 욕망에 대한 논의에서 자연스럽게 나타난다. 이 두 번째 코칭 단계는 정보 수집 및 평가와 밀접하게 연결되어 있으므로 제5장에서 설명된다. 이 과정을 안내하는 실용적인 도구와 양식도 제공된다.

코칭의 세 번째 단계인 **지원 및 지도 단계**는 학생들에게 자기 조절을 명시적으로 가르치는 것을 포함한다. 자기 조절을 '어떻게' 코칭하는지는 중요한데, 이는 나중에 '원칙 4'로 설명된다. 여기서 목표가 식별된 후에는 학습, 연습 및 새로운 전략을 사용하는 계획이 작성되고 비효과적인 전략이 제거된다. 따라서 이러한 코칭 단계는 일반적으로 실행기능 문제가 있는 학생들에게 공통으로 식별되는 세 가지 영역을 중심으로 구성된다. 여기서 세 가지 영역은 시간 관리와 조직, 학습과 공부(둘 다 제6장에서 자세히 다룸) 그리고 자기 옹호(제7장에서 논의됨)이다.

코칭의 지원 및 지도 단계는 학생들이 자기 결정을 지원하는 전략 옵션을 제공하는 것도 포함한다. 새로운 전략을 학습하는 능력에 따라 일부 학생들은 새로운 전략을 이해하고 사용하기 위해 명시적이고 직접적인 지도가 필요할 수 있다. 이러한 개인들은 일반적으로 몇 주 또는 심지어 몇 달 동안 수행될 수 있는 몇 번의 지도 회기를 필요로 하는 보다 강도 높은 재활이 필요할 것이다. 그러나 대부분의 대학생은 충분한 기억력과 학습 능력을 갖추고 있어서 새로운 전략을 상당히 빨리 배울 수 있다. 지도에 대한 최상의 코칭법에 익숙하지 않은 분들을 위해 Sohlberg와 Turkstra가 2011년에 저술한 『Optimizing Cognitive Rehabilitation』을 추천한다.

전략, 계획 및 해결책이 실행된 후에는 학생과 코치가 학생이 시행한 전략의 유용성을 재평가하며, 일반적으로 학생이 제공한 문서를 기반으로 한다. 이 문서는 정기적인 회기에서 코치와 공유된다. 그때 학생과 코치는 무슨 일이 일어났는지, 왜 그런 일이 일어났는지, 그리고 목표, 전략 또는 계획을 조정해야 할 필요가 있는지 평가한다. 따라서 코칭 회기를 통해 학생들은 계획, 실행 및 평가(PIE) 등의 방법을 명시적으로 배우는 경험을 한다. 장애가 있는 대학생들이 처한 상황은 코치와 학생이 지속적으로 재평가와 조정이 필요한 복잡성과 유연성을 인식해야 함을 강조한다.

역동적 코칭의 최종 단계는 일반적으로 학생들이 스스로 코칭하는 데 더 능숙해지고 있다는 결론을 내릴 때 발생한다. 이 **독립성과 후속 단계**는 보통 몇 학기 동안 코치가 지도적인 역할이 줄어들고 학생들이 스스로 조절할 수 있도록 지원하는 역할이 늘어난 후에 이루어진다. 이 단계에는 검사를 진행할 수 있는 경우가 포함될 수 있으며, 서비스 요금을 청구할 때 검사가 필요한 직업에는 코치가 검사를 수행해야 할 수도 있다. 그러나 더 중요한 것은 설문 조사와 인터뷰, 자기 성찰 양식, 학업 및 직업 계획에 대한 토론이다. 이러한 마지막 두 평가 형식은 학생들의 자기 조절, 자기 효능감 및 자기 결정력에 대한 정보를 제공하며, 독립적인 사고와 문제해결로의 학생의 성과를 반영한다. 자기 성찰은 학기 또는 학년 시작 시([양식 4-2])와 학기 또는 학년 끝([양식 4-3]) 두 양식을 사용하여 촉진될 수 있다.

나머지 학기 동안 학생들과 연락을 유지하는 것은 어떤 학생들에게는 매우 중요한 역할을 한다. 다음 몇 학기 초에 학생들과 만나면 필요한 경우 도움을 제공할 수 있다. 일부 학생들은 자신의 수업 내용을 검토하고 다가오는 학기에 사용할 전략과 선제적인 해결책을 결정할 때 지원이 필요하다. 제8장에서는 학생들이 독립적으로 성장하는 과정을 설명한다.

우리 코칭 모델의 주요 단계 구조 외에도 코칭 일정은 뇌 손상을 입은 개인들이 받는 집중적인 인지 재활 및 학생들이 익숙한 불규칙한 튜터링 회기와 다르다. 첫 학기의 주간 코칭 회기는 외래 환자로서 보다 수동적으로 치료받을 수 있는 더 빈번한 외래 재활 치료와 달리, 그리고 내용이 좁게 정의되고 특정 수업으로 제한되는 튜터링 회기와는 달리 장애가 있는 대학생에게 더 많은 책임감을 요구한다. 학생들은 코칭 회기에 참석하여 어떤 것이 잘되었고, 무엇이 잘되지 않았으며, 어떤 새로운 도전을 예상하는지에 대한 정보를 얻고, 목표 및/또는 목표 달성을 위한 계획을 재검토하고 조정하는 방법에 대한 지원을 받는다.

학생들이 코칭 회기에 참석하지 않을 때, 그들은 실생활 연습 결과를 검토하고 토론할 기회를 놓치게 된다. 그들은 "음, 그게 잘 안 되었구나." 또는 "그 전략을 사용하는 게 너무 어려웠어." 또는 "너무 많은 시간이 들었어."라고 결론을 내게 된다. 그럴 필요가 없는 경우, 많은 학생은 계획이 실패한 이유와 다음번에는 무엇을 어떻게 바꾸어야 하는지를 스스로 알아보려는 내적 동기를 갖지 않는다. 주간 코칭 회기는 책임감을 만들어 낸다. 학생들은 코치의 도움을 받아 '그 계획'을 이행하는 책임을 져야 한다. 두 번째 또는 세 번째 학기에는 학생들이 계획, 전략 수립 및 더 나은 실행을 통해 목표를 달성하는 데 더 많은 책임을 지면서 이러한 코칭 회기의 빈도를 줄일 수 있다.

⚛ 원칙 3: 맥락은 자연스러운 학습과 결과를 창출한다

코칭이 이루어지는 대학 환경은 결과를 평가하는 데 중요한 역할을 한다. 이를 설명하기 위해 스포츠에서의 비유가 도움이 된다. 스포츠 코치들은 선수들이 기초적인 기술과 특정 기술들(skill sets) 처음 배울 때 게임 외에서 기술을 연습해야 한다는 것을 알고 있다. 훈련에서 기술을 보여주는 것이 먼저이고, 연습 게임에서 기술을 연습하는 것이 다음 단계이다. 하지만 실제 게임의 강도와 속도를 대체할 수 있는 것은 없다. 게임에서는 연습에서 느낄 수 없는 중요성이 있다. 실제 게임은 긴장, 빠른 결정과 상대 팀이 하는 일에 기반한 변화로 가득 차 있다. 대학 경험도 비슷하다. 그것은 유동적이며 복잡하다. 대학에서 발생하는 자기 조절도 유동적이며 복잡하다(Ben-Eliyahu & Bernacki, 2015). 이는 그 기술이 유용하고 많은 긍정적인 결과를 가져올 것이라는 맥락 안에서 학습되어야 한다(Lichtinger & Kaplan, 2015).

불행하게도 이 맥락은 의료 재활 및 교육의 모범 사례 모델에서 종종 배제된다. 예를 들어, 미국 언어청각치료협회 모델은 '(1) 현재 과학적 증거, 출판된 체계적 검토, 메타 분석, 무작위 대조 연구, 사례 보고 및 전문가 의견, (2) 내담자의 능력, 장애, 목표 및 가치, (3) 임상가의 전문 지식과 의사결정 기술'을 포함한다(www.asha.org). 명백한 누락은 맥락이다. 다행히 다른 연구자들은 최고의 코칭 모델에 맥락을 포함시켰다(Kennedy, 2014; McCauley & Fey, 2006). 대학생을 코칭할 때 대학 맥락은 여러 가지 이유로 중요하다.

첫째, 대학의 맥락은 코치에게 빠른 시행이 가능하고 결과가 즉각적으로 관찰되며 장기적인 영향을 미칠 수 있는 전략을 권장하도록 유도한다. 뇌 손상을 입은 외래 환자에게 기억 전략을 사용하도록 설득하려는 임상가는 그 사람들이 해당 전략의 관련성을 이해하고 공부하는 동안 사용한 퀴즈 또는 시험에서 긍정적인 결과를 관찰할 때까지 저항을 받을 수 있다. 뇌 손상을 입은 사람들은 실제 학업 및 사회 활동에서 실험적 피드백을 받을 때까지는 이러한 전략이 거의 필요하지 않을 수 있으며, 실제로 이러한 전략이 도움이 될 수 있다. 그러나 학생들이 단기 목표를 달성하는 것은 장기적인 영향을 미치는데, 예를 들어 성적 향상은 자신이 원하는 전공을 선택할 수 있는 등 많은 긍정적 기회를 제공한다. "따라서 맥락은 중요한 기능적 관련성을 갖는다. 맥락은 전략을 사용하는 이유를 보여 줌으로써 '학생에게 추가 가치'를 제공한다"(Kennedy, 2014, p. 284).

둘째, 대학 캠퍼스는 학생들에게 자신들의 장애 현실과 직면하게 하는 현실적인 경험으로 가득하다. 이는 학생들의 자기 결정 또는 스스로를 인식하는 것에 영향을 미칠 것이며, 그들이 마주하는 가장 어려운 학습 유형 중 일부를 시도할 때 발생한다. 부정적이고 긍정적인 학업 및 사회 경험은 자연스럽게 발생할 것이지만 코치는 이러한 경험들에 대한 자기 조절 모델과 사고방식을 지원적인 방식으로 제공하여 학생들이 선택지를 고려하고 변화를 시작할 수 있도록 도울 수 있다.

셋째, 대학에 진학함으로써 자연스럽고 적시적인 풍부한 경험을 얻을 수 있는데, 이때 신속하고 일상적인 결정과 더 많은 노력을 요구하는 느린 결정들이 필요하다. 의료, 의료 보조 및 교육 프로그램의 직업 분야는 오랜 기간 교과서를 읽고 수업을 듣는 것만으로는 배울 수 있는 데 한계가 있다는 것을 알고 있다. 실제로 의학 분야 학생들 사이에서 자기 조절 학습과 문제 중심 학습의 관계에 대한 연구 결과가 많이 있다(예: Demiroren, Turan, & Oztuna, 2016; Loyens, Magda, & Rikers, 2008). 따라서 학생들은 실제 실무 상황에서 자신의 목표와 계획을 만들고 솔루션과 전략을 적용하며, 그것이 효과적인지 여부를 신속하게 판단해야 한다.

넷째, 자연 환경에서의 맥락 기반 학습은 연구 증거에 의해 뒷받침되는 방식으로 새로운 정보에 대한 학습을 촉진한다. 교육 및 인지심리학자들은 무언가를 기억하려면 나중에 자신의 기억에서 그것을 회상하는 것이 단순히 반복하는 것보다 나은 것이라고 주장한다. 정보가 단순히 반복되는 것과 비교했을 때 시간이 지난 후에 정보를 회상한다면(다른 일을 하는 동안), 나중에 다시 올바르게 회상할 가능성이 크게 높아진다. 이것은 종종 '간격 인출'이라고 불리며, 이는 학습한 시점과 그것을 회상한 시점 사이의 시간이 점점 더 길어지는 것에 중점을 둔다(Brush & Camp, 1998; Schefft, Dulay, & Fargo, 2008; Velikonja et al., 2014). 그러나 기억한 내용을 다시 떠올려서 진술(또는 기록)하는 것도 중요한 기능이다. 응답을 직접 생성하면 나중에 기억할 가능성이 높아지는데, 이를 '자기 생성' 또는 '생성 효과'라고 부른다(Velikonja et al., 2014). 이러한 학습 및 연습 기술은 모두 더 깊은 처리가 필요하므로 나중에 기억력을 더 향상시킬 수 있다. 중요한 것은 이러한 기술이 강의 및 독서 자료를 복습할 때, 또래들과 소규모 프로젝트를 진행할 때, 퀴즈와 시험을 볼 때, 근무 시간 중 강사와 토론할 때 등 대학의 다양한 맥락에서 자연스럽게 발생한다는 점이다.

학습은 연습이 어떤 일정으로 이루어지는지에 따라 향상될 수도 있다. 새로운 절차를 유지하는 데 연습이 반복적으로 또는 한 번에 모두 발생하는 것보다 시간을 두고 분산되는 경우 새로운 절차를 보다 오래 기억하는 경향이 있다. 이를 '집중 연습'

이라 한다. 새로운 전략의 습득 단계에서 학생들은 특히 새로운 절차를 포함하는 경우 일부 집중 연습이 필요할 수 있다. 그러나 이 초기 연습 이후에 해당 절차를 다시 연습하기 전에 시간을 두는 학생들은 해당 절차를 훨씬 나중에 기억할 가능성이 높다(검토 자료는 Sohlberg, Ehlhardt, & Kennedy, 2005를 참조하라). 여기에 설명된 연습 방법(간격과 자기 생성)과 언제 연습할지(집중 연습과 시간 분산) 사이에는 겹치는 부분이 있지만, 우리가 주장하는 것은 대학에서 이러한 학습 원칙이 자연스럽게 발생하는 맥락이라는 것이다.

마지막으로, 대학은 학생들이 자신의 솔루션과 전략이 효과적이었다는 증거(즉, 결과)를 경험할 수 있도록 한다. 이는 개입이 진행됨에 따라 결과가 체계적으로 문서화되는 '코칭 기반 증거(Practice-Based Evidence: PBE)'로 간주되며, 이러한 종류의 증거는 개입과 결과가 학생들의 필요에 맞게 조정되거나 개별화되었을 때 매우 유용하다. 역동적 코칭은 PBE를 사용해야 하는 상황의 완벽한 예이다. 학생이 생성하고 개별화한 목표의 다양성과 실용성에 중점을 두는 것은 교육 분야나 뇌 손상 환자에게, 외래 인지 재활을 제공하는 임상가에게는 새로운 개념이 아니다. 그러나 대학에 입학한 학생들은 필연적으로 일부 목표가 즉각적인 것(즉, 가까운 것)이며 전략을 빨리 배우고 적용해야 하는 상황이므로, 목표를 구체적이고 측정 가능한 단계로 분해하는 방법에 대한 즉각적인 지도가 필요하다.

🎚 원칙 4: 역동적 코칭을 통한 자기 조절 가르치기

코치는 어떻게 자기 조절을 가르칠까? 코치는 실행기능 문제가 있는 학생들에게 자기 조절 과정을 가르치는 동안 그 과정을 명시적으로 만들어야 한다. 자기 조절은 여러 생각, 계획 및 행동 방법들로 결국 대학생과 코치에게 일상적으로 자동적이며, 제2의 성격이 되는 방식으로 모델링되고 용이하게 된다. 이러한 종류의 과정을 개인에게 명시적으로 가르치는 것에 대한 증거는 뇌 손상을 입은 개인의 인지 재활뿐만 아니라 ADHD/ADD와 학습 장애가 있는 학생들에 대한 교육 연구에서도 나타난다. TBI가 있는 성인의 실행기능을 향상시키기기 위한 메타 분석(Kennedy et al.,

2008)을 포함한 여러 연구에 따르면, 메타인지 전략 지도는 목표가 기능적이고 일상 활동을 반영할 때 효과적이라고 결론지었다(Cicerone et al., 2011; Haskins et al., 2012; Swanson & Hoskyn, 1998; Tate et al., 2014). 이러한 종류의 치료 사례로는 시간 압박 관리 훈련(Winkens, Van Heugten, Wade, & Fasotti, 2009), 목표 관리 훈련(Levine et al., 2000) 그리고 자기 대화 절차(Cicerone & Wood, 1987)를 포함한다. 이러한 모두가 메타인지 전략으로 간주되지만 일반적으로 과제 수행 중 및 완료 시에 일종의 자기 모니터링과 자기 성찰을 포함한 단계별 접근으로 내담자에게 제시된다. Sohlberg 및 동료들(2005)은 교육 연구에서 단계별 접근에 중점을 둔 메타인지 전략 지도와 매우 유사한 방식으로 '직접 지도'라는 교육 접근법의 효과를 보여 주었다. 따라서 중요한 기능은 메타인지 과정(자기 모니터링, 자기 선택, 자기 성찰 등)과 결합된 단계별 지도인 것으로 보인다.

그렇다면 코치들이 대학생들에게 자기 조절을 가르치는 방법은 무엇일까? 학생들에게 자기 조절을 가르치려면 그들에게 자기 평가(또는 자기 모니터링), 자기 조절 결정, 실행 및 자가 추적, 비교 및 조정을 통해 과정을 완전히 마무리하도록 요구하는 사고방식을 명시적으로 모델링하고 가르치는 것을 포함한다. 우리는 제1장, [그림 1-1]에 제시된 자기 조절 피드백 루프의 확장 버전을 사용하지만 몇 가지 추가적이고 명시적인 단계를 포함한다. 이러한 단계는 자기 조절 학습, 메타인지 전략 지도에 대한 연구와 학생들이 자기 조절 과정에서 장애물에 부딪히고 막히는 부분에 대한 자신의 임상 경험을 반영한 것이다. 자기 조절 과정에서 어떤 장애물이 있는지와 그것을 극복하는 방법은 코치와 학생의 일이다.

[그림 4-2]는 역동적 코칭이 진행되는 자기 조절 과정을 확장한 것이며, 복잡한 활동을 자기 조절하는 데 필요한 **모든** 단계를 포함한다. 따라서 이러한 단계는 자기 조절 프레임워크의 일부인 목표-전략-행동-조정(GSAA)에 따라 구성된다. 이 프레임워크는 학생들이 어떤 부분에서 자기 조절에 어려움을 겪고 있는지를 결정하기 위해 학생들과 함께 탐색할 수 있는 각 단계를 조직하는 데 도움을 준다. 자기 조절을 가르치기 위한 GSAA 접근 방식의 각 부분은 다음에 설명되어 있다.

첫째, 학생들은 이전 경험을 기반으로 자기 평가를 하거나(경험이 없는 경우도 있음; 예: 뇌 손상 후 학교에 막 복학했거나 발달 장애가 있는 학생이 대학에 입학한 경우), 과제, 특정 수업, 사회적 상황 또는 특정 학과 전공에서 자신이 어떻게 할 것이라고 예상하는지 예측할 수 있어야 한다. 제1장에서 설명한 대로 학생들이 자기 평가를 정확하게 할 수 없는 경우, 그들은 **목표**를 설정할 필요가 없을 것이다(목표-전략-행동-조정과 같이 자기 조절의 첫 번째 단계). 따라서 **목표를 설정**하는 데는 어느 정도의 자기 평가가 필요하며, 자기 조절 코칭의 첫 번째 단계는 학생에게 중요한 목표 영역에 대한 자기 평가 토론을 통해 학생을 안내하는 것이다. 수행 가능한 목표를 식별하고 선택하며 목표가 측정 가능하도록 하는 것이 이 과정의 일부이며, 이에 대해 더 자세히는 제5장에서 논의된다.

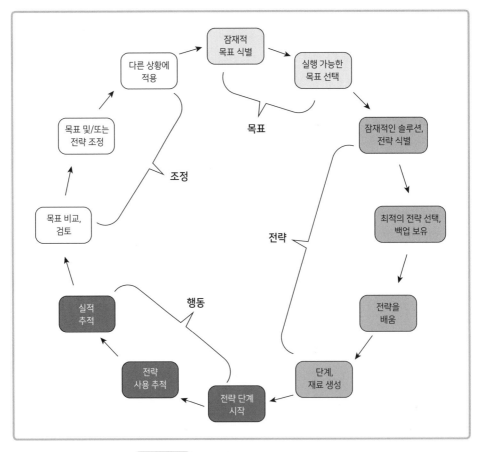

그림 4-2 단계별로 나눈 자기 조절 과정

　학생들은 자신의 능력에 대한 자기 인식의 정도에 따라 이 과정을 처음 시작할 때 코칭 지원이 더 많이 필요하거나 덜 필요할 수 있다. 자기 인식은 다양한 능력과 기술에 따라 다르다. 예를 들어, 학생은 자신이 읽은 내용을 기억하려고 노력할 때 겪는 어려움에 대한 도전을 매우 잘 알 수 있지만, 그룹 대화를 독점하는 경향에 대해 자기 인식이 적을 수 있다. ABI가 있는 학생들과 없는 학생들 모두에게 실제로 신체적 장애와 같이 명백하고 관찰 가능한 능력에 대한 인식은 사고, 학습 및 대화상의 문제를 인식하는 것에 비해 더 가능성이 높다(예: Allen & Ruff, 1990; Giacino & Cicerone, 1988). 따라서 학생은 학습 또는 공부 목표를 식별할 때는 적은 지원이 필요할 수 있지만, 또래와 대학 직원과의 의사소통을 포함하는 목표를 설정할 때는 더 많은 지원이 필요할 수 있다.

　자기 조절 코칭의 다음 단계는 이러한 학생들이 **목표를 달성하는 데 도움이 되는 전략과 접근 방법**을 포함한다(목표-전략-행동-조정과 같이). 이것은 전략을 선택하고 사용하는 방법을 배우고, 그 사용을 행동하기 위한 계획을 세우는 것이 포함된다. 먼저 코치와 학생은 현재 학생이 전략을 사용하고 있는지, 그리고 그 전략이 과거에 효과가 있었는지 혹은 현재 효과가 있을지에 대해 논의한다. 이 논의는 학생의 강점과 약점을 중심으로 진행되며, 전문가의 평가 보고서(뇌 신경심리학자, 직업 재활 전문가 및 언어치료사), 설문 조사 및 질문지, 심층 인터뷰 등을 통해 얻은 정보를 바탕으로 이루어진다.

　여기서 특히 중요한 것은 학생의 인지적 장단점을 고려할 때 유용할 수 있는 근거 기반 전략을 식별하는 코치의 전문성과 능력, 선택한 전략으로 학생을 가르칠 때 메타인지적 접근을 사용할 수 있는 코치의 능력이다. 학생들이 특정 전략에 익숙하지 않은 경우, 코치는 그들에게 전략 사용 방법을 가르쳐야 할 것이다. 교육은 일반적으로 코칭 회기 내에서 이루어지며, 학생들은 처음에는 새로운 전략을 코치와 함께 연습하고 나중에는 스스로 연습할 수 있다. 제6장에서는 기억 및 학습 장애가 있는 대학생들에게 효과적인 몇 가지 학습 전략에 대해 자세히 설명하고 있다.

　여기서 또한 중요한 것은 코치-학생 관계이다. 두 사람 모두 잠재적인 해결책을 식별하는 데 참여하지만 학생이 전략의 사용 가능성을 정직하게 보고할 수 있도록 격려한다. 많은 선의의 임상가는 학생들에게 전략이나 해결책을 가르쳤지만, 나중에 학생들이 이를 따르지 않았다는 사실을 알게 된 경우가 있다. 이 협력적인 관계는 학생 자신이 만족할 만한 전략과 해결책이 될 가능성과 그들이 계획한 대로 실행될 가능성을 증진시킨다. 학생들이 자신의 목표를 결정하고 만드는 데에 적극적으로 참여할 때, 해결책과 전략을 파악하고 코칭하며, 계획을 개발하려는 동기를 갖게 될 가능성이 높다. '행동'(목표-전략-행동-조정과 같이)은 자기 조절의 구현 단계로서 중요하며, 종종 재활 서비스를 제공하는 사람들에 의해 무시되거나 경시되는 경우가 많다. 우리의 경험에 따르면, 행동 단계는 전략뿐만 아니라 코치와 학생 간 협력 관계의 진정한 시험이라고 할 수 있다. 학생들이 목표를 식별하고 계획을 세우는 데 완전히 참여했다면(방해요인을 예상하며), 전략 계획을 실행할 가능성이 훨씬 더 높다. 학생들이 전략을 실행하기 전까지 코치나 학생 모두에게 이 전략이 **'적용될 것인지'**와 어떤 방해 요인이 있을지 정말로 알 수 없다. 학생들이 행동 전략을 경험하면서(행동하거나 행동하지 않는 경우), 그 정보는 이제 그들 자신의 강점과 도전 과제, 그리고 성공을 위해 무엇을 해야 하는지에 대한 지식으로 바뀐다. 먼저 행동 계획을 작성해야 하는데, 여기에는 일반적으로 자료를 수집하고 알림을 설정하는 것이 포함된다. 예를 들어, 노트를 작성할 때 녹음 기기를 사용하는 학생은 기기를 충전하고 사용할 강의에 가지고 갈 수 있도록 충분히 계획적이어야 한다. 스마트폰에 설정된 친절한 알림을 통해 그날 아침 가방에 기기를 넣으라는 메시지를 보낼 수 있다.

전략을 사용하는 동안 전략 사용을 모니터링하거나 추적하는 것도 행동 단계의 일부이다. 전략 사용이 어떻게 추적될 것인지 논의하는 것은 학생에게 이것이 정말로 그의 또는 그녀의 책임이라고 전달하는 방법이다. 코치는 이를 수행하는 여러 가지 방법을 제공할 수 있지만, 많은 학생은 자신만의 추적 방법을 만들어 내곤 한다. 일부 학생들은 코치가 제공하는 추적 양식을 사용하고, 다른 학생들은 추적을 허용하는 다양한 앱을 사용한다. 추적은 어려운지 쉬운지 그리고 시간이 얼마나 걸렸는지도 포함해야 한다. 추적과 함께 어떤 장애물을 식별하는 것은 그 후의 코칭 회기에서 논의해야 할 중요한 문제가 된다. [양식 4-4]는 학생들과 코치가 전략 사용에 관한 토론을 촉진하기 위해 사용할 수 있는 양식이다.

따라서 자기 조절 '행동' 단계의 마지막 단계는 학생들이 전략(또는 계획) 사용 결과를 코치에게 보고하고, 전략 사용이 노력과 시간을 들이는 가치가 있었는지 평가하는 것이다. 전략 사용을 추적하는 것 외에도 학생들은 과제, 시험 및 보고서와 같은 목표를 달성한 '증거'를 가져와야 하며, 이는 습관 및 시간 관리에 대한 보고도 포함될 수 있다. 실제 학업적 상황에서 전략 사용에 대한 보고는 건너뛸 수 없는 자기 조절 코칭의 중요한 부분이다. 이러한 학생들과의 경험에 따르면, 학생들은 전략을 한 번 사용했지만 최적의 결과를 얻지 못한 후 너무 빨리 포기하거나 버리는 경우가 많으며, 이런 경우에는 전략을 계속 사용하는 것이 목표 달성에 도움이 되는지 아닌지 알 수 없다. 신뢰와 자율성을 바탕으로 구축된 코칭 관계를 통해 학생들과의 이러한 솔직한 토론이 더 쉽게 이루어진다. 대부분의 학생은 시도하기 전까지는 그 전략을 사용하는 데 얼마나 많은 노력이나 작업이 필요한지를 알지 못한다. 코치는 전략 사용의 장애물을 식별한 학생들과 그 장애물을 다루는 방법이나 전략을 다시 사용하려는 방법 또는 그 외의 장애물을 피할 수 있는 다른 전략을 찾아내는 방법에 대해 토론함으로써 학생들의 자율성을 강화할 수 있다. 코치는 다음과 같은 장애물에 대해 들은 후에 선택에 대한 논의를 반영하고 요약할 수 있다.

> 학생: 역사 수업에서 스마트펜으로 녹음을 하고 메모를 작성하려고 했어요. 책상이 정말 작아서 책가방과 라떼로 애 먹었어요. 제가 모든 것을 올바르게 준비하기도 전에 강사는 먼저 시작했어요. 그래서 시작이 좋지 않았어요. 아마 중요한 내용을 10분 정도 놓쳤을 거예요.
>
> 코치: 수업 중에 스마트펜을 사용하는 데 문제가 있었던 것 같네요. 잠시 시간을 내서 방해 요인에 대해 이야기해 보고, 스마트펜을 다시 사용할 것인지, 그러기 위해 하려면 무엇을 변경해야 할지 결정할 수 있을 것 같아요. 괜찮을까요?

이 대화를 이끌기 위해 양쪽에서 선택을 나열하는 데 사용할 수 있는 [양식 4-5]를 사용할 수 있다. 이 대화의 목적은 (1) 목표나 전략을 변경해야 하는지 여부와, (2) 그 **조정**이 어떻게 이루어져야 하는지에 대한 토의를 통해 학생이 다음에 무엇을 할 것인지 결정하는 것이다. 종종 학생들은 **원하는 것을 쉽게 결정할 수 있지만 어떻게 원하는 것을 얻을지**를 결정하는 데 더 많은 어려움을 겪을 수 있다. 이때 이끌어 주는 대화에서 학생들은 일반적으로 자신의 계획을 실행했는지 여부와 계획을 실행하지 못한 경우 어떤 방해 요인이 있었는지 솔직하게 인정한다. 계획을 실행하지 않고 다음 코칭 회기로 돌아오는 경우, 코치는 계획 실행을 방해한 요인을 확인하는 데 도움을 줄 수 있으며, 이 방해 요인은 환경적, 태도적, 사회적 또는 인지적일 수 있다.

일부 목표, 예를 들어 대규모 수업 프로젝트와 같은 목표를 달성하기 위해서는 새로운 전략을 배우거나 사용할 필요가 없을 수 있다. 대신 프로젝트를 완료하기 위한 단계별 계획을 만들어야 할 수 있으며, 학생들은 [양식 4-6]을 활용하여 각 단계를 나열하고, 그 단계가 쉬운지, 일상적인지, 완료하기 어려운지 예측하는 데 사용할 수 있다. 학생들과 코치가 계획과 해당 단계가 얼마나 잘 실행되었는지 명시적으로 논의하기 위해 자기 조절 질문이 제공된다.

일부 학생들은 전략이 작동하는 방법뿐만 아니라 해당 전략을 사용하는 데 얼마나 많은 노력이 필요하고 해당 전략이 얼마나 유용한지, 목표가 얼마나 중요한지, 전반적으로 노력을 들이는 가치가 있는지에 대해 논의할 때 추가적인 대화가 필요할 수 있다. 학생 전략 요약 [양식 4-7]은 특히 구현이 어려운 특정 전략에 대한 학생의 명시적인 입력을 추출하기 위해 코치에 의해서 사용될 수 있다. [양식 4-7]은 코치와 학생이 특정 전략 사용 현실에 대해 논의할 때 [양식 4-5] 전략 유용성 및 다음 단계와 함께 사용할 수 있다.

어떤 전략으로 학생이 목표를 달성했다면, 자기 조절의 마지막 단계는 다른 활동, 다른 목표, 다른 조건에서 동일한 전략을 사용하는 것이다. 훈련되지 않은 활동에 대한 기술의 일반화 또는 전이는 교육 및 재활 전반에 걸쳐 거의 모든 분야에서 전통적인 문제이다. 하지만 실행기능 장애가 있는 학생들은 훈련되지 않은 기술에 전략을 적용하는 데 필요한 능력이 저하되어 있는데, 이로 인해 그들은 독특한 불이익을 겪을 수 있다. 따라서 코치는 학생들에게 새롭게 배운 전략이 언제, 어디서, 어떻게 사용될 수 있는지 명시적으로 고려하도록 격려할 수 있다. 예를 들어, 대학 수업에 필요한 것을 상기시키기 위한 알림(시각적, 청각적, 전자적 또는 종이)의 사용은 학생들에게 직장, 사회 행사 및 공부 시간에 가져와야 하는 것을 상기시키는 데도 사용될 수 있다. 많은 학생이 어떤 전략을 언제, 어디서, 어떻게 사용할 수 있는지 스스로 식별할 수 있지만, 이러한 명시적인 대화를 시작하는 것은 일반적으로 코치의 책임이다. [양식 4-8]은 코치와 학생이 전략과 기타 용도에 대해 명시적으로 논의할 수 있도록 돕는다. 그리고 학생들은 여러 학기 동안 다양한 전략을 사용하게 되므로 코치는 전략, 계획, 해결책 및 조정 사항으로 구성된 포트폴리오를 만들도록 촉진해야 한다.

그래서 역동적 코칭과 다른 대학생 지원 및 교육 방식 사이에는 명확한 차이가 있다. 〈표 4-4〉는 이 접근 방식을 교육적 접근 방식과 대조하여 네 가지 원칙의 주요 측면을 요약한다.

표 4-4　역동적 코칭과 교육적 지도 간의 유사점 및 차이점

역동적 코칭	교육적 지도
코치는 개별화된 교육을 제공한다.	코치는 개별화된 교육을 제공한다.
코치와 학생 모두 전문가이다.	코치가 전문가이다.
과정과 결과를 강조한다.	과정과 결과를 강조한다.
코치는 질문을 하고 학생은 전략을 선택한다.	코치는 전략을 식별하고 선택한다.
코치는 학생에 대한 정보를 수집하기 위해 면담, 설문 조사 및 행동에 의존한다.	코치는 학생에 대한 정보를 수집하기 위해 시험 점수와 행동에 의존한다.
코치는 자기 조절을 모델링하고 구조를 제공하며 학생은 내용을 제공한다.	코치는 모델링하고 구조를 제공하며 내용을 제공한다.
학생은 코치의 지도를 받아 목표를 식별한다.	목표는 교육과 분리될 때가 많다.
실시간 환경에서 발생한다(예: 대학 캠퍼스에서).	맥락 밖에서 발생한다(예: 치료실에서).
팀 기반; 학생들이 팀원을 선택한다.	일대일 치료 또는 지도가 일반적이다.
덜 집중적이다(예: 주당 한 번 회기).	더 집중적이다(예: 주당 두 번에서 세 번).
과정 중심의 목표는 결과 중심의 목표만큼 중요하다.	결과 중심의 목표가 중요하다.
분산된 연습은 자연스럽게 이루어진다.	연습은 전략이 사용될 맥락에서 벗어나 인위적이다.
피드백은 다양한 출처에서 자연스럽게 제공된다.	피드백은 코치로부터 제공된다.
자기 조절이 강조된다(모니터링, 실행, 조정).	전략을 배우는 것이 강조된다.

코칭과 관련된 학생 혜택

자기 코칭을 습득하는 학생들에게는 다양한 혜택이 있다. 이에 대한 증거는 뇌 손상, 주의력 결핍 과잉행동 장애(ADHD), 학습 장애가 있는 대학생들에게 코칭을 진행한 연구 등 다양한 분야의 연구로부터 얻어졌다. 가장 뚜렷한 혜택은 학생들이 근접한 학업 및 대학 목표를 달성함으로써 얻는 구체적인 성취이다. 예를 들어, 시험에서 B학점을 받거나 대학 합창단 오디션을 보거나 수업에서 의견을 더 자주 내보이는 등의 결과를 경험할 수 있다. 뇌 손상이 있는 학생들의 경우, 공부, 글쓰기 또는 독해 전략을 명시적으로 실행하고 연습할 때, 목표를 상당히 빠르게 달성할 수 있다는 점을 우리는 경험했다(Kennedy & Krause, 2011). ADHD와 학습 장애가 있는 학생들에게 코칭의 결과를 공식적인 연구에서도 동일한 종류의 학업 결과가 발견되었다(Parker & Boutelle, 2009; Parker, Field, Hoffman, Sawilowsky, & Rolands, 2011; Swanson & Deshler, 2003). 이런 성과 외에도 학생들이 코칭을 통해 보고한 혜택들은 이것만이 아니다.

ADHD 및/또는 학습 장애가 있는 학생들의 대규모 연구에서, Zwart와 Kallemeyn (2001)은 학생들이 자기 조절 질문지인 '학습 및 연구 전략 검사-2판(LASSI)'에서 더 많은 동기가 부여되고 목표 지향적으로 변화했으며, 더 적은 불안이 있는 것으로 보고했다. 질문지와 인터뷰를 포함한 혼합 방법 연구에서, ADHD 및/또는 학습 장애가 있는 학생들(Parker & Boutelle, 2009)은 시간 관리 능력이 향상되고 학업 목표를 설정하고 달성하는 데 더 나은 감각을 보였다고 보고했다. 2013년에는 ADHD가 있는 대학생들에 대한 코칭의 효과를 검증하기 위한 무작위 대조 실험이 진행되었다(Field, Parker, Sawilowsky, & Rolands, 2013). 10개 대학의 160명의 학부생이 모집되어 코칭 그룹과 비교 그룹 중 하나에 무작위로 배정되었다. 훈련받은 코치들이 6개월 동안 코칭을 제공하였고, 학습 및 연구 전략 검사와 대학생 웰빙 척도(Field, Parker, Sawilowsky, & Rolands, 2010)의 사전 및 사후 점수뿐만 아니라 질적 인터뷰도 진행되었다. 6개월 후, 코칭을 받은 학생들은 자기 조절 항목들을 포함하여 LASSI에서 더 높은 점수를 받았다. 또한 코칭을 받은 학생들이 코칭을 받지 않은 학생들보다 더 높은 점수를 기록했다. 인터뷰의 질적 분석이 이러한 결과를 뒷받침하였다(Parker et al., 2011). 코칭을 받은 학생들은 (1) 목표를 설정하고 달성함으로써 더 강한 자기 결정 의지를 보고했고, (2) 개선된 시간 관리 기술을 언급했으며, (3) 더 생산적인 대처 전략을 가졌다고 보고했다. (4) 더 많은 자기 인식과 자기 수용을 얻었다. (5) 더 많은 책임감을 느끼고, (6) 더 많은 자신감, 권한 부여 그리고 적은 스트레스를 경험했다.

후천성 뇌 손상이 있는 성인들에게서도, 코칭 및 유사한 체험 학습 방법으로부터 전략 사용을 포함한 자기 조절력의 개선이 연구를 통해 입증되었다. Toglia, Johnston, Goverover 그리고 Dain(2010)은 뇌 손상이 있는 성인들이 몇 가지 다른 맥락에서 전략을 사용하도록 명시적으로 지시받았을 때, 전략 사용의 자기 조절력이 긍정적으로 변화했다고 보고한 반면, 전반적인 자기 인식은 변화하지 않았다고 보고했다. 하지만 개입은 단 9회의 회기로 이루어졌기 때문에 자기 인식의 변화가 나타나지 않았을 수 있다.

2011년에 뇌 손상을 입은 대학생 2명에 대한 연구에서 2학기 동안 코칭을 받은 결과, 학생들은 더 많은 공부 전략을 사용하고 시간 관리 기술을 배우며, 작업, 사교 및 대학 생활을 균형잡는 데 좋은 결정을 내렸다고 보고했다(Kennedy & Krause, 2011). 더욱이, 두 학생 모두 코칭 중에 결정한 전공으로 졸업하고 자신이 선택한 분야에 취업했다. O'Brien, Schellinger 그리고 Kennedy(2017)도 코칭을 받은 후에 뇌 손상을 입은 대학생들이 시간 관리 및 조직, 공부와 학습, 사회 상황에 대한 질문에 대답할 때 더 다양한 해결책과 전략을 사용한 것을 보고했다.

대학생들에게 코칭 접근 방식을 사용하는 혜택에 대한 토론은 인내와 끈기에 대한 토론 없이는 불완전할 것이다. 자기 조절에 필요한 지속적인 과정(즉, 자기 모니터링, 자기 통제, 행동 개시, 비교 및 조정)이 고려될 때, 장애가 있는 학생들, 특히 실행기능 문제를 포함한 동반 장애가 있는 학생들은 학업적으로 성공하기 위해 인내와 회복력이 모두 필요하다. 인내는 목표 달성을 위해 문제해결 과정에 계속 참여하고자 수용 가능한 노력과 동기를 유지하는 능력이다. 예를 들어, 학생이 예상보다 낮은 학점을 받은 과제에 대한 강사의 피드백을 논의하지 않는 것은 단순히 무엇이 잘못되었는지 살펴보고 싶지 않기 때문에 다음에 더 나은 학점을 받기 위한 목표를 향해 노력하지 않는다는 것이다. 그 대신, 그는 참여하지 않음으로써 회피 전략을 사용하며, 아마도 (1) 강사의 기대와 (2) 다음 과제를 위해 다르게 준비하는 방법을 더 깊이 이해하는 이점을 얻지 못할 것이다.

'되돌아오는(bounce-back)' 능력은 전략을 변경하거나 노력의 수준을 조절할 때 (예: 도움을 찾기, 다른 공부 기술 사용, 환경 변경) 또는 전략이 효과적이지 않거나 목표가 달성되지 않았을 때 나타날 수 있다. 학생들이 초기 시도에서 실패한 후에 포기하는 경우, 그들은 조정을 통해 인내하거나 회복력을 표현할 기회가 없을 것이다. 인내와 회복력의 효과는 명확하다. 회복력이 강한 대학생은 학업적 목표를 달성할 가능성이 높다(예: DeBaca, 2010; Herrero, 2014; Jowkar, Kojuri, Kohoulat, & Hayat, 2014). 불안, 스트레스 및 우울증을 경험할 가능성이 적으며 긍정적인 자기 결정력을 가질 가능성이 높다(예: Kwok, Wong, & Lee, 2014). 그들은 실패하더라도 어떤 일이 잘못되었는지 그리고 다음에 어떻게 도움이 될 수 있는지를 파악할 수 있다는 인식을 갖고 있다. 희망과 수치감을 연구하는 Brown(2010, p. 64)은 회복력 있는 사람들이 공유하는 특징을 요약했으며, 이는 대학생들에게도 적용된다. 그녀의 관점에서 회복력 있는 사람들은 다음과 같은 특징을 가진다.

① 적극적이며 문제해결 능력이 뛰어나다.
② 도움을 청할 가능성이 높다.
③ 자신의 감정을 관리하고 대처하는 데 도움이 되는 것을 할 수 있다는 믿음을 가지고 있다.
④ 가용할 사회적 지지를 가지고 있다.
⑤ 가족 또는 친구 등 다른 사람들과 연결되어 있다.

이렇게 '되돌아오는(bounce-back)' 특성들은 사실 우리가 자기 조절을 하는 학생들 및 강한 자아 또는 자기 결정력을 가진 학생들의 설명과 매우 유사하다. 이들은 목표를 달성하기 위해서 문제해결을 통해 행동을 취하며, 필요할 때 도움을 얻는 방법과 장소를 알고 있다. 또한 강한 자기 효능감을 가지고 있으며 지원을 제공할 수 있는 다른 사람들과 연결되어 있다. 따라서 **자기 조절과 자기 결정력은 회복력이 있는 개인들에게 존재하는 것과 동일한 기술을 포함한다.** 그리고 사회경제적 배경과 같이 불변하는 특성과는 달리 이들은 모두 변화할 수 있는 역동적인 과정이다.

따라서 코칭의 부산물 중 하나가 코치로부터 지속적인 자기 조절에 대한 지원과 지도 그리고 코칭 회기의 구조, 책임감 및 규칙성으로 인해 개선된 회복력과 인내력일 수 있다. 뇌 손상을 입은 학생들은 이야기를 나눌 수 있는 상대가 매주 있다는 것이 코칭의 이점 중 하나라고 보고한다. 군 관련 인구와 함께 일하는 전문가 그룹은 회복력을 **긍정적인 결과를 촉진하는 보호 요인**으로 보며, 이로써 이러한 개인들이 커뮤니티와 대학교로 성공적인 복귀를 할 수 있도록 돕는다(Mashima et al., 2017, p. 8). 그들은 임상가 및/또는 코치가 다음과 같은 방법으로 회복력을 육성할 수 있다고 제안한다.

① 실패나 문제 자체보다는 패배에서의 회복에 중점을 둔다.
② 내부 및 외부 대처 자원을 확보한다.
③ 도전에 대비하고 [학생]에게 잠재적인 부정적 영향을 최소화하기 위한 보상 전략을 준비한다.
④ 목표 달성의 자신감과 희망을 강조한다.

끝으로 Ylvisaker(2006)는 우리에게 실제로 다음과 같은 사실을 상기시켰다.

자기 코칭의 목표는 계획적인 목표 지향적 행동과 궁극적으로 성공을 향상시키는 것이다……. 자기 코칭 개입은 또한 개인이 효과적인 자기 조절/자기 코칭과 궁극적으로 성공적인 사회적 및 직업적 활동과 관련된 긍정적인 자아 이미지를 구축하는 데 도움이 된다……. 자기 코칭은 이상적으로 일상적이고 맥락에 민감한 개입이다(p. 248).

추가 자료

- 사전 기능 결핍이 있는 K-12 및 성인 어린이를 위한 책 『Coaching Students with Executive Skill Deficits』(Dawson & Guare, 2012)를 참고할 수 있다.
- 자폐 스펙트럼 진단을 받은 학생들에 대한 코칭 자료는 다음의 온라인 자료를 참고할 수 있다.
  - www.collegeautismspectrum.com/students.html
  - http://autismpdc.fpg.unc.edu/sites/autismpdc.fpg.unc.edu/files/imce/documents/NPDC_CoachingManual.pdf
  - www.iidc.indiana.edu/pages/Academic-Supports-for-College-Students-with-an-Autism-Spectrum-Disorder
- 지적 장애가 있는 학생들을 위한 코칭 자료는 다음의 온라인 자료를 참고할 수 있다.
  - www.thinkcollege.net
  - https://ici.umn.edu
- 대학 진학을 위한 뇌 손상 환자에 대한 정보는 http://cbirt.org를 참고할 수 있다.
- 학습 장애가 있는 학생들을 위해 설립된 Landmark College에 대한 정보는 www.landmark.edu를 참고할 수 있다.

양식 4-1　역동적 코칭에서 기대할 수 있는 것들

친애하는: _____

역동적 코칭은 대학생들을 지원하는 전문가와 협력하는 방법이다. 이러한 종류의 코칭이 스포츠 코치가 하는 것과 유사한 점은 다음과 같다.

- 대학 성공에 필요한 기술을 가르친다.
- 이러한 기술을 대학에서 사용하는 동안 지원과 피드백을 제공한다.
- 목표를 달성하기 위한 길을 안내하고 동기를 부여한다.
- 실제 생활에서 전략을 사용하는 것은 그냥 연습하는 것과 다르다는 것을 이해한다.

장애로 인해 대학에서 직면하는 독특한 도전과 적응에 대해 알고 이해하는 코치가 필요하다. 역동적 코치는 대학에 다니는 동안 지원과 교육을 제공할 수 있는 배경과 훈련을 갖춘 전문가들이다. 이러한 전문가들은 언어치료사, 심리학자, 작업치료사, 직업 재활 상담사, 교육자 및 장애 전문가 등이 될 수 있다. 그들은 실행기능 문제가 있는 학생들과 함께 작업하는 분야에 전문 지식을 가지고 있으며, 대학에서 언제 어디서 지원이 필요한지를 파악하고 협력하여 당신의 강점과 어려움, 학업 목표를 파악할 것이다.

이러한 코칭은 스포츠 코칭, 재활, 교육 및 과외와 여러 가지 방법으로 다르다. 역동적 코칭에는 다음과 같은 특징이 있다.

- 목표는 '당신'이 학습하는 방법, 시간 관리 및 친구를 사귀는 방법에 대한 전문가가 되는 것이다.
- 당신은 스스로 코칭하는 법을 배울 것이며, 자신의 코치가 될 것이다.
- 당신은 코치와 함께 무엇이 효과가 있고 효과가 없는지 그리고 실행하는 데 얼마나 많은 시간이 걸리는지를 결정할 것이다.
- 코치와의 토론 중에 의사결정에 대한 자유를 가질 것이다.

• 당신의 능력, 선호도, 신념 및 학업 목표에 기반한 매우 개별화된 접근 방식을 경험하게 될 것이다.

　이 접근 방식에서, 학생과 코치는 함께 목표를 식별하고 솔루션과 전략을 생성하고 실행한다. 이러한 영역은 실행기능 문제가 있는 대학생들에게 도전적인 영역으로, (1) 자기 관리와 조직, (2) 자율 학습과 공부, (3) 자기 옹호가 포함된다. 이러한 영역은 대학 생활의 일부로 많이 중첩되지만, 중첩되는 방식은 고유하다. 코치는 코칭의 네 단계를 거쳐 당신을 안내할 것이다. 이 네 단계는 정보 수집 및 평가, 해석 및 계획, 지원 및 교육, 독립성 및 후속 조치를 말한다.

| 양식 4-2 | **자기 성찰: 시작** |

이름: _____

날짜: _____   연도 및 학기: _____

이번 학기 등록한 과목 수와 학점 수: _____

지침 다가오는 학기에 대한 대학 생활을 예측하십시오. 학업, 사회, 직업, 일상생활 및 가족 경험을 포함하여 대학 생활의 모든 측면을 생각해 보십시오. 떠오르는 예시를 최대한 많이 채워 넣으십시오.

1. 나는 이번 학기에 _____ 처리하기가 매우 어려울 것으로 생각한다.

_____   _____

_____   _____

_____   _____

2. 나는 이번 학기에 _____ 처리하기가 꽤 예상대로 진행될 것으로 생각한다.

_____   _____

_____   _____

_____   _____

3. 나는 이번 학기에 _____ 처리하기가 쉬울 것으로 생각한다.

_____   _____

_____   _____

_____   _____

양식 4-3   **자기 성찰: 종료**

이름: _____

날짜: _____   연도 및 학기: _____

이번 학기 등록한 과목 수와 학점 수: _____

지난 학기에 수강한 과목 수 및 취득한 학점 수: _____

지침 지난 학기 대학생으로서 겪은 모든 경험을 고려하십시오. 학업, 사회, 직업, 일상생활 및 가족 경험을 모두 생각해 보십시오. 가능한 한 많은 예시를 사용하여 빈칸을 채워 넣으십시오.

1. 나는 내가 예상한 것과 같이 _____이/가 어려웠다고 느꼈다.

   _____   _____

   _____   _____

   _____   _____

2. 나는 _____을/를 발견했는데, 예상보다 어려웠다고 생각했다.

   _____   _____

   _____   _____

   _____   _____

3. 나는 _____을/를 발견했는데, 예상보다 덜 어려웠다고 생각했다.

   _____   _____

   _____   _____

   _____   _____

이 문구는 Mary R. T. Kennedy의 『Coaching College Students with Executive Function Problems』라는 책의 저작권 정보이다. 이 문구에서는 이 책을 구매한 사람들에게 개인적인 사용이나 개별 학생과 함께 사용하기 위해 복사할 수 있는 권한을 부여한다고 명시되어 있다. 구매자는 이 자료의 추가 사본을 다운로드할 수도 있다(차례 하단의 상자가 있는 곳에서 확인).

양식 4-4　추적 전략 실행

지침　매일 다음의 척도를 사용하여 전략 사용을 평가하십시오. ⓪ 오늘 필요 없음, ① 처리하지 않음, ② 시도함, ③ 완료함, ④ 여러 번 완료함.

월요일	화요일	요구일	목요일	금요일	토요일	일요일

양식 4-5 전략 유용성 및 다음 단계

지침 이 양식은 계획 또는 전략을 실행할 때 무슨 일이 일어났는지 파악하는 데 도움이 될 수 있습니다. 또한 당신의 선택을 고려할 수도 있습니다. 전략을 기술하고, 무슨 일이 일어났는지 설명하고, 당신의 선택을 고려하고, 다음에 무엇을 하려고 하는지 식별하십시오.

목적:

전략/계획:

전략이 효과가 있는지 여부를 알 수 있을 정도로 충분히 사용하였는가?

YES ←   → NO

전략이 어떻게 효과가 있었는지를 설명하십시오.   또한 방해 요인을 설명하십시오.

✓ _____   ✓ _____

✓ _____   ✓ _____

✓ _____   ✓ _____

✓ _____   ✓ _____

당신의 계획은 무엇인가요?   당신의 계획은 무엇인가요?

☐ 그대로 사용하고 유용성을 평가하십시오.   ☐ 아무것도 다르게 하지 말고 다시 시도하십시오.

☐ 계속해서 사용하되, 더 쉽고 무난하게 만드는 방   ☐ 장애물을 처리하고 다시 시도하십시오.
법을 고려하십시오.   ☐ 장애물이 다시 발생할 경우 대비 전략을 선택하

☐ 사용을 중단하고 (이유와 함께) 다른 전략을 가   십시오.
지십시오.   ☐ 목표를 변경하고 영향을 파악하십시오.

☐ 사용을 중단하고 목표를 변경하고 영향을 파악
하십시오.

> **양식 4-6**　**행동 계획 양식(1/2쪽)**

지침　달성하고자 하는 목표와 계획 단계를 작성하십시오.

1. 각 단계를 완료하는 데 얼마나 어려울 것으로 예상되는지 예상하십시오.

2. 작업을 완료 후에는 따랐던 단계를 되돌아보고 예상했던 것만큼 어려웠는지 확인하십시오.

목적:

내 계획의 단계	완료 (✓)	E=쉬움, R=루틴, H=단단함	
		될 거야…….	~이었다.
1. 마감일:			
2. 마감일:			
3. 마감일:			
4. 마감일:			
5. 마감일:			
6. 마감일:			

행동 계획 양식(2/2쪽)

- 이 계획이 얼마나 효과가 있었는가? 목표를 달성하였는가?

- 모든 단계가 필요한 것이었는가?

- 예상치 못한 추가 단계가 있었는가? 어떤 단계가 그랬는가?

- 단계는 예상한 대로 어려웠는가?

- 다음에는 무엇을 다르게 할 것인가?

학생의 전략 요약

양식 4-7

전략과 날짜	중요성	사용	도움	노력	가치
전략을 간단히 설명하라. 무엇을 하려고 하는가? 목표는 무엇인가?	이 목표를 달성하기 위해 얼마나 신경 쓰고 있는가?	어떤 전략을 얼마나 자주 또는 얼마나 많이 사용했는가?	그 전략이 얼마나 도움이 되었는가?	이 전략을 사용하는 데 얼마나 많은 노력이 필요했는가? 얼마나 사용하기 어려웠느가? 1 = 매우 많음, 5 = 매우 적음	그것은 그만한 가치가 있었는가?

답변을 ①～⑤로 평가해 주십시오.

① 전혀 아님, ② 조금, ③ 어느 정도, ④ 상당히, ⑤ 매우 많이/향상

양식 4-8

전략 검토 및 다른 응용

지침 지금 당신의 도구 상자에 추가하고 있는 전략을 고려하십시오. 전략을 나열하고, 해당 전략을 사용할 수 있는 다른 상황 또는 활동을 식별하십시오. SM: 자기 관리, SL: 자율 학습, SA: 자기 주장

전략	영역: SM, SL, SA	현재 사용	기타 용도

제5장

정보 수집 및 협업 계획

이전 장에서 코칭에 대한 기본적인 배경을 갖추었으니, 이제 코치들이 처음에 해야 할 일, 즉 학생들의 강점과 약점을 평가하고, 학생들의 선호도를 파악하고, 그들의 목표를 식별하며, 신뢰를 증진하는 협력적인 방식에 집중해야 한다. 동기강화상담(Motivational Interviewing)이 이러한 정보를 얻는 데 주로 사용되는 방법이지만, 학생들의 능력과 장애를 명확히 파악하기 위해서는 일반적으로 다른 보고서, 설문 조사 및 보조 검사가 필요하다.

이 장의 목적은 필요한 모든 정보를 수집할 수 있는 도구(예: 질문지, 양식, 체크리스트)를 제공하는 것뿐만 아니라, 중요한 것은 학생들이 자신의 강점과 약점을 발견하고 계획을 세우고 목표를 만들며, 필요에 따라 그 계획을 실행하고 조정하는 데 도움이 되는 코칭 과정을 묘사하는 것이다. 다시 말해, 학생들과 코치가 작성할 양식이나 체크리스트만 있다고 해결되는 것이 아니다. 코치들은 이러한 양식을 사용하여 학생들의 자가 발견을 촉진하고 지원하는 토론을 유도하는 방법에 대해 알아야 한다. 따라서 이 장은 크게 두 부분으로 나뉜다.

1. 정보 수집, 다음과 같은 목표를 갖는다.
● 수집해야 할 정보를 설명하고 기존 검사를 보완하는 도구에 대해 주의를 기울이기

- 자신의 실행기능에 대한 학생의 관점을 담고 있는 유용한 정보가 포함된 설문 조사 및 질문지 제공하기
- 이러한 도구들을 사용하여 어떤 전략들이 사용되고 있는지, 그리고 그 전략이 효과적인지 여부를 알아내는 방법 설명하기
- 학생들의 인지 및 실행기능 능력을 문서화한 보고서를 학생 스스로 이해할 수 있도록 해석하는 방법 설명하기

2. 협력적인 계획, 다음과 같은 목표를 갖는다.
- SMARTER(공유, 모니터링, 접근 가능, 관련성, 투명성, 발전, 관계 중심) 목표와 목표 달성 척도 설명하기
- 성과 목표와 자기 조절 목표의 차이점과 이러한 구분의 중요성 설명하기
- 지원을 제공하는 팀을 만드는 방법 설명하기
- 코치와 학생이 현재와 다음 학기를 계획하는 방법 설명하기

질문지, 면접 그리고 검사

좋은 코치는 자신이 코칭할 학생에 대한 명확한 파악을 위해 필요한 모든 정보를 수집한다. 다음 질문들에 대한 답변이 필요하다.

- 학생의 실행기능 문제의 원인은 무엇인가?
- 학생의 인지적, 학업적, 사회적 강점과 약점은 무엇인가?
- 학생의 다른 장애는 무엇인가?
- 학생이 현재 받고 있는 합리적인 편의 조치가 있다면 무엇인가? 학생이 자신의 편의 조치를 사용하고 있는가?
- 학생의 학업 및 직업적 목표는 무엇인가?

- 학생이 목표 달성을 하는 데 있어서 방해하는 주요 장애물은 무엇인가?
- 학생이 즐거워하는 활동은 무엇인가?
- 학생을 지지해 주는 가족이나 친구가 있는가?
- 학생이 역경을 어떻게 다루거나 대처하는가?
- 학생의 어릴 적 학교 경험은 어떠했는가?

이러한 종류의 질문에 대한 답을 얻는 방법에는 네 가지가 있다.

① 코치와 학생은 중요한 문서들을 함께 검토한다(예: 임상 및 교육 검사 결과 보고 서, 성적표, 편의 조치 문서 등).
② 필요한 경우 학생에게 추가 검사를 실시한다.
③ 학생은 질문지와 설문 조사를 완료한다.
④ 코치는 질문지와 설문 조사에 대해 반구조화된 인터뷰로 후속 조치를 취한다.

[그림 5-1]은 이 과정의 구성 요소와 이 장에서 설명하는 필요한 모든 정보를 얻기 위해 코치가 거쳐야 하는 단계의 순서를 보여 준다. [양식 5-1]은 코치가 시작할 때 안 내하는 간단한 체크리스트이며, [양식 5-2]는 학생들에게 첫 번째 및/또는 두 번째 회 기에서 제공해야 할 문서 목록을 포함한 체크리스트이다. 코치는 학생들에게 초기 회 기에 이러한 문서를 가져오도록 요청함으로써 학생들이 정리정돈을 잘하고 지시를 잘 따르며, 쉽게 구할 수 없는 문서를 얻기 위한 전략을 사용하는지 관찰할 수 있다.

무엇보다도, 코치들은 학생으로부터 완성된 학업, 의료 및 사회 역사를 필요로 한 다. 이는 [양식 5-3]에 나와 있다. 이 양식에는 모든 학생이 답변해야 할 질문과 뇌 손상이 있는 학생들을 위한 특별한 질문도 포함되어 있다(예: 외상성 뇌 손상/뇌진탕, 뇌졸중, 다발성 경화증). 이 양식의 정보를 확인하는 것은 동기강화상담의 OARS 질문 형식을 사용하여 첫 코칭 회기를 시작하는 데 좋은 방법이다. 이 비공식 인터뷰를 통 해 학생들은 설명을 제공할 수 있고, 코치들은 신뢰 관계를 구축하기 시작하는 질문 을 사용하여 더 자세한 정보를 얻을 수 있다. 다음은 학생이 이력 양식에서 제공한

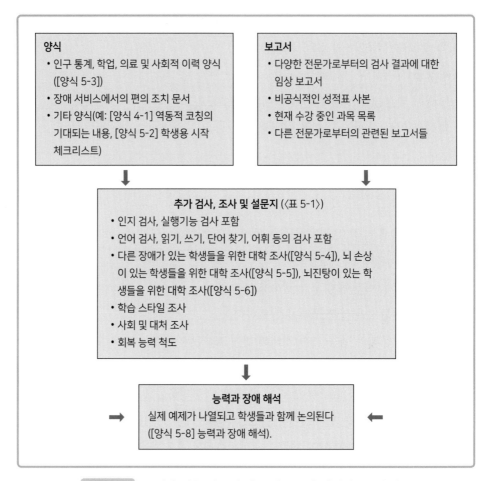

그림 5-1 코치가 따를 정보 수집 구성 요소와 단계의 플로우차트

정보를 기반으로 생성된 두 가지 질문 예시이다.

뇌 손상이 있는 학생의 예

코치: 23학점을 이수하였고 전공이 없는 것으로 알고 있어요. [요약] 해당 학점에 대해 더 얘기해 주실 수 있을까요? 그리고 전공에 대해 어떻게 생각하시는지 좀 더 알려 주시겠어요? [개방형 질문]

학생: 음, 대부분 일반 교양 학점이에요. 법을 공부하고 변호사가 될 생각이었어요. 사고가 난 후에 고민하고 있었어요. 역사를 좋아하고 또 좋아했어요…… 하지만 이제

뇌 손상 후에는 그런 많은 독서와 쓰기를 할 수 있을지 모르겠어요……. 기억력이 좋아야 하잖아요? 그래서 네, 전공을 선정해야 하지만 이제 실제로 할 수 있는지 아닌지를 알아야 해요. 즉, 역사 전공이 현실적인지 아닌지 말이에요.

코치: 음, 당신은 분명히 이에 대해 많은 생각을 하고 있고 어떤 부분에서 어려움을 겪을 수 있는지 알고 있는 것 같아요. [확인] 우리는 당신의 강점이 어디에 있는지와 어떤 부분에 더 많은 도움이 필요한지를 찾아낼 수 있을 거예요. [확인] 전공을 언제 선정해야 하나요?

학생: 실제로 잘 모르겠어요. 아마 2학년 때 선정해야 할 거예요. 확인해 봐야 할 것 같아요.

코치: 알겠어요, 그러면 선정해야 하는 기한이 아직 남아 있어요. 이번 학기에 이게 중요한 일인가요?

학생: 네, 그냥 계획을 세우기 위해 알고 싶어요. 그런데 어디서부터 시작해야 할지 모르겠어요. 그 전공을 하지 않을 거라면 필요 없는 과목을 수강하고 싶지 않아요.

코치: 알겠어요, 그러니까 이것은 정말 중요하고 이번 학기에 어떤 과목을 들을지, 어떤 과목이 어려울 것 같은지, 그리고 졸업 후에도 무엇을 하고 싶은지에 대한 즉각적인 결정에 영향을 미칩니다. [요약 및 반영] 이것을 적어 놓고 나중에 이 문서들을 검토할 때 다시 봐도 되나요? [허락]

학생: 그럼요.

ADHD 환자의 예

코치: 대학에 들어와서 ADHD 진단을 받았나요? [요약]

학생: 맞아요. 어렸을 때부터 주의력을 통제하는 데 문제가 있었고 몇 번 검사를 받았어요. 하지만 결과는 항상 똑같았어요. 수업 중에 주의를 기울이는 데 어려움이 있었어요. 좀 충동적이었나 봐요. 때로는 뭔가를 하다가 문제가 생기기도 했지만 특수교육에 들어가지 않았어요. 그리고 학점은 항상 좋았어요. 부모님이 삼각법과 미적분을 도와줄 가정교사를 고용해 주셨어요. 대부분은 혼자 해결했어요……. 수업 시간에 집중하고 문제를 일으키지 않기 위해 뭔가를 했어요.

코치: 어떤 것들을 하면서 집중할 수 있었나요? [개방형 질문]

학생: 음……. 때로는 머릿속으로 다른 곳에 있다고 가정했어요. 특히 선생님이 내가 신경 쓰지 않아도 될 주제에 대해 계속 얘기할 때. 정말 신경 쓰지 않는 주제에 대해선 똑바로 앉아서 선생님을 쳐다보고 고개를 끄덕이면서도 완전히 다른 것에 대해 생각하고 있었어요.

코치: 그게 도움이 되었나요? 주의를 기울이는 데 도움이 되었나요? 만약 정말 관심 있는 주제였다면 어땠을까요? [개방형 질문]

학생: 내가 관심이 있다면 주의를 기울이기에 전혀 문제가 없어요. 사실, 그 반대인 경우도 있어요. 때로는 다른 일을 하려고 하기가 힘들어요. 좀 이상하죠? 주의를 기울일 수 있는 더 좋은 방법이 있었을 거예요. 근데 솔직히 그게 내가 했던 거였어요. 아마도 내가 관심 없는 걸 기억하는 데에는 도움이 안 됐겠지만, 문제를 일으키지는 않게 해 줬어요.

코치: 사실, 일리가 있네요. [확인]

⬙ 보충 검사

심리학자, 신경심리학자, 언어치료사, 작업치료사, 직업 재활 전문가 및 다른 전문가들의 임상 보고서는 코치에게 학생들의 장애, 기술 및 행동을 포함한 종합적인 설명을 제공할 수 있으며, 이는 제1장의 〈표 1-1〉에서 제시한 기본 과정 및 제1장의 〈표 1-2〉에서 제시한 실행기능과 관련이 있다.

기본 과정

- 인지 능력 - 주의 능력, 시공간 능력, 경각심, 기억 보유, 기억 회상, 기억 인식, 시각 및 청각 감각 및 인식
- 언어 - 단어 찾기, 어휘, 독해, 쓰기, 서술 기술, 추리, 처리 속도, 대화 및 사회 기술
- 감정, 심리 상태 - 감정 상태, 불안, 우울
- 신체 능력 - 시력, 청력, 이동 능력, 글쓰기, 기술 접근, 말하기 능력, 움직임 속

도, 조정

운영 기능

- 주의력 제어 – 주의를 기울일 대상을 결정하고, 주의를 기울이고 무시하고 주의를 전환하는 능력
- 기억력 제어 – 머릿속에서 정보를 주의 깊게 관찰하고 조작하는 전략을 사용하는 능력, 나중에 무언가를 기억해야 하는 능력(즉, 전망적 기억)
- 시작하기 – 중단 후에 행동 과정을 시작하거나 나중에 다시 돌아가는 능력
- 억제와 충동 제어 – 특정한 시간이나 장소 또는 특정한 상황에서 말하거나 행동하려는 충동을 억제하는 능력
- 문제 도출 및 목표 설정 – 문제 식별, 목표 설정 및 목표를 달성하기 위한 활동 계획 수립
- 사고와 행동의 유연성 – 시각을 전환하고 바꾸며 생각하는 방식을 적응시키는 능력
- 감정 자기 조절 – 탄력성, 대처 전략과 행동, 감정 자기 관리
- 인지 자기 조절 – 자기 모니터링, 전략 선택 및 사용, 피드백을 받을 때 조정

추가 평가 도구의 선택은 이미 존재하는 보고서에서 얻을 수 있는 정보와 이러한 검사가 최근에 수행되었는지에 따라 다르다. 이러한 검사를 진행한 지 1년이 넘었다면, 학생들이 부상에서 회복하거나 대학 생활을 경험이 많아지면서 능력과 장애가 변화한다는 사실을 알고 있으므로 어떠한 보완 검사가 필요할 수 있다.

심리학자의 임상 보고서에 종종 운영 기능이 포함되어 있지만, 운영 기능을 평가하는 실용적이거나 기능적인 평가 도구가 종종 누락되어 있음을 발견했다. 이러한 도구는 코치와 학생 모두에게 가장 유용한 정보 중 일부를 제공하기 때문에 부족한 것으로 알려져 있다.

〈표 5-1〉은 대학생들과 함께 작업할 때 유용하게 사용된 보충 검사, 설문 조사 및 질문지의 예시를 나열하고 있다. 〈표 5-1〉에는 주로 장애의 유형을 확인하고 문서화하며 편의 조치가 필요한지를 확인하는 데 사용되는 대형 표준 인지 및 언어 검사

[예: Delis-Kaplan Executive Function System(D-KEFS; Delis, Kaplan, & Kramer, 2001) 및 Wechsler 성인 기억 검사-IV(Wechsler, 2009)]에 포함된 검사는 들어가 있지 않다. 이러한 검사는 검사 발행자의 기준과 요구사항에 따라 일반적으로 심리학자, 언어치료사 또는 작업치료사에 의해 수행된다. 〈표 5-1〉에 포함된 검사는 학생들이 기능 활동 중에 보일 수 있는 성과를 측정한다(예: Nelson-Denny Reading Test 및 Functional Assessment of Verbal Reasoning and Executive Strategies[FAVRES]; MacDonald, 2005). FAVRES는 뇌 손상을 입은 개인들의 직업 상태를 예측하는 데 가장 효과적인 것으로 밝혀졌다(Meulenbroek & Turkstra, 2016). 〈표 5-1〉에 나열된 검사 중에서 '기능적'이 아닌 유일한 것은 신경심리적 상태 평가의 반복 가능한 평가 도구(RBANS)이다. RBANS는 30분 정도 소요되며 심리학자 이외의 전문가에 의해 수행될 수 있는, 유효하고 신뢰성 있는 인지 장애 스크리닝 도구이다. 더 포괄적인 검사 묶음이 부족한 경우 RBANS를 사용한다. 〈표 5-1〉에 나열된 검사는 예시일 뿐이며 결정적인 것이 아니다.

Turkstra와 동료들(2005)은 뇌 손상을 입은 개인의 인지, 의사소통 및 언어 능력을 평가할 때 언어치료사가 사용하는 표준화된 검사를 검토했다. 이들은 신뢰도와 타당성을 포함한 65개 검사의 심리측정 특성을 검토했다. 저자들은 이러한 검사가 기저 처리 장애에 대한 정보를 제공하긴 하지만, 뇌 손상을 입은 개인이 일상에서 직면하는 실질적인 문제에 대한 정보가 부족하다는 것을 발견했다. 이러한 저자들과 다른 연구자들(예: Constantinidou & Kennedy, 2017; Wilson, 2003)은 설문 조사, 질문지, 인터뷰 및 임상 관찰을 통해 더 나은 방법으로 내담자 및/또는 학생의 필요성을 확인하고, 전문가가 실용적이고 기능적인 목표를 설정하는 데 도움이 된다고 결론 내렸다.

❖ 설문 조사, 질문지 및 인터뷰

코치는 학생들의 인지 및 언어 강점 및 장애를 이해하고 그들의 이중 장애 일부인 기저 처리 장애를 이해하기 위해 검사 결과에서 나온 정보를 필요로 하며, 그 정보를 기반으로 그들의 장애를 보상하기 위한 결정을 내리게 된다. 설문 조사와 질문지는 다른 종류의 정보를 제공한다. 학생들이 자신의 능력과 장애에 대한 인식, 이미 사용하고 있는 전략 그리고 기존 전략이 효과적인지 여부를 결정하기 위해 사용된다.

📚 표 5-1 대학생들의 실행기능 문제를 평가하기 위한 설문 조사, 질문지 및 검사, 알파벳 순으로 나열

도구	정의
사회적 실행기능 평가 지수-성인 버전(BRIEF-A; Roth et al., 2013)	자가 및 정보 제공자 보고를 통해 일상적인 실행기능을 포착하는 설문 도구이다. 총 75개의 문항이 있으며, 실행기능의 아홉 가지 영역을 포함하며 이것들은 두 가지 넓은 지표인 행동 조절과 메타인지에 상관관계가 있다고 밝혀졌다. 다양한 진단 그룹의 성인들을 기준으로 하여 정규화되었으며, 이 그룹에는 ADHD와 TBI도 포함되어 있다.
대학 자기효능감 지수(CSEI; Solberg, O'Brien, Villareal, Kennel, & Davis, 1993)	학업 활동을 완료하는 데 대한 자신감 수준을 포착하는 20개 항목의 설문 도구이다. 수업 효능, 룸메이트 효능 및 사회 효능이 자기효능감과 관련된 세 가지 요인으로 나타났다.
장애 대학생 캠퍼스 분위기 평가 지수(CSDCC; Lombardi, Gerdes, & Murray, 2011)	"대학 장애 학생들에 대한 개인의 행동과 인식이 대학 후 지원과 사회적 지원에 미치는 영향을 측정하기 위해 설계된 설문 도구"(p. 111)이다. 또래 지원, 편의 조치 사용, 장애 서비스, 자기 옹호, 가족 지원, 장애물을 최소화하기 위한 교수님들의 노력, 그리고 사회적 낙인화 등을 종합한 총 43개 항목이 있다.
뇌 손상 대학생을 위한 대학 설문 조사(CSS-BI; Kennedy & Krause, 2009)	뇌 손상을 입은 대학생들의 인식을 포착하기 위한 다목적 설문 도구이다. 부상 이력, 관련 증상, 받은 서비스, 해당 서비스 및 생활 변화에 대한 평가가 포함되어 있다. 시간 관리 및 조직, 공부와 학습, 심리사회적 문제, 스트레스 주변에 집중된 13가지 학업적 어려움에 대한 합의 평가(Kennedy, Krause, & O'Brien, 2014)도 포함되어 있다.

〈계속〉

뇌진탕 및 기타 부상을 입은 대학생을 위한 대학 설문 조사(CSS-CO; Kennedy, DeSalvio, & Nguyen, 2015)	CSS-BI와 유사하게, 이것은 뇌진탕을 입은 대학생들의 인식을 포착하기 위한 다목적 설문 도구이다. 부상 이력, 관련 증상, 받은 서비스 및 해당 서비스와 생활 변화에 대한 평가를 포함하고 있다. 학업적 어려움에 대한 합의 평가는 시간 관리, 조직, 공부와 학습, 그리고 신체 장애가 학업 성적에 미치는 영향을 판단한다.
기타 장애가 있는 대학생을 위한 대학 설문 조사(CSS-OD; Kennedy, 2016)	CSS-BI와 CSS-CO와 유사하게, 이 설문 도구도 다목적이다. 교육 및 의료 기록, 관련 증상, 받은 서비스 및 해당 서비스에 대한 평가를 포함하고 있다. 학업적 어려움에 대한 합의 평가는 학업 활동을 위해 필요한 주의, 시간 관리, 조직, 공부 및 학습을 판단한다.
대학생의 웰빙 척도(CWBS; Field, Parker, Sawilowsky, & Rolands, 2010)	중·고등 교육 후 대학생들의 웰빙과 관련된 요소에 대한 참여자들의 인식을 측정하는 리커트형 스케일을 사용한 10개 항목의 평가이다.
제어된 단어 연상 시험(COWAT; Ruff, Light, Parker, & Levin, 1996)	다국어 실어증 검사(MAE)의 하위 검사 중 하나로, 제한 시간 내에서 단어의 즉흥적 생성을 평가하여 언어 유창성을 평가하는 검사이다. 개인에게 특정 문자(예: C, F 또는 ㄴ)가 제공되며 1분 동안 해당 문자로 시작하는 단어를 최대한 많이 말해야 한다. 이 과정을 세 문자 각각에 대해 반복한다.
언어적 추론 및 실행 전략 기능 평가 (FAVRES; MacDonald, 2005)*	이것은 추론 및 계획 능력을 측정하는 검사로, 직장으로의 복귀와 관련이 있는 것으로 확인되었다. 이것은 일상생활 상황에서 인지 능력을 사용하는 네 가지 활동이 포함된 검사이다. 이 표준화된 평가는 18세에서 79세까지의 성인들의 언어적 추론 능력, 복잡한 이해, 담화 이해 및 실행기능을 식별한다. 이 평가를 실시하는 데는 60분이 소요된다.
학습 전략 진단 질문지 (LASSI; Weinstein et al., 2002)	이것은 학생들의 학습 전략 인식, 사용, 그리고 기술, 의지 및 자기 조절과 관련된 강점과 약점을 식별하기 위해 설계된 60개 항목, 10단계로 구성된 표준화된 평가 도구이다. 기술 구성 요소는 정보 처리, 주요 아이디어 선택 및 시험 전략에 중점을 둔다. 의지 구성 요소는 태도, 동기 부여 및 불안에 중점을 둔다. 자기 조절 구성 요소는 집중력, 시간 관리, 자가 검사 및 학문적 자원 활용에 중점을 둔다.

〈계속〉

'Mayo-Portland' 적응력 진단 질문지 (MPAI-IV; Malec, 2005)	이것은 후기 후발생성 뇌 손상을 입은 개인의 현재 상태를 식별하는 데 사용되는 35개 항목의 설문 도구이다. 세 가지 하위척도(능력, 적응, 참여)는 개인이 겪을 수 있는 신체적, 인지적, 정서적, 행동적 및 사회적 문제 범위를 대표한다.
동기 부여 학습 질문지 (MSLQ; Pintrich & DeGroot, 1990)	이것은 대학생들의 과정 자료 및 학습 전략과 관련된 동기를 평가하기 위해 15개 하위 척도로 구성된 81개 항목의 자체 보고서 측정 도구이다. 이 검사를 실시하는 데는 20~30분이 소요된다.
'Nelson-Denney' 읽기 검사 (Brown, Fishco, & Hanna, 1993)*	이것은 고등학생, 대학생, 그리고 성인을 대상으로 하는 독해 검사로, 어휘와 독해 이해/독서 속도 섹션을 포함한다. 어휘 검사는 15분간의 타이머가 설정된 시험이다. 독해 이해 검사는 20분간의 시험이며, 처음 1분은 독서 속도를 결정하는 데 사용된다.
신경심리학적 상태 평가 (RBANS; Randolph, 2012)*	이것은 신경학적인 영향을 받은 성인들을 대상으로 하는 인지 장애를 스크리닝하는 검사이다. 하위 검사는 즉각적이고 지연된 구두 및 시각 기억, 주의력, 그리고 범주/단어 생성을 스크리닝한다. 이 검사를 실시하는 데는 30분이 소요되며 두 가지 대안 양식이 있다.
자기 조절 기술 검사지 (SRSI; Ownsworth, McFarland, & Young, 2000)	이것은 뇌 손상(ABI)을 입은 개인들에서 신원성 인식, 예상 인식, 변화에 대한 준비, 전략 생성, 전략 사용 정도 및 전략 효과를 측정하는 데 사용되는 여섯 항목 도구이다. 이러한 항목들은 재활 기획, 개인의 진행 상황 모니터링 및 치료 개입 결과 평가에 필요한 메타인지 능력의 범위를 식별한다. 이 검사는 자기 조절 기술의 일방적인 회복을 관찰하거나 재활 프로그램의 효과를 평가하는 데 사용될 수 있다.
사회적 지지 질문지 (SSQ; Sarason, Sarason, Shearin, & Pierce, 1987)	이것은 개인들의 사회적 지원 지각 및 해당 지원에 대한 만족도를 측정하기 위해 설계된 27개 항목의 평가 도구이다. 각 항목은 두 부분으로 구성되어 있으며, 기준에 맞는 개인들을 나열하고 그 사람들에 대한 만족도를 평가하는 것이다. 이 검사를 실시하는 데는 5분 정도 소요된다.

〈계속〉

일상 주의력 검사지(검사) (TEA; Robertson, Ward, Ridgeway, & Nimmo-Smith, 1994)*	이것은 주의력을 측정하기 위해 기능적인 활동을 사용하는 18~80세 연령의 개인들을 대상으로 하는 규범 기반 검사이다. 이 검사는 후천적인 신경계 손상을 경험한 사람들이나 주의력 결핍 증후군, ADHD, 정신분열증, 근육통, 뇌척수염, HIV 등 주의력 결핍이 있는 사람들에게 사용된다. 이 검사에는 주의력의 가장 중요한 측면을 식별하기 위한 일상적인 활동을 포함한 여덟 가지 하위 검사가 포함되어 있다. 이 검사를 진행하고 피드백을 제공하는 데는 90분이 소요된다.
단축형 회복탄력성 척도(BRS; Smith et al., 2008)	이것은 개인들의 회복력을 자기 평가하는 데 사용되는 여섯 개의 항목으로 이루어진 설문 도구이다. 더 구체적으로 이 도구는 개인들이 스트레스를 회복하는 능력을 식별한다. 이 설문은 몇 분 정도 소요되는 간단한 설문이다.
대처 방법 질문지 (Folkman & Lazarus, 1988)	이것은 성인들(고등학생부터 성인까지)이 스트레스 상황을 대처하는 과정을 식별하기 위해 사용되는 66개 항목의 설문 조사이다. 이 검사는 10분 정도 소요된다.
'Wechsler' 성인 읽기 검사 (WTAR; Wechsler, 2001)*	이것은 16세에서 89세 사이의 개인들의 구두 독해 어휘를 측정하고 언어적 지능을 예측하는 데 사용되는 50개 항목의 검사이다. 이 검사는 10분 정도 소요된다.

참고: 별표(*)는 손상 검사를 나타낸다.

학습 지원 및 코칭 과정의 중요한 부분 중 하나는 학생들이 자신의 인지, 의사소통, 사회적 생활, 시험 응시 및 학습 기술 그리고 시간 관리와 조직 능력에 대해 믿고 있는 것(즉, 자기효능감 및 메타인지적 신념)을 파악하는 것이다. 학생들은 자신의 능력과 장애를 어떻게 인식하고 있는지를 자기발견의 첫 번째 단계로 이해해야 하고, 코치는 자기 조절을 지도하는 **방법**과 **시작점**에 영향을 미치기 때문에 학생들의 신념을 알아야 한다.

〈표 5-1〉은 학생들의 중요한 영역에서의 자기 인식을 설명하는 데 유용한 여러 설문 조사 및 질문지를 포함하고 있다. 이러한 영역은 대학 생활의 학업 및 사회적 측면과 관련이 있는 것으로 알려져 있으며, 이는 다음과 같다.

- 자신의 행동을 조절하고 자신의 사고에 대해 생각하는 능력(메타인지)[예: BRIEF-A(사회적 실행기능 평가 지수-성인 버전), Roth et al., 2013].
- 사회 및 과정 자기효능감[예: CSEI(대학 자기효능감 지수), Solberg, O'Brien, Villareal, Kennel, & Davis, 1993; MSLQ(동기 부여 학습 및 학습 질문지), Pintrich & DeGroot, 1990].
- 사회 참여[예: MPAI-IV(메이요-포틀랜드 적응성 지수), Malec, 2005].
- 일반적인 학습 전략[예: LASSI(학습 및 학습 전략 지수), Weinstein & Palmer, 2002].
- 회복탄력성[예: BRS(단축형 회복탄력성 척도), Smith et al., 2008].
- 대처 능력[예: WOC(대처 방식 질문지), Folkman & Lazarus, 1988].

이러한 설문 조사 및 질문지 외에도 College Survey for Students with Other Disabilities(CSS-OD; Kennedy, 2016; [양식 5-4]), College Survey for Students with Brain Injury(CSS-BI; Kennedy & Krause, 2009; [양식 5-5]), College Survey for Students with Concussion(and Other Injuries)(CSS-CO; Kennedy, DeSalvio, & Nguyen, 2015)의 세 가지 다목적 설문 도구를 개발했다. CSS-CO는 근골격계 손상과 같은 다른 부상과 관련된 질문이 포함되어 있지만, 여기서는 목적에 따라 ([양식 5-6]에서) 뇌진탕만 있는 학생들과 관련된 질문이 포함되도록 수정되었으며, 이를 CSS-C라고 부른다. 이러한 설문은 형식과 구조가 유사하며, 인구 통계, 손상 및/또는 장애 이력, 손상 또는 장애의 영향, 교육 이력, 학생들이 받은 서비스 및 그 서비스의 인식된 유용성에 대한 섹션, 일반적인 생활 변화에 대한 질문(예: "거주지를 변경했습니까? 그렇다면 어떤 변경이 있었습니까?")을 포함한다. 또한 학생들은 학업 및 사회적 경험을 반영하는 진술에 대한 동의 수준(매우 아니다, 아니다, 보통이다, 그렇다, 매우 그렇다)을 평가하도록 요청된다. 이 세 가지 설문은 일부 공통 진술(예: "이전보다 자료를 더 검토해야 한다.")과 손상/장애와 관련된 특정 진술을 공유하고 있다. 예를 들어, CSS-C에는 뇌진탕을 입은 학생들의 경험을 설명하는 진술(예: "컴퓨터나 모바일 장치에서 작업하기 어려워요.")이 포함되어 있으며, CSS-OD에는 주의력 통제를 반영하는 진술(예: "수업 중에 산만해진다.")이 포함되어 있다.

　　Kennedy, Krause, O'Brien(2014)의 대규모 연구에서 대학에 다니는 TBI가 있는/없는 103명의 개인들을 대상으로 한 분석에서, TBI가 있는 성인 중에서 뇌 손상의 인지, 심리사회 및 신체적 효과를 더 많이 보고한 사람들이 학업적 어려움을 더 많이 겪는다고 보고했다. 예외적으로 TBI가 있는 사람들 중에서는 더 많은 신체적 문제가 보고되었지만, 이러한 문제는 그들이 경험하는 학업적 어려움을 예측하지 않았으며, 인지 및 심리사회 문제만을 예측했다. TBI가 있는 개인들은 TBI가 없는 사람들보다 더 많은 학업적 어려움을 보고했다. TBI가 있는 사람들 중에서는 학업적 어려움 간의 상호 관련 또는 영역을 나타내는 주요 4개 그룹이 있음을 밝혀냈다. 학습과 공부, 시간 관리와 조직, 사회적 어려움, 신경 쓰임/스트레스/불안이 그것이다. 이 4개 영역 모델은 분산의 매우 큰 비율(72%)을 차지했다. 그러나 이러한 어려움들 사이에는 일부 중복되는 부분이 있었다. 예를 들어, TBI가 있는 개인들 중에서는 '공부할 때 압박을 느끼는 것'이 학습과 공부 및 '시험 전에 긴장하는 것'과 관련이 있었으며, TBI가 없는 개인들 중에서는 '시험 전에 긴장하는 것'이 학습과 공부와만 관련이 있었다.

　　이 문장들은 학업적 도전과 관련된 학생들의 경험과 그것들이 어떻게 관련되는지에 대한 정보를 제공하고 있다. 뇌 손상이 없는 사람들의 경우 '압도당하는'과 같은 단어를 포함한 진술은 뇌 손상이 있는 사람들과는 달리 '신경 쓰임'이나 '불안'과 관련이 없었다는 것을 확인했다. 따라서 뇌 손상이 없는 개인들의 경우, 학습, 공부, 시간 관리 및 조직 문제는 뇌 손상이 있는 개인들과 많은 면에서 유사하지만, 학생이 TBI가 있을 때 심리적 및 사회적 측면은 다르게 작용한다고 결론지었다.

　　CSS-C(Kennedy et al., 2015)는 현재 뇌진탕이 있는 대학생과 근골격계 손상과 같은 다른 부상이 있는 대학생들을 비교하는 연구에서 유효성 검증 중이다. 예비 연구 결과에 따르면, 대부분의 뇌진탕이 있는 대학생들이 학업적 어려움을 보고하며, 이는 그들의 뇌진탕 후 물리적 및 인지적 문제(예: 피로, 두통, 어지러움, 수업에서 주의를 기울이기 어려움, 수업에서 어떤 말을 했는지 잊어버림 등)로 설명될 수 있다. CSS-OD의 유효성을 검증하기 위한 계획도 진행 중이다.

　　이전의 TBI가 있는 두 명의 대학생에 대한 연구(Kennedy & Krause, 2011) 및 Kennedy와 동료들의 연구 결과(Kennedy et al., 2014)로부터 시간 관리와 조직, 학습 및 공부, 심리사회적 걱정 및 불안/스트레스가 어떻게 관련되는지에 대한 더 나은 이해를 얻었다. 그러나 학생들이 질문지와 설문 조사에 어떻게 응답하고 이러한 상황이 발생할 때 실제로 어떤 행동을 하는지 어떻게 알 수 있을까? 반구조화된 인터뷰는 다음과 같은 방법으로 이를 수행할 수 있다.

- 학생들이 설문 항목을 의도한 대로 해석했는지 검증하고 확인한다.
- 학생들이 왜 그렇게 응답했는지 탐색한다.
- 학생들이 이러한 상황이 발생할 때 실제로 어떤 행동을 하는지 알아낸다(다시 말해, 어떤 전략이나 대처 방식을 채택하는가?).

우리는 코치에게 반구조화 인터뷰의 시작점으로 학생의 응답을 사용하는 방법을 안내할 수 있는 여러 양식을 제공한다. [양식 5-7]은 대학생들의 경험에 관한 학업적 진술을 나열하고 있으며, 이 진술들은 각각의 CSS 설문(CSS-OD, CSS-BI 및 CSS-C)에서 가져온 것이다. 학생들은 이미 전체 설문을 완료했을 것이기 때문에 코치는 이러한 양식을 사용하여 학생들이 자신의 경험을 얼마나 중요하게 생각하는지 평가하도록 할 수 있다. 이는 다시 말해, 코치에게 학생들의 즉각적인 우선순위와 가장 먼저 해결하도록 동기를 부여하는 데 유용한 정보를 제공한다. 그런 다음 코치는 다음과 같은 개방형 질문으로 후속 조치를 취한다.

"이에 대해 더 자세히 얘기해 주세요."
"이런 상황이 발생할 때 어떻게 행동하나요?"
"이를 변경하기 위해 시도한 것이 있나요?"
"어떤 전략을 사용하나요?"

중요한 점은 반구조화 인터뷰에서 사용되는 질문들은 〈표 5-1〉에 나열된 모든 설문 도구와 함께 사용할 수 있으며, CSS 도구에만 한정되지 않는다는 것이다. 그럼에도 불구하고 〈표 5-2〉에서는 학생의 인식, 경험의 중요성 및 사용되는 전략에 대한 학생과 코치 간의 대화 예시를 제공한다. 이 학생은 자료를 더 자세히 검토해야 한다고 인정하고 이를 중요하게 여긴다. 그러나 이 학생은 친구 수가 줄어드는 것에 대해 확신하지 못하고 지금 당장은 그다지 중요하다고 생각하지 않으며, 다른 학생은 이 진술에 다르게 응답할 수 있다. 또한 이러한 어려움에 대한 학생들의 인식 및 그 중요도는 대학의 요구와 독립성의 기대에 적응하면서 시간이 지남에 따라 변할 가능성이 높다.

코치는 학생의 답변을 인정하는 요약 및 개방형 문장을 통해 더 자세한 내용을 물어본 다음, 이런 상황이 발생했을 때 어떻게 하는지, 전략 사용에 대해 더 구체적으로 설명하는 질문을 한다. 이러한 질문 접근법은 다음과 같은 중요성을 갖는다. 첫째, 코치는 학생의 다양한 학업적 어려움에 대한 학생의 인식을 편견 없이 인정할 수 있다. 둘째, 코치는 학생이 진술을 어떻게 해석했는지, 동의 또는 반대의 이유를 더 잘 이해할 수 있다. 마지막으로, 전략 사용에 관한 질문은 이 학생에게 전략이 있는지 여부, 전략을 사용하는지 여부 그리고 전략이 효과적으로 인식되는지 여부에 대한 중요한 정보를 제공한다. 〈표 5-2〉의 예시에서 코치는 학생이 효과적이지 않은 강조 표시 전략을 사용하고 많은 시간을 소비하고 있음을 발견할 수 있다. 이것이 우선순위가 높은 영역이므로 코치는 학생과 함께 더 효과적인 전략 선택을 논의하기 위한 출발점을 가지게 된다. 그러나 이 학생에게 더 많은 친구를 사귀는 것은 현재 높은 우선순위가 아니며, 나중에 학생이 학업에서 성공을 경험하고 학업 능력에 대한 자신감이 높아질 경우에 더 높은 우선순위가 될 수 있다.

CSS(-OD, -BI, -C)에는 학생들이 캠퍼스 서비스와 기타 지원 서비스 이용 경험에 관한 질문이 포함되어 있다. 장애 서비스, 캠퍼스 퇴역 군인 서비스, 장애가 있는 학생들을 위한 그룹, 직업 재활 서비스 등이 나열되어 있다. 학생들은 이러한 서비스를 얼마나 자주 이용했는지 표시하고 그 유용성을 평가하도록 요청받는다. 예를 들어, 뇌 손상이나 뇌진탕을 겪은 학생들은 여전히 언어치료사나 작업치료사로부터 재활 서비스를 받을 수 있으며 이 서비스를 매우 유용하게 여길 수 있다. 그러나 이러한 서비스는 학생의 일정에 영향을 미치며, 코치에게 계획을 시작하는 데 캠퍼스 외부의 다른 사람들도 팀원으로서 필요함을 알린다. 다른 학생들은 이러한 서비스를

≋ 표 5-2　학생들의 학업적 도전을 활용한 반구조화 인터뷰에서 전략에 대한 심층적 질문하기

설명	동의 평가 (1~5)	중요도 평가 (1~5)	범주 (1~5)	인터뷰 질문: "더 자세히 얘기해 주실 수 있을까요?" "이런 상황이 발생할 때 어떻게 행동하나요?" "이를 변경하기 위해 시도한 다른 방법이 있나요?" "어떤 전략을 사용하고 있나요?"
이전에 비해 자료를 더 자주 검토해야 한다.	5	4	LS	코치: 당신은 이것에 대해 확실히 동의하고, 이것은 꽤 중요한 일입니다. 좀 더 자세히 얘기해 주실 수 있을까요? 학생: 그냥 더 많은 시간을 투자해야 해요. 더 오래 걸려요. 코치: 자료를 검토할 때 어떻게 하나요? 어떤 전략을 사용하나요? 특별한 방법이 있나요? 학생: 책을 읽고 하이라이트를 표시해요. 아, 그런데 이제 훨씬 더 많이 하이라이트를 표시해야 해요! 코치: 알겠어요. 무엇을 하이라이트로 표시하나요? 학생: 이제 거의 모든 것을 하이라이트로 표시해요. 코치: 좋아요. 또 다른 전략이 있나요? 다른 전략은요? 학생: 음…… 사실 별로 없어요. 그냥 하이라이트 표시한 부분을 검토해요.
이제 예전보다 자료를 더 자주 검토해야 한다.	3	1	SA	코치: 그래서 당신은 정말로 친구가 더 적어졌다는 확신이 없다는 거군요. 맞나요? 학생: 네, 저는 친구들한테 무엇을 기대해야 할지 정확히 모르겠어요……. 아직도 고등학교 때 친구들이 몇 명 있긴 해요. 저는 제 생각, 제 기억을 어떻게 되돌릴 수 있는지에 좀 더 집중하고 있어요, 아시죠? 코치: 네, 이해해요. 당신이 현재 우선순위가 무엇인지를 알아서 파악하는 데 도움이 될 거예요.

참고: MO(관리 및 조직), LS(학습 및 공부), SA(자기 옹호), ST(스트레스, 긴장, 불안).

이용할 수 있다는 사실조차 알지 못한다. Kennedy와 동료들(2008)은 뇌 손상을 입은 학생 중 약 절반 이상이 캠퍼스 장애 서비스를 사용한 적이 없거나 들어 본 적이 없다는 것을 발견했다. 코치가 학생들에게 요약 및 개방형 질문을 하면 학생들의 유용성 평가를 통해 작동하는 것, 작동하지 않는 것 및 그 이유에 대한 정보를 얻을 수 있다. 다음은 전형적인 예시 중 하나이다.

> 코치: 좀 더 자세히 살펴볼까요?
> 학생: 물론이에요.
> 코치: 그래서 당신은 장애 서비스에 한 번 가 보셨나요?
> 학생: 네, 가을에 등록하고 편의 조치 편지를 받으러 갔었어요.
> 코치님: 좋아요, 그 후로 다시 가 보셨나요?
> 학생: 아니요, 그냥 그 편지가 필요했어요.
> 코치님: 그리고 그게 어느 정도 도움이 되었다고 생각하나요? 무슨 뜻인가요?
> 학생: 네, 저는 시험과 숙제에 50% 정도 더 긴 시간을 얻었어요. 그리고 필기도 도움을 받을 수 있어요. 필기는 도움이 되지만 가끔 도움을 주는 학생이 수업에 나오지 않을 때가 있어서 다른 사람에게 물어봐야 해요. 제 말은 수업에 아는 사람이 그렇게 많지도 않고 물어보는 것도 좋아하지 않아서 항상 필기를 도움받을 수 있지는 않아요.

이러한 질문 접근법은 학생의 평가에 의존하는 것보다 훨씬 더 많은 정보를 제공한다. 이런 질문 접근법을 통해 코치는 학생이 '무엇'을 하고 '왜' 그렇게 하는지(또는 하지 않는지)를 발견한다. 따라서 코치는 학생의 행동에 대한 보다 심층적인 이해를 얻으며, 코칭 초기 단계에서 학생을 지원하는 데 도움이 된다.

- 학생은 장애 서비스를 완전히 활용하지 않고 있으며, 이 서비스가 편의 조치 이상의 제공물이 거의 없다고 인식하고 있다. 학생에게 장애 서비스가 제공할 수 있는 지속적인 지원 종류에 대해 교육하고, 이러한 서비스를 이용할 의향이 있는지 탐색하는 것이 중요하다. 예를 들어, 편의 조치가 작동하지 않는 경우 수업

지원을 변경할 수 있지만, 학생과 장애 서비스 제공자 간에 확립된 관계가 필요하다. 장애 서비스 제공자와 계속 관계를 유지하는 학생들은 수정된 편의 조치, 풀타임 수강과목의 시간대 조정 및 강사나 조교가 편의 조치를 제공하지 않을 때 제때 개입하는 등의 지원을 받을 가능성이 높다.

- 학생은 또래 필기 도우미에게 도움을 요청하는 데 주저하고 있다. 좀 더 대화를 나누면 이 수업만의 문제라는 것을 알아낼 수 있다. 아마도 학생이 이 수업에서 필기 노트를 요청하고 얻을 때 자신의 장애를 방해하는 요소로 인식하는 상황이 있을 것이다. 그러나 학생이 필기 도우미에게 요청할 때 자신의 장애에 대해 주목받고 싶지 않을 수도 있다. 이 경우 코치와 학생은 다른 방법으로 필기를 얻을 수 있는지(예: 강사가 항상 예비 계획이 있는 두 명의 또래 필기 도우미를 식별하도록 하는 등)를 탐색할 수 있다. 이 문제는 더 광범위한 자기 옹호 문제일 수도 있다. 학생이 필기 도우미에게 접근하지 않는 이유가 장애 서비스를 단 한 번만 방문한 이유와 유사할 수 있다. 즉, 학생의 진정한 욕망이 단순히 또래들과 어울리고 싶다는 점을 고려할 때, 학생이 자신을 지속적인 지원이 필요한 사람으로 보는 데 어려움을 겪고 있기 때문일 수 있다. 이러한 경우가 종종 발생하므로 학생과 지원 서비스를 이용할 의향이 있는지에 대해 토론하면 대학 재학 중에 긍정적이고 현실적인 피드백을 얻을 수 있다. 따라서 지원적인 코칭과 긍정적이고 일상적인 피드백을 통해 학생들에게 좋은 결과를 가져올 수 있다는 것을 보여 줌으로써 적극적인 자기 효능감 변화가 이루어질 수 있다(Schmidt, Lannin, Fleming, & Ownsworth, 2011).
- 학생은 강조와 검토와 같은 수동적이고 부호화가 적은 몇 가지 학습 전략만을 보고하고 있다. 더 효과적인 학습 전략에 대해서는 토론이 필요하다. 학생이 선택할 수 있는 더 효과적인 학습 전략을 깊이 있게 탐색한다.

CSS 설문 조사는 장애로 인해 발생한 주요 변화에 관한 개방형 질문도 포함하고 있다. 생활 환경, 전공 및 고용 변화에 대한 질문은 각 설문 조사의 마지막에 위치해 있다. 학생의 응답을 통해 코치들은 학생들이 이미 그들의 목표를 조정할 필요성을 느끼거나, 그들이 목표가 현실적인지 여부를 확신하지 못하고 있다는 신호를 받을 수 있다.

협력적 계획: 진단 결과의 번역,
목표 설정, 학생 결과 및 개별화된 계획

코치와 학생이 검사, 질문지 및 설문 조사에서 정보를 수집했다면 다음 단계는 계획을 수립하는 것이다. 이 섹션에서는 계획의 세 가지 측면을 논의한다. (1) 보고서에서의 임상 및 교육 결과를 학생이 이해할 수 있는 실제 일상 예제로 번역하는 것, (2) 다양한 결과 및 목표를 식별하는 것, 그리고 (3) 코칭 지원을 위한 개별화된 계획을 세우는 것이다.

개인화된 교육: 학생의 강점과 도전 과제 해석

뇌 손상, 도경증 및 주의력 부족 과잉행동 장애가 있는 대학생들과 함께 일하는 전문 지식을 가진 코치는 학생들의 능력과 장애의 근간에 있는 요인을 해석하고 설명할 수 있는 능력을 가지고 있다. [양식 5-8]은 능력 및 장애에 대한 대화를 안내하는 데 유용할 수 있다. 코치는 대화를 진행하기 위해 검사 결과에서 관찰한 내용을 추가해야 할 수 있으며 학생에게 예를 제시해야 할 수도 있다. 예를 들어, 시작에 어려움을 겪는 학생은 이 때문에 프로젝트를 시작하지 못한다는 것을 확인할 수 있지만, 쉬는 시간 후에 프로젝트를 다시 시작하는 데도 이것이 방해된다는 것을 깨닫지 못할 수 있다. 따라서 시작과 관련된 문제는 시작하는 것뿐만 아니라 프로젝트를 지속하는 능력에도 영향을 미친다. 대부분의 경우, 코치는 학생을 교육하고 학생의 기초 능력과 장애가 어떻게 관찰되는지에 대해 알려줄 필요가 있으며, 학생에게 제공하는 추가적인 예가 필요할 수 있다.

❧ 여러 가지 결과와 목표

대학생들 중 실행기능 문제가 있는 학생들에게 "무엇을 달성하고 싶으세요?"라고
물으면, 코치는 다양한 응답을 받게 된다.

> "미적분에서 B를 받고 싶어요."

> "과제를 제시간에 제출하고 싶어요."

> "졸업하고 싶어요."

> "대학에서 성공할 수 있는지 확인하고 싶어요."

> "수업에서 더 많이 말하고 질문하고 싶어요."

> "장애 서비스가 필요 없는 지점에 이르고 싶어요."

> "전공을 결정하고 싶어요."

> "중학생들에게 부상 경험을 공유하고 싶어요."

> "더 많은 사람을 만나고 싶어요."

> "더 좋은 학점을 받고 싶어요."

처음 보면 이러한 진술들은 별다른 공통점이 없는 것처럼 보이며 학생들이 달성
하고자 하는 다양한 결과를 반영한 것처럼 보인다. 그러나 이러한 학생들의 결과를
(1) 즉각적인 또는 '근접한' 목표와 장기적인 또는 '원거리' 목표로 구성하는 것, (2) 목
표 달성 척도와 함께 SMART(ER) 목표로 작성할 수 있는 것, (3) 자기 조절과 성과 중
심의 결과를 강조하는 것이 도움이 된다.

근접한 목표는 특정한 과목, 업무, 친구, 시험 공부, 보고서 작성, 읽은 내용을 이해
하고 기억하는 것과 관련된 학생들의 즉각적인 필요와 관련된 것이다. 근접한 목표
는 "수업에서 더 많이 말하고 질문하고 싶어요." 또는 "미적분에서 B를 받고 싶어요."
와 같을 수 있다. 반면 원거리 목표는 일반적으로 더 모호하고 측정하기 어렵다(예:
"졸업하고 싶어요"). 원거리 목표들은 종종 더 근접한 목표로 분해되어 큰 계획의 일부

로 사용되어야 한다. 원거리 목표는 시간, 경험 및 사건이 학생 및/또는 코치가 제어 하는 것보다 더 어려울 수 있다.

📇 목표 달성 척도를 사용한 더 현명한 목표 설정

대부분의 교육자와 재활 전문가는 목표를 만들 때 SMART 목표를 생성하는 방법을 배웠다. 이는 운영 가능한 중요한 요소를 포함하고 있어 쉽게 운용이 가능하다. SMART 목표의 요소에는 여러 가지 변형이 있지만, 일반적으로 명시적이고, 측정 가능하고, 달성 가능하고, 현실적이고 또는 관련성이 있어야 하며, 시간에 따라 계획되어야 한다는 것으로 합의되고 있다(McLellan, 1997). SMART 목표를 만드는 단계별 지침을 제공하는 온라인 자료도 있다. 예를 들어, Wake Forest University는 SMART 목표의 각 요소에 대한 간략한 정의와 예제를 제공하며(http://professional.opcd.wfu.edu/files/2012/09/Smart-Goal-Setting.pdf), 이것은 코치가 학생들에게 SMART 목표를 작성하는 방법을 가르치기 위해 사용할 수 있다. Hersh, Worral, Howe, Sherratt, 그리고 Davidson(2012)과 Charles, Gafni, 그리고 Whelan(1999)은 목표 설정의 협력적인 성격과 공동 의사결정을 강조했다. 여기에서 SMARTER는 Shared(공유), Monitored(모니터링), Accessible(접근 가능), Relevant(관련성 있는), Transparent(투명한), Evolving(진화하는) 그리고 Relationship-centered(관계 중심)의 약어로 사용된다. 공동 의사결정을 이끌어 내는 토론은 이 접근 방식의 핵심이다. 이후 버전은 협력적인 역동적 코칭 모델과 잘 어울린다.

이 단계에서의 협력은 동기강화상담(Motivational Interviewing) 원칙인 수용, 격려, 학생 자율성 및 신뢰 관계를 강화한다. 또한 '진화하는'이라는 표현은 목표가 조정될 필요가 있음을 전달하며, 학생과 코치는 그 목표를 달성하기 위한 단계를 시도하기 전까지 목표가 얼마나 실행 가능하고 현실적인지 항상 알 수 있다는 점을 나타낸다. **코치와 학생 간의 신뢰 관계는 목표가 실패로 인식되는 것이 아니라 목표가 변경될 수 있는 기회를 창출한다.** 학생들은 목표를 설정하고 달성하거나 (또는 그렇지 않을 때) 자기 조절 과정의 일부로서, 자기 발견 및 자기 효능성 수단으로 학습한다. 결국, 목표를 달성하려는 계획을 실현하는 학생이라면, 학생은 그것을 만드는 데 참여해야 한다. 인정과 긍정의 협력 언어를 사용함으로써 목표 설정의 첫 단계로 개인이 문제를 인식할 가능성이 높아진다(Hunt, Le Dorze, Polatojko, Bottari, & Dawson, 2015). 실제로 목표 설정은 "갑작스러운 주제 변경, 인정 부족 및 내담자가 말한 내용에 대한 탐색 실패"로 인해 저해될 수 있다(p. 488).

협력적인 목표 설정은 의학적 재활 배경을 가진 일부 코치들에게는 새로운 접근일 수 있다. 내담자가 뇌 손상 회복 중이며 의학 기반 재활 서비스를 받는 경우, 그들은 목표 설정에 협력할 능력이 없을 수 있다. 그러나 내담자가 그 능력을 가지게 되면, 임상가들은 이 과정에 참여시키는 것이 중요하다. 그들이 회복하고 인지 능력과 인식을 획득할 때(비록 그 인식이 제한적일 수 있더라도), 그들은 목표 설정에 참여하는 파트너가 될 수 있다. 연구에 따르면 환자와 내담자가 개인화되고 실용적인 목표를 설정하는 데 참여하면 목표 설정 과정의 일부가 되었기 때문에 그 목표를 달성할 가능성이 높아진다(Kennedy, O'Brien, & Krause, 2012; Kennedy et al., 2008). 예를 들어, 코치와 학생 간의 토론에서 "수업에서 더 많이 말하고 질문하고 싶어요."를 목표로 할 때는 이 목표에 어울리고 달성 가능한 수업을 선택하고, 학생이 수업에서 얼마나 자주 말하길 원하는지, 그리고 이 목표를 얼마 동안 계속 이행하기 원하는지에 중점을 둘 수 있다. 토론 후 학생의 목표는 "이번 학기에 내 영어 및 역사 수업 각각에서 기회가 주어질 때마다 주당 최소 한 번 댓글을 남기거나 질문을 하겠습니다."가 될 수 있다.

목표 달성 척도(Goal Attainment Scaling: GAS)는 목표를 작성하는 방법으로, 목표를 달성하기 위한 진전을 개인적으로 어떻게 해석하는지를 양적으로 나타내는 방법이다(Kiresuk & Sherman, 1968; Kiresuk, Smith, & Cardillo, 2013).이것은 등급 척도를 사용하여 목표가 얼마나 달성되고 있는지를 설명한다. 전통적으로 0점은 시작점, 즉 '기준선'이며, 척도의 위아래 움직임은 목표를 달성하거나 심지어 초과하는 방향으로 개선되거나(예: +1, +2), 퇴보하여 개인의 시작 시점보다 성적이 더 나빠지는 것을 나타낸다(예: -1, -2). 등급 척도는 숫자 대신 '동일' '더 나음' 또는 '더 나쁨'과 같은 기술어를 사용할 수도 있다.

교육자와 재활 전문가 모두 GAS를 사용해 왔으므로 이러한 배경을 가진 코치들은

GAS에 대해 꽤 익숙할 것이다. 예를 들어, 학교 상담사들은 학생과 상담사의 상담 후 결과를 문서화하기 위해 GAS를 사용해 왔다(Brady, Busse, & Lopez, 2014). 그러나 목표의 신뢰성과 타당성을 확보하기 위해서는 GAS를 SMART 목표 구조와 함께 사용해야 한다. 국제적인 임상 연구자 그룹은 GAS 사용에 관한 몇 가지 우려를 설명했는데, 주로 그 신뢰성과 타당성이 그것을 만든 개인에 따라 달라질 수 있다는 점이다 (Krasny-Pacini, Evans, Sohlberg, & Chevignard, 2016). GAS를 사용한 SMARTER 목표의 샘플은 제6장에서 제공된다.

어떤 등급 척도를 사용할지 결정하는 것은 학생에게 달려 있다. 많은 학생이 음수를 사용하여 시작점 아래에 있음을 나타내는 것에 반대하지 않지만, 반대하는 학생도 있어서 보통 +2를 시작점으로 사용하는 경우가 더 많다. 학생들에게 두 가지 선택지를 모두 제공하고 그들이 원하는 등급 척도를 사용하게 하면, 학생에게 동기를 부여하는 피드백(긍정적 또는 부정적) 유형을 식별할 수 있으므로 학생이 자신의 성과를 추적할 가능성을 높일 수 있다. [양식 5-9]는 코치와 학생들에게 GAS를 사용하여 SMARTER 목표를 만들기 위한 템플릿을 제공한다.

🔲 성과 목표와 자기 조절 목표

코치가 학생들과 함께 GAS를 사용하여 SMARTER 목표를 어떻게 만들지는 목표 생성 과정의 일부일 뿐이다. 대부분 전문가는 소위 '성과 기반' 목표를 작성하도록 수련을 받았다. 예를 들어, SMARTER 목표는 "이번 학기 세 강좌에서 부여된 읽기 과제를 모두 해내겠다." 또는 "이번 학기 세 강좌에서 부여된 과제를 제시간에 제출하겠다."와 같이 잡을 수 있다. 이 두 가지 목표는 모두 구체적이고, 측정할 수 있고, 현실적이며, 정해진 시간 프레임으로 정의되고, 성취가 가능하다. 그러나 이러한 목표를 달성하기 위해 학생들은 일련의 자기 조절 단계를 거쳐 각 단계를 구현해야 한다. 실행기능에 문제가 있는 학생들에게는 이러한 단계가 어려운 일이다.

성과 기반 목표는 SMARTER 구성 요소에 의존할 때 주목할 만하지만, 전형적으로 **목표를 달성하기 위해서는 몇 가지 중간 단계의 자기 조절이 필요한** 최종 결과이다. 성과 기반 목표들은 기술 수준과 자기 조절의 함축적인 변화만을 목표로 한다. 그들은 기술에 대한 최신 이해와 심화된 자기 효능감을 촉진하는 자기 조절 과정을 명시적으로 활성화하지 않는다. 코치가 학생들에게 자기 조절을 지시하려면 자기 조절 목표가 분명하게 제시되어야 한다. 자기 조절의 각 구성 요소(목표, 전략, 실행 및 조정)는 여러 단계와 연관되어 있으며, 학생이 어려움을 겪고 있는 자기 조절 과정의 일부인 경우 그중의 어느 것도 목표 자체가 될 수 있다. 제4장의 [그림 4-2]에서는 자기 조절의 다양한 단계를 보여 준다. 코치는 학생에게 어려운 과정의 특정 부분을 목표로 삼아 다양한 기술에 대한 자기 조절 방법을 명시적으로 가르칠 수 있다.

"학생은 세 회기에 걸쳐 5분의 시간이 지난 후에 구두로 발표된 이야기의 세부 사항 5개 중 4개를 기억할 것이다."는 성과 기반 목표이다. 그러나 이 목표는 학생이 이를 **어떻게** 달성했는지에 대해서는 아무것도 알려 주지 않는다. 성과 목표를 달성하기 위해 학생들은 전략과 계획을 선택하고 실행한 다음에 목표가 달성되었는지를 결정해야 한다. 학생에게 유용한 전략이 없거나 전략이 있지만 사용하지 않는 경우, 성과 목표가 달성될 가능성이 적다. 따라서 성과 기반 목표는 우리에게 목표가 달성된 이유나 방법에 대해 아무것도 알려 주지 않는다. 어떤 전략이 사용되었는가? 전략을 학습하는 데 얼마나 많은 시간과 연습, 노력이 필요했는가? 그 학생은 전략을 조정하려고 시도했는가? 학습의 실제 목표를 나중에 기억할 수 있도록 하는 데 5분의 지연이 충분하였는가? 여기서 사용된 전략이 일반화되거나 다른 종류의 학습으로 전환될 가능성은 얼마나 되는가?

시간 관리 문제가 있는 학생을 예로 들어 보자. 그 학생의 목표는 주간 독서량을 유지하고 제시간에 과제를 제출하는 것이다. 〈표 5-3〉의 첫 번째 예는 학생의 성과 목표와 과제를 읽고 완료하는 데 얼마나 많은 시간이 걸리는지 알지 못하는 학생이 직면한 문제를 보여 준다. 이러한 작업에 소요되는 시간을 알 수 없기 때문에 두 가지 유사한 자기 조절 목표가 보장된다. 두 사람 모두 과제를 읽고 완료하는 데 시간이 얼마나 걸릴지 예측하는 것을 목표로 한다. 이러한 작업에 얼마나 많은 시간이 소요되는지 알지 못하면 코치나 학생 모두 성과 기반 목표를 달성하기 위한 전략이나 계획을 세울 수 없기 때문에 이 단계는 매우 중요하다. 약간의 논의 후에 학생은 과제를 읽고 완료하는 데 걸리는 시간을 예측하고 추적함으로써 이러한 자기 조절 목

📚 **표 5-3** 자기 조절과 성과 목표가 어떻게 생성되고 서로 연관되어 있는지에 대한 예

학생의 목표	코칭 후속 조치	자기 조절 목표의 예	성과 목표의 예
"나는 수업을 잘 따라가고 싶다" →	"그에 대해서 좀 더 말해 주세요. 어떤 일이 일어나고 있는지 내게 설명해 주세요."	1. 학생은 읽는 데 걸리는 시간을 정확하게 평가할 것이다.	1. 학생은 이번 학기에 읽기 과제를 따라갈 것이다.
학생 반응: "읽기 과제는 단지 2시간이 걸릴 뿐이에요. 그런데도 어떻게 계획을 세울지 모르겠어요. 기간 내에 과제를 할 수 있을지 걱정이 됩니다." →	"알겠습니다. 예상 소요 시간과 비교하여 소요되는 시간을 추적해 보시겠어요?"	2. 학생은 과제를 완료하는 데 걸리는 시간을 정확하게 평가할 것이다.	2. 학생은 이번 학기에 과제를 제시간에 제출할 것이다.
"네. 해 볼게요." →	코치는 학생에게 "계획-행동-검토"를 지시하고 양식을 제공한다.		

표를 먼저 해결하는 데 동의한다. 이 두 가지를 비교하면 학생이 생각했던 것보다 이러한 종류의 활동을 완료하는 데 더 오랜 시간이 걸렸음을 알 수 있다. 이러한 결과를 바탕으로 코치와 학생은 일정을 조정하여 학생이 읽기 과제를 따라잡고 제시간에 과제를 제출한다는 목표를 달성할 수 있다.

따라서 성과 목표와 달리 자기 조절 목표를 설정하면 다음과 같은 여러 가지 이점이 있다.

① 자기 조절 목표는 학생들이 최종 성과 목표를 달성하기 위해 문제를 해결하고 무엇이 효과가 있는지(또는 효과가 없는지) 학습하는 과정을 목표로 한다.

② 성과 목표가 달성되지 않더라도 자기 조절 목표는 달성 가능한 경우가 많다. 예를 들어, 읽기 과제에 시간이 얼마나 걸리는지 알게 된 학생들은 자신의 장애가 미치는 영향에 대해 더 깊이 이해하게 되었다. 읽기(성과 목표)를 항상 따라잡지

는 못하더라도 이 과정에서 얻은 정보는 주간, 월간, 학기 단위로 계획을 세우는 데 도움이 될 것이다.

③ 기본 자기 조절 과정이 어떻게 작동하는지에 대한 정보를 얻게 되면, 학생들은 자기 조절 단계를 향후 수업 및 학기에 일반화할 수 있다.

④ 자기 조절 목표는 학생들의 선택을 강조한다. 학생들은 전략을 제안하고, 전략의 효율성을 평가하고 조정함으로써 자신의 문제해결에 적극적인 역할을 한다.

⑤ 자기 조절 목표는 학생들이 자신의 진행 상황을 모니터할 기회를 만든다. 자기 조절 과정은 학생들 자신에게 목표 달성에 대한 책임을 부여한다. 코치는 어느 정도까지만 지원하고 지도하지만, 학생들은 적극적인 파트너가 되어야 한다.

자기 조절 코칭 시 다른 결과를 기록하기

실행기능에 문제가 있는 대학생은 장애가 없는 대학생과 마찬가지로 성숙하고 변화할 것이다. 언어병리학자, 신경심리학자, 교육자, 작업치료사, 직업 재활 상담사는 제3자 지급인(third party payers)이 요구하는 방식으로 진행 상황을 문서로 만들어야 할 수도 있다. 학생 중심의 목표는 대학에 등록한 학생들에게 필수적이지만, 다른 경우에도 자기 조절 코칭의 유용성을 검증하는 결과들이 있다(예: Lichtinger & Kaplan, 2015). 여기서는 성적 및 시험 점수, 설문 조사 및 질문지를 통한 자기 조절 결과, 원거리(distal) 또는 장기 목표의 변화라는 세 가지 결과를 강조한다.

학생과 코치는 수업 과제, 퀴즈, 시험에서 향상된 성적을 당연히 기대한다. 채점된 과제에 대한 즉각적이고 긍정적인 변화는 코칭을 받은 전략과 계획을 구현한 학생들을 검증할 뿐만 아니라, 이러한 변화는 대학에서의 성공과 궁극적으로 졸업이라는 학생들의 장기적인 목표에도 긍정적인 영향을 미친다. 전략과 계획을 구현하고 긍정적인 결과를 경험하는 것은 보람과 동기를 부여한다. 목표 달성에 있어 초기에 긍정적인 피드백을 받은 학생들은 자기 효능감을 얻으면서 인내할 가능성이 더 크다. Kennedy와 Krause(2011)는 TBI를 앓고 있는 두 학생이 코칭을 받는 동안 채점된 과제에서 즉각적인 향상을 보였다고 보고했다. 그러나 성적의 변화는 자기 조절 과정을 거친 최종 결과를 반영할 수도 있다. 학생들이 더 나은 성적을 원하더라도 코치는 학생들이 그에 이르는 최선의 방법을 알기를 원한다. 이번에도 TBI의 학생 한명은 "아, 알겠어요. 제가 스스로 코치가 되기를 바라시는군요!"라고 말했다.

심리측정학의 측면에서 견고한 설문 조사 응답과 질문지를 사용하면 자기 조절의 변화에 대한 기록 작업이 더 쉬워진다. 역동적 코칭 중이나 이후에 여러 종류의 긍정적인 변화가 보고된 바 있다. Kennedy와 Krause(2011)는 향상된 인식이나 인정을 나타내는 평가의 변화는 더 깊은 자기 인식을 기록하는 데 사용될 수 있다고 보고했다. 일부 학생들은 더 많은 전략을 사용했다고 보고했고, 다른 학생들은 더 다양한 전략을 사용했다고 인정했다. O'Brien, Schellinger 및 Kennedy(2017)는 뇌 손상이 있는 대학생을 대상으로 [양식 5-7]의 학업 과제를 평가하는 반구조화된 인터뷰를 통해 도출된 코드화된 전략을 사용했다. 그들은 코칭 후에 TBI가 있는 대학생들이 Zimmerman과 Martinez-Pon(1986)이 분류한 더 다양한 범위의 학업, 학습 및 시간 관리 전략 레퍼토리를 사용한다고 보고했음을 발견했다. 즉, 학생들은 도구의 레퍼토리를 확장했다. 코칭의 효과는 성적이 향상되고 스트레스, 초조함, 좌절감이 줄어든다는 보고를 통해 확증되었다. 기타 실질적인 변화에는 학생 장애인 돌봄 서비스, 캠퍼스 상담 서비스, 퇴역 군인 캠퍼스 센터 등과 같은 캠퍼스 서비스의 유용성에 대한 접근성 및 평가를 포함하며, 이는 장애 대학생 캠퍼스 동향 조사(College Students with Disabilities Campus Climate: CSDCC; Lombardi, Gerdes, & Murray, 2011) 및 CSS-OD([양식 5-4]), CSS-BI([양식 5-5]) 및 CSS-C([양식 5-6]) 등의 도구를 통해 기록될 수 있다.

다른 변화들은 더 원거리(distal)거나 장기적이다. 전공 선택, 졸업 계획, 진로, 생활 방식 등과 관련하여 개방형인 반구조화된 인터뷰 질문도 모든 대학생이 시간이 지남에 따라 변한다는 점을 고려할 때, 부분적으로 코칭에 기인할 수 있다. 학생들이 자신이 받은 코칭 지원에 이러한 결정 중 일부를 명시적으로 귀속시킨다면 역동적 코칭이 중요한 역할을 했다고 말하는 것이 타당하다. 한 학생은 이렇게 말했다. "나의 코치는 내가 할 수 없는 것뿐만 아니라 내가 할 수 있는 것을 알게 하고 경험하도록 도와주었다. 그리고 이것은 내가 전공을 결정하는 데 도움이 되었다." 마지막으로 간단 탄력성 척도(Brief Resilience Scale; Smith et al., 2008), 사회적 지원 질문지(Social Support Questionnaire; Sarason, Sarason, Shearin, & Pierce, 1987), 대학 자기 효능감 척도(the College Self-Efficacy Inventory; Solberg et al., 1993)와 같은 도구를 사용하면 학생들의 회복 능력, 소셜 네트워크 확장 능력, 자기 효능감 강화 능력의 변화를 기록할 수 있다.

❧ 개별화된 계획

정보가 수집되고 목표가 논의되었으므로 이제 코치와 학생은 이러한 과정을 일관된 계획으로 통합할 때이다. 계획은 학생과 코치가 따를 수 있을 만큼 충분히 명확해서, 이를 통해 학생은 학기가 진행됨에 따라 자신의 즉각적인 학업 요구가 어떻게 해결되는지 염두에 두는 동시에, 보다 원거리나 장기적인 결과를 명심해야 한다. 구체적이고 잘 쓰인 계획은 진행 상황을 기록하는 데도 도움이 된다. 매주 긴급하거나 현재의 요구 사항에만 초점을 맞추기 쉽지만, 이러한 요구 사항이 더 큰 계획에 어떻게 부합하는지 명시적으로 살펴보는 것은 학생들이 근접(proximal) 목표가 원거리(distal) 목표에 어떻게 부합하는지 이해하는 데 도움이 된다.

반면, 학생들이 성공과 어려움을 보고하게 되면서 자기 조절 훈련은 시간이 지남에 따라 학생이 적응하는 방법에 중점을 둔다. 이는 학생의 요구 사항이나 우선순위를 해결하기 위해 전략이 변경될 수 있는 것처럼 목표도 조정될 수 있어야 하며, **계획** 변경의 가능성을 예상하고 계획하는 것이 합리적임을 의미한다. 학생들은 이러한 종류의 조정이 예상되며 코치와 함께 이를 관리할 수 있음을 알아야 한다. 예를 들어, 한 학기 동안 코칭한 후에 한 학생은 평균 4.0(역자 주: 만점은 4.3 혹은 4.5)이라는 목표가 비현실적이며, 이는 룸메이트와 함께 사회생활을 하는 데 방해가 된다는 것을 깨달았다. 그는 목표를 3.5로 수정하고 매주 한 번의 사회 활동에 참여하겠다는 추가 목표를 설정했다. 이렇게 갱신한 목표와 함께 계획을 변경하여 학문적 요구뿐만 아니라 사회적 의사소통과 활동도 포함하였다.

계획에는 학생과 코치가 한 학기 과정 동안 무엇을 다루어야 하는지 알 수 있을 만큼 충분한 세부 정보가 포함되어 있지만, 사용할 수 있는 전략이나 도구에 대한 구체적인 내용은 필요하지 않다. 본질적으로 계획은 목표를 범주로 수집하고, 이를 언제 착수해야 하는지에 따라 일관된 순서로 조직화하여 개발된다. 목표는 세 가지 유형의 결과에 중점을 두고 있다는 점을 기억하라.

① 과제 성적, 시험 점수 등 **근접한** 학업 목표
② 평가 척도 및 양식, 설문 조사, 질문지를 통한 **자기 조절** 결과
③ 제시간에 졸업하는 것과 같은 **원거리** 목표 또는 장기적인 목표

계획은 또한 목표가 구성되는 방식을 중심으로 발달한다. 학업 성과는 자기 조절 목표와 짝을 이루고, 이는 결국에 학생들의 장기 목표를 개선하기 때문에 이 형식은 학생들에게 설득력이 있다.

학생과 코치가 '선별(triage)' 접근 방식을 취하여 계획을 시작하는 것이 도움이 될 수 있다. 처음 목표를 설정할 때 어떤 항목은 특히 중요하게 식별되었을 수 있지만, 지금 학생들이 필요한 것과 관련이 없을 수 있다. 코치는 학생들에게 다음과 같은 즉각적인 요구 사항에 대해 질문할 수 있다.

"제시간에 수업에 출석하고 있나요? 시간표 일정은 괜찮으세요?"
"학업에서 실패를 경험하고 있나요?"
"장애인 돌봄 서비스에서 제공하는 편의 조치를 받고 싶은 계획이 있습니까?"
"이번 주에 무엇을 해야만 하는지 아세요? 다음 주는요?"
"이번 주에 시험이나 과제 마감이 있나요?"

어떤 경우에는 학기가 시작되었을 수도 있고, 코칭이 시작되기 전에 학생들이 이미 강좌에서 어려움을 겪고 있을 수도 있다. 후천적 부상을 당한 학생이나 기존의 중등 교육 환경에서 성공적이었던 학생이 새롭게 진단받은 경우, 새로이 겪는 학문적 실패가 특히 좌절될 수 있다. 학생들은 시험이나 과제에서 낙제점을 받았을 때 자신

의 공부와 학습을 어떻게 관리해야 할지 막막할 수 있다. 마찬가지로, 학생들이 매일의 일정을 관리하는 데 어려움을 겪고 있거나 언제 어디서 수업을 받아야 하는지, 교통수단(주차, 버스 시간표, 승용차 함께 타기 등)을 관리하는 방법을 잘 모르는 경우 이러한 필요 사항을 먼저 해결해야 한다.

그러나 이러한 종류의 어려움이 계획을 세울 때 발견되는 '새로운' 정보일 가능성은 적다. 시험의 어려움이나 매일의 일정 관리와 같은 요구 사항은 정보 수집 중에 식별되어야 했으며 이미 목표가 설정되어 있어야 했다. 여기서는 이러한 목표들이 먼저 해야 하는 중요도에 따라 선별된다. 학생들이 학업 실패를 겪고 있는 경우, 이러한 필요 사항을 먼저 해결하기 위해 계획을 즉시 변경해야 한다. 비슷한 맥락에서, 학생들이 정시에 수업에 출석하는 데 어려움을 겪고 있거나 어떤 과제가 언제 마감인지를 아는 데 어려움을 겪고 있다면, 학업 문제를 해결하기 전에 시간 관리 및 조절에 필요한 사항을 해결해야 한다.

따라서 계획은 다음을 기반으로 개발되어야 한다.

- 학생의 즉각적인 필요 사항(다음 주 내에 해결해야 할 문제)
- 자기 조절 목표와 결합한 근접 목표(학기 또는 학년도 내에 달성 가능)
- 원거리(장기) 목표

학생들은 시간 순서대로 설명된 이러한 목표를 확인함으로써 이점을 얻을 수 있다. [그림 5-2]는 한 학생의 필요에 따라 학생의 목표가 어떻게 구성되었고, 계획이 어떻게 진행되었는지를 보여 준다. 이러한 목표는 모두 성과를 기반으로 하며 학생이 사용했거나 최소한 학생이 쉽게 이해하고 따를 수 있는 언어로 작성되었다. 학생들은 자신의 필요를 설명할 때 자기 조절이라는 표현을 거의 사용하지 않는다(예: "나는 더는 미루지 말고 과제를 제때 끝내야 해."라고 말하며, "과제 마감일이 다가올 때 특히 인터넷 및 Netflix 사용을 모니터링해야 한다."라고 말하지 않는다). 대신, 모니터링 및 전략 조정(자기 조절의 일부로서)을 설명하는 목표는 일반적으로 동기강화상담(MI) 중에 개발된다. [양식 5-10]은 코치가 이러한 다양한 종류의 목표를 추적하는 데 도움이 되는 도표이고, [양식 5-11]은 학생들이 필요의 긴급성에 따라 목표를 기록하고 우선순위를 지정하는 데 도움이 되는 도표이다.

학생들은 이미 장애인 돌봄 서비스와 만나서 편의 조치(accommodation)를 살펴보아야 했기 때문에, 코치는 먼저 이러한 편의 조치를 검토하고, 학생들에게 이 편의

즉시: 오늘부터 이번 주까지

- 강좌 수를 3개 강좌로 줄인다.
- 교수들과 면담 일정을 잡아서 편의 조치에 대해 논의한다.
- 장애인 돌봄 서비스에 대한 향후 검사 일정을 계획한다.

근접: 다음 주부터 다음 달까지

- 모든 과제를 완료하고 제출한다.
- 과제에서 최소 B학점을 취득한다.
- 시험을 위한 학습 전략을 개발한다.

근접: 학기 중

- 수강 순서를 계획한다(더 어려운 수업과 다음 학년도의 1~2학기 일정도 고려함).
- 인턴십 기회를 파악한다.
- 모든 강좌에서 평균 B 이상을 획득한다.

근접: 학기 중

- 인턴십 면접에 간다.
- 좋은 학업 자세를 유지한다.

원거리: 2년 동안

- 인턴십을 완료한다.
- 일련의 강좌 수강을 완료한다.

원거리: 장기 목표

- 학사 학위와 자격증을 취득한다.
- 직업 현장에 진출한다.

그림 5-2 필요의 긴급성에 따라 근접 및 원거리 목표를 계획에 반영하는 예

조치를 어떻게 사용할 것인지 설명할 수 있게 해야 한다. 이 학생에게 가장 시급한 요구 사항은 장애인 돌봄 서비스에서 제공하는 편의 조치를 이용하고, 수강신청 포기 마감일 전에 수업부담(courseload)을 줄이는 것이었다. 이 학생은 장애인 돌봄 서비스로부터 받은 편의 조치 서한을 교수에게 제출하기 위해 어떻게 접근해야 할지 확신하지 못했다. 그는 수업이 끝난 후 교수에게 접근하는 것을 고려했었지만 다른 학생들도 기다리고 있다는 사실을 알게 되었다. 그는 듣고 있는 또래 학생들 옆에서 자신의 학습 요구 사항에 관해 이야기하는 것에 불편함을 느꼈다. 수업 첫날 강의 계획서를 받은 후 이 학생도 깨달았다. 특히 평균 B를 유지하려는 그의 학업 목표에 비추어 볼 때 4개 과목을 수강하는 것은 비현실적이었다. 이 학생은 또한 그 학기에 처음 접하는 어려운 생물학 과목을 듣고 있었기 때문에, 그 수업을 성공적으로 마치기 위해 추가 시간을 할애해야 했다. 계획은 이러한 요구 사항의 일정을 반영하여 학생이 자신의 목표에 맞게 수업 부담을 조정하고 편의 조치를 하도록 허용한 다음, 몇 주에 걸쳐 해결할 수 있는 목표로 나아가도록 하는 것이다.

이 학생의 근접 목표와 짝을 이룰 수 있는 자기 조절 계획 및 목표의 표본은 [그림 5-3]에 나와 있다. 이 학생은 학교 성적이 좋지 않았는데, 학생의 작업을 검토한 결과, 이 학생이 과제 제출을 잊어버린 것이 분명해졌다. 따라서 자기 조절 목표는 먼저 과제 완료를 모니터링하는 시스템 개발에 초점을 맞춘 다음, 학습 및 학습 요구 사항을 해결하는 데 중점을 두었다. 계획의 이 구성 요소는 근접 목표가 어떻게 달성되는지와 어떻게 조화되는지를 구체적으로 명시한다.

학생과 코치는 또한 특정 수업 대 일반 학습 중 어느 쪽을 목표로 정해야 할 것인지에 대해 논의해야 한다. 수업에 대한 요구 사항은 매우 다양하다. 예를 들어, 어떤 학생은 자신의 모든 강좌에서 읽기 과제가 요구될 수 있지만, 화학, 통계학, 세계사 또는 영어 소설 과목의 경우 읽기는 달라진다. 일부 수업은 학생들의 강점이나 약점을 고려하기도 한다. 학생의 전공 수업은 더욱 엄격할 수 있지만, 해당 분야에 기본 지식을 가지고 있으면 이러한 수업은 관련 분야의 다른 수업들보다 덜 어려울 수 있다. 다른 수업들은 실행기능에 도전할 수 있으며, 특히 일정 기간에 걸쳐 조직화하고 계획해야 하는 여러 장기 프로젝트가 있는 수업일 수 있다. 학생들은 소설 읽기를 위

자기 조절 근접 목표: 다음 주부터 다음 달까지

- 모든 과제를 완료하고 제출한다.
  - 과제를 관리하기 위한 플래너를 작성한다.
    - 플래너, 파일럿 도구의 필요한 기능을 파악하고 필요에 따라 조정한다.
    - 플래너(강의 계획서 및 수업 노트 포함)의 정확성을 확인하는 과정을 세운다.
  - 과제 완료의 정확성을 추적하는 과정을 개발한다.
    - 온라인 성적표, 과제 폴더 확인, 플래너의 체크박스를 통해 과제 완료의 정확성을 추적한다.
- 모든 과제에서 최소 B학점을 취득한다.
  - 모든 과제를 제시간에 제출한다.
  - 필요에 따라 편집 및 교정을 할 수 있도록 완료 시간을 정확하게 모니터링한다.
- 시험을 위한 학습 전략을 개발한다.
  - 읽은 내용을 기억하기 위하여 독서 일지를 사용한다.
    - 메모가 기억을 촉진하는 데 효과적인지 평가한다.
  - 시간이 지남에 따라 시험공부를 할 수 있도록 미리 계획한다.
    - 공부 시간 추정의 정확성을 확인한다.
  - 암기를 위해 다중 전략 접근 방식을 사용한다.
    - 회상에 가장 효과적인 전략을 결정한다.

그림 5-3 근접 목표와 짝을 이루는 자기 조절 목표의 예시

한 독서 전략이나 물리학을 위한 암기와 같은 맞춤식 방법을 선택함으로써 이러한 특정 수업에 집중할 수 있다.

일련의 목표가 정해졌으므로 계획을 세우는 마지막 단계는 학생들이 자신의 목표를 달성하고 학습을 독립적으로 관리하기 위해 적합한 지원의 양과 유형을 결정하는 것이다. 대부분의 학생은 적어도 첫 학기 동안에는 매주 코치와 만나는 것을 선택하여 회의가 학업 일과의 일부가 되도록 한다. 또한 학생들은 이러한 정기적으로 예정된 회의가 "지속력을 유지하게 한다."라는 사실을 알게 된다. 즉, 코치와 만나 계획과 전략에 관해 이야기해야 한다는 것을 알면 학생들이 작업을 계속할 가능성이 더 높다는 것을 알게 된다. 그러나 학생과 코치는 학생의 필요에 가장 적합한 회의 일정을 정할 수 있다.

학생들의 강점과 약점에 대해 필요한 정보를 수집하는 방법과 자기 조절 및 성과 기반 목표를 모두 설정하도록 지도하는 방법을 알았으므로, 이제 실행기능 문제가 있는 대학생에게 지원이 필요한 세 가지 특정 영역을 살펴보겠다. 이는 시간 관리 및 조직화, 공부 및 학습, 자기 옹호자 역할이다. 제6장은 처음 두 영역에 대해 GSAA 접근 방식을 사용하는 코칭 방식을 제공하며, 제7장은 마지막 영역인 자기 옹호자 역할에 대한 이해와 코칭 방식을 제공한다.

학생을 위한 시작하기 체크리스트

다음은 학생을 알아가고, 학생의 능력과 장애를 평가하고, 코칭 계획을 세우는 데 필요한 문서 목록입니다. 이러한 서류 대부분은 학생 자신이 제공해야 합니다.

☐ [양식 4-1], 역동적 코칭에서 기대할 수 있는 사항(학생에게 발송)

☐ 학생의 대학 및/또는 고등학교 성적 증명서의 비공식 사본

☐ 학생이 현재 수강하고 있는 과목 목록

☐ 가능한 경우, 학생이 받을 자격이 있는 합당한 편의 조치를 승인하고 기술하는 학생 장애인 돌봄 서비스 전문가의 편지

☐ 학생의 인지, 의사소통, 직업 능력을 검사한 심리학자 및 기타 전문가의 보고서

☐ 관리해야 할 추가 검사 목록

☐ [양식 5-3], 인구통계, 학업, 의료 및 사회 기록 양식(학생이 작성)

☐ 질문지 및 설문 조사
　　예: [양식 5-4] 기타 장애가 있는 학생을 위한 대학 설문 조사, [양식 5-5] 뇌 손상 학생을 위한 대학 설문 조사, 그리고 [양식 5-6] 뇌진탕 학생을 위한 대학 설문 조사(학생이 작성)

☐ 학생에게 보살핌이나 지원을 제공하는 다른 전문가의 연락처 정보

☐ 학생이 사용하는 플래너 또는 일정 시스템의 이름

양식 5-2　학생을 위한 시작하기 체크리스트

지침　첫 번째 코칭 회기는 당신과 코치가 한 학기 및/또는 1년 동안 작업할 것을 검토하고 계획하기 위하여 정보를 수집하는 것을 포함합니다. 이 서류를 첫 번째 코칭 회기에 지참해 주십시오.

☐ [양식 4-1] 사본, 역동적 코칭에서 기대할 수 있는 사항 및 궁금한 사항

☐ 대학 및/또는 고등학교 성적 증명서의 비공식 사본

☐ 당신의 인지, 의사소통, 그리고 직업기술을 검사한 신경심리학자 및/또는 기타 전문가의 보고서

☐ 해당하는 경우, 당신이 받을 자격이 있는 합리적인 편의 조치를 제시하고 승인하는 장애인 돌봄 서비스 전문가의 편지

☐ 완성된 양식 5-_____, _____에 대한 대학생 설문 조사

☐ 코치가 작성하도록 요청한 기타 추가 질문지

☐ 작성된 [양식 5-3], 인구통계, 학업, 의료 및 사회 이력 양식

☐ 당신이 지원이나 도움을 받고 있는 다른 전문가의 연락처 정보

☐ 현재 수강 목록

☐ 사용하는 플래너 또는 일정 관리 시스템

양식 5-3 인구통계, 학업, 의료 및 사회 발달 정보 양식(1/4쪽)

인구통계정보

이름: _____   날짜: _____

주소: _____

전화번호 집: _____   휴대전화: _____

이메일 주소: _____

생일: _____

■ 당신은 하나 이상의 언어를 말하고 이해합니까? (표시)   예   아니요

  • 당신의 기본 언어는 무엇입니까? _____

■ 현재 가족과 독립하여 살고 계십니까? (표시)   예   아니요

학업 및 의료 기록

■ 당신은 초등학교, 중학교, 고등학교 시절, 읽고 쓰는 법을 배우는 데 어려움을 겪은 적이 있습니까?

  (표시)   예   아니요

  • 그렇다면 설명하십시오.

_____

_____

_____

_____

■ 학교에서 언어 치료, 교정 지원 또는 특수교육의 형태로 도움을 받은 적이 있습니까?

(표시)   예   아니요

• 그렇다면 설명하십시오.

_____

_____

_____

_____

• 지금 대학에 다니고 있다면, 어떤 성적을 받고 있나요?

_____

_____

_____

• 대학에서 대략 몇 학점을 이수하였습니까?

_____

_____

_____

• 대학 전공이 있다면 무엇입니까?

_____

_____

_____

• 졸업 후에는 무엇을 하고 싶나요?

_____

_____

_____

인구통계, 학업, 의료 및 사회 발달 정보 양식(2/4쪽)

당신은 다음과 같은 질환을 진단받았거나 해당 질환이 있다는 말을 들은 적이 있습니까? 그렇다면, 이런 상태가 처음 발생한 날짜를 기재하십시오.

진단	아니요	네	설명, 날짜
뇌졸증			
암 또는 종양			
다발성 경화증			
뇌진탕을 포함한 외상성 뇌 손상 진동			
외상 후 스트레스 장애(PTSD)			
간질			
주의력 결핍 장애 또는 주의력 결핍/과잉행동 장애			
학습 장애: 그렇다면 어떤 종류입니까?			
지적 장애			
자폐 스펙트럼 장애			
기타 신경학적 문제			
기타 신체적 문제(예: 이동성, 시력, 청각)			

■ 임상적 우울증, 불안, 스트레스 장애, 양극성 장애 또는 기타 정신 건강 진단을 받은 적이 있습니까?

(표시) 예   아니요

• 그렇다면 설명하십시오: _____

_____

■ 현재 복용하고 있는 약을 모두 나열하십시오.

_____인하여 _____

_____인하여 _____

_____인하여 _____

_____인하여 _____

인구통계, 학업, 의료 및 사회 발달 정보 양식(3/4쪽)

사회 발달 정보

■ 취미 생활이 무엇입니까? _____

_____

   • 이러한 활동을 다른 사람들과 함께합니까? (표시)   예   아니요

    설명: _____

■ 일주일에 몇 번이나 친구들과 함께 모이나요? _____

■ 일주일에 몇 번이나 가족과 함께 모이나요? _____

■ 고등학교 친구들과 계속 연락하시나요? (표시)   예   아니요

   • 이것이 당신에게 얼마나 중요한지 또는 중요하지 않은지 설명하십시오: _____

_____

■ 합창단, 운동 경기, 체스, 비영리 단체 등과 같은 캠퍼스 안팎의 모임이나 동호회에 참가하고 있습니까?
(표시)   예   아니요

   • 그렇다면 어떤 종류입니까? _____

_____

■ 친구나 가족과 연락을 유지하기 위해 소셜 미디어를 사용하십니까? (표시) 예   아니요

   • 그렇다면, 하루에 몇 번이나 소셜 미디어를 이용하시나요? _____

   • 소셜 미디어 사이트에서 시간을 보내는 것이 다른 일을 하는 데 방해가 된 적이 있습니까? (표시)   예   아니요

    그렇다면 설명하십시오: _____

■ 당신은 술을 마십니까? (표시) 예   아니요

   • 그렇다면, 얼마나 자주 술을 마시나요? _____

   • 알코올 남용에 대한 재활이나 도움을 받은 적이 있습니까? (표시) 예   아니요

    그렇다면 설명하십시오: _____

■ 기분전환용 약물이나 기타 약물을 사용하십니까? (표시) 예   아니요

   • 그렇다면, 얼마나 자주 사용하십니까? _____

   • 약물 남용으로 인해 재활이나 도움을 받은 적이 있습니까? (표시) 예   아니요

    그렇다면 설명하십시오: _____

인구통계, 학업, 의료 및 사회 발달 정보 양식(4/4쪽)

TBI(뇌진탕 포함), 뇌졸중, 다발성 경화증, PTSD 또는 기타 후천적 부상을 앓은 학생을 위한 추가 질문

- 의식을 잃은 적이 있나요? (표시) 예   아니요
  - 그렇다면 얼마나 오랫동안이었나요? _____
  _____

- 병원에 입원하신 적이 있나요? (표시) 예   아니요
  - 그렇다면 얼마나 오랫동안이었나요? _____
  _____

- 입원환자로, 아니면 외래환자로 재활치료를 받으셨나요? (표시) 예   아니요
  - 그렇다면 얼마나 오랫동안이었나요? _____
  _____

- 이 일이 발생하기 전에 대학에 다녔습니까? (표시) 예   아니요
  - 그렇다면, 어느 정도로 학기를 마치셨나요? _____
  - 대학으로 돌아오셨나요? (표시) 예   아니요
  - 대학에 복귀하기 전에 휴학하였습니까? (표시) 예   아니요
  그렇다면 몇 번이나 휴학하셨나요? _____

- 이 일이 일어났을 때 당신은 일하고 있었나요? (표시) 예   아니요
  - 그렇다면 어떤 종류의 일(직장)입니까? _____
  - 일(직장)을 쉬었나요? (표시) 예   아니요
  그렇다면 설명하십시오: _____
  - 일(직장)에 복귀하셨나요? (표시) 예   아니요
  - 그렇다면, 동일한 일을 하고 동일한 급여를 받고 있습니까? (표시) 예   아니요
  그렇다면 설명하십시오: _____

양식 5-4	기타 장애가 있는 학생을 위한 대학 설문 조사(CSS-OD)(1/5쪽)

이름: _____   날짜: _____

코치: _____

지침 최선을 다해 이 양식을 작성해 주십시오. 코치도 함께 검토할 것입니다.

I. 인구통계

- 생일: _____ / _____ / _____
- 성별: (표시)　여성　　남성
- 현재 대학에 재학 중이신가요? (표시) 예　아니요
- 그렇다면, 대학을 몇 년이나 다녔습니까? (표시)　1　2　3　4　5　6　7+
- 언제 대학에 입학하셨나요? 날짜를 입력하세요: _____

II. 장애 유형

당신은 어떤 유형의 장애를 앓고 있으며, 발견 당시 당신의 나이는 몇 살이었습니까? 답에 표시하세요. 그렇다면, 몇 살 때입니까?					
주의력 결핍 장애 혹은 주의력 결핍/과잉행동 장애	네	아니요	0~11	12~17	18+
학습 장애: 일기 및/혹은 쓰기	네	아니요	0~11	12~17	18+
학습 장애: 수학 및/혹은 공간 관계	네	아니요	0~11	12~17	18+
지적 장애	네	아니요	0~11	12~17	18+
자폐 스펙트럼 장애	네	아니요	0~11	12~17	18+
기타(구체적으로)	네	아니요	0~11	12~17	18+

기타 장애가 있는 학생을 위한 대학 설문 조사(CSS-OD)(2/5쪽)

III. 다른 요인들

해당하는 항목을 모두 표시하고 각 증상에 대한 치료를 받은 적이 있는지 표시하십시오.		
	치료 효과를 경험함	치료 효과를 경험하지 못함
결정을 내리는 데 문제가 있음		
관계의 어려움		
신체 장애: 팔/손(글쓰기 등)		
기분 변화		
분노		
신체 장애: 다리(걷기 등)		
약물/알코올 남용		
기억 문제		
현기증		
두통		
주의력 문제		
피로감		
조직화 문제		
우울증		
우정을 유지하기 어려움		
신체 장애: 시력		
공부, 숙제, 시험 등 학업에 어려움이 있음		
신체 장애: 청각		
기타(구체적으로):		

IV. 장애에 대한 지원 또는 치료법

다음 중 당신이 경험한 것은 무엇입니까? 답에 표시하십시오.			
심리상담	없음	과거(완료)	진행 중/현재
물리 치료	없음	과거(완료)	진행 중/현재
언어 치료	없음	과거(완료)	진행 중/현재
작업 치료	없음	과거(완료)	진행 중/현재
또래 지원 그룹	없음	과거(완료)	진행 중/현재

기타 장애가 있는 학생을 위한 대학 설문 조사(CSS-OD)(3/5쪽)

다음 중 당신이 경험한 것은 무엇입니까? 답에 표시하십시오.			
직업상담	없음	과거(완료)	진행 중/현재
학교 내 편의 조치	없음	과거(완료)	진행 중/현재
어떤 종류의 편의 조치를 이용하셨나요?			
초, 중, 고등학교 특수교육	없음	과거(완료)	진행 중/현재
당신은 어떤 특수교육을 받았습니까?			

V. 학생 경험

당신은 학생 시절의 경험에 관한 다음의 각 진술에 어느 정도 동의하십니까? 만약에 대학을 다녔다면 대학을 다닌 이후의 경험을 생각해 보십시오.	전혀 그렇지 않다	그렇지 않다	어느 것도 아니다	그렇다	항상 그렇다
나는 해야 할 일을 미루곤 한다.					
나는 공부할 때 압도된다.					
나는 수업 시간에 압도된다.					
나는 시험 전에 긴장한다.					
나는 시간을 관리하는 데 어려움을 겪는다.					
나는 수업에 지각한다.					
마감일을 맞추는 데 어려움이 있다.					
과제의 우선순위를 정하는 데 문제가 있다.					
다른 사람들은 내 문제를 이해하지 못한다.					
수업 시간에 들은 내용을 잊어버린다.					
나는 생각했던 것보다 친구가 적다.					
나는 항상 과제에 대한 지시 사항을 이해하지 못한다.					
나는 공부하는 동안 주의가 산만해진다.					
생각보다 자료를 더 많이 검토해야 한다.					
나는 수업 시간에 주의가 산만해진다.					
큰 프로젝트를 시작하는 방법을 모른다.					
내가 제출하는 과제는 지저분하거나 체계적이지 못하다.					
나는 그룹으로 일할 때 참을성이 없다.					

기타 장애가 있는 학생을 위한 대학 설문 조사(CSS-OD)(4/5쪽)

당신은 학생 시절의 경험에 관한 다음의 각 진술에 어느 정도 동의하십니까? 만약에 대학을 다닌다면 대학에 다닌 이후의 경험을 생각해 보십시오.	전혀 그렇지 않다	그렇지 않다	어느 것도 아니다	그렇다	항상 그렇다
나는 교과서에서 읽은 내용을 이해하는 데 어려움을 겪는다.					
나는 쉽게 좌절감을 느낀다.					
나는 친구나 가족이 나에게 말한 것을 잊어버린다.					
나는 상황과 관계없이 내 생각을 말하는 편이다.					
나는 내가 하겠다고 말한 일을 제대로 이행하는 데 어려움을 겪는다.					
나는 내가 원하는 만큼 친구들과 어울리지 못한다.					
비슷한 장애가 있는 다른 학생들을 만나는 데 관심이 있습니까? (표시) 예 아니요					
이러한 장애가 있는 대학생과 협력하기 위해 전문가의 도움을 받는 데 관심이 있습니까? (표시) 예 아니요					

VI. 당신의 서비스 이용

대학을 다닌다면 이러한 서비스를 어느 정도 이용했는지 표시해 주십시오.	알지 못했음	알기는 했지만 사용 안 함	한 번	때때로	자주	항상
캠퍼스 장애인 서비스						
캠퍼스 참전 용사 서비스						
캠퍼스 상담 서비스						
캠퍼스 의료 서비스						
장애 학생을 위한 캠퍼스 그룹						
캠퍼스 튜터링 또는 학습 센터						
자치단체 직업 재활 서비스						
지역사회 기반 서비스						
당신이 받은 기타 서비스를 명시하십시오:						

기타 장애가 있는 학생을 위한 대학 설문 조사(CSS-OD)(5/5쪽)

VII. 평가 서비스

최소한 한 번 이상 사용한 서비스에 대해 해당 서비스가 얼마나 유용했는지 표시해 주십시오.					
	완전히 쓸모없는	별로 쓸모없는	약간 유용한	매우 유용한	해당 없음
캠퍼스 장애인 서비스					
캠퍼스 참전 용사 서비스					
캠퍼스 상담 서비스					
캠퍼스 의료 서비스					
장애 학생을 위한 캠퍼스 그룹					
캠퍼스 개인 교습 또는 학술 센터					
자치단체 직업 재활 서비스					
지역사회 기반 서비스					
당신이 받은 기타 서비스를 명시하십시오:					

VIII. 삶의 변화

장애로 인하여 당신의 인생 계획, 목표, 업무 상황 등에 어떤 변화가 있었는지 표시해 주십시오. 아직 대학 경험이 없어도 다음 질문에 최선을 다해 대답해 주십시오.	
어떤 대학이나 대학교에 편입하셨나요? 그렇다면 어디에서 어디로 편입하셨나요?	표시: 예 / 아니요 설명:
전공을 바꾸셨나요? 그렇다면 무엇이 바뀌었나요?	표시: 예 / 아니요 설명:
학업 상태를 변경했습니까(예: 전일제 vs. 시간제)? 그렇다면 무엇이 바뀌었나요?	표시: 예 / 아니요 설명:
경력의 목표를 변경하셨나요? 그렇다면 무엇이 바뀌었나요?	표시: 예 / 아니요 설명:
사는 곳이 바뀌었나요? 그렇다면 무엇이 바뀌었나요?	표시: 예 / 아니요 설명:
현재 직장을 바꾸셨나요? 그렇다면 무엇이 바뀌었나요?	표시: 예 / 아니요 설명:
기타 의견:	

양식 5-5

뇌 손상 학생을 위한 대학 설문 조사
(College Survey for Students with Brain Injury: CSS-BI)(1/6쪽)

이름: _____ 날짜: _____

코치: _____

지침 최선을 다해 이 양식을 작성해 주십시오. 코치도 함께 검토할 것입니다.

I. 인구통계

- 다음을 입력하세요: (월/ 일/ 연도)
- 생일 _____ / _____ /
- 뇌 손상 날짜(확실하지 않은 경우 추정) _____ / _____ /
- 성별: (표시) 여성 남성
- 현재 대학에 재학 중이신가요? (표시) 예 아니요
- 대학을 몇 년에 걸쳐 졸업하셨나요? (표시) 1 2 3 4 5 6 7+
- 당신은 몇 년 동안 대학에 다녔습니까? (예: 2000~2004년, 2014년~현재) _____

II. 뇌 손상의 유형

당신은 어떤 유형의 뇌 손상을 겪고 있으며, 각각이 발생했을 때 당신의 나이는 몇 살이었습니까? 답에 표시하십시오.					
	이런 부상이 있었나요?		그렇다면, 몇 살 때입니까?		
외상성 뇌 손상(TBI)	예	아니요	0~11	12~17	18+
뇌출혈	예	아니요	0~11	12~17	18+
뇌종양	예	아니요	0~11	12~17	18+
다발성 경화증(MS)	예	아니요	0~11	12~17	18+
파킨슨 병(PD)	예	아니요	0~11	12~17	18+
뇌염	예	아니요	0~11	12~17	18+
기타(구체적으로 기재)	예	아니요	0~11	12~17	18+

Mary R. T. Kennedy 및 Miriam O. Krause(2009)의 허가를 받아 재인쇄되었음.

뇌 손상 학생을 위한 대학 설문 조사
(College Survey for Students with Brain Injury: CSS-BI)(2/6쪽)

III. 부상의 역사

다음 질문의 답에 표시하십시오.		
	예 / 아니요 / 잘 모름	예인 경우 대략 얼마 동안이었나요?
부상을 당한 후 병원에 입원하셨나요?	예 / 아니요 / 잘 모름	학기: 1 2 3 4 요일: 1 2 3 4 5 6 주: 1 2 3 달: 1 2 3 4 5 6 7 8 9 10 11 년: 현재 지속 중, N/A, 기타
부상 후 의식이 없거나 혼수상태에 있었습니까?	예 / 아니요 / 잘 모름	학기: 1 2 3 4 요일: 1 2 3 4 5 6 주: 1 2 3 달: 1 2 3 4 5 6 7 8 9 10 11 년: 현재 지속 중, N/A, 기타
부상 후 치료나 재활을 받고 있습니까?	예 / 아니요 / 잘 모름	학기: 1 2 3 4 요일: 1 2 3 4 5 6 주: 1 2 3 달: 1 2 3 4 5 6 7 8 9 10 11 년: 현재 지속 중, N/A, 기타
부상을 입은 후 직장이나 학교를 쉬었습니까?	예 / 아니요 / 잘 모름	학기: 1 2 3 4 요일: 1 2 3 4 5 6 주: 1 2 3 달: 1 2 3 4 5 6 7 8 9 10 11 년: 현재 지속 중, N/A, 기타
뇌 손상이 주요 장애입니까? (지속 기간)	예 / 아니요 / 잘 모름	학기: 1 2 3 4 요일: 1 2 3 4 5 6 주: 1 2 3 달: 1 2 3 4 5 6 7 8 9 10 11 년: 현재 지속 중, N/A, 기타
지속 기간에서 기타를 언급한 경우 여기에 설명하십시오:		

뇌 손상 학생을 위한 대학 설문 조사
(College Survey for Students with Brain Injury: CSS-BI)(3/6쪽)

IV. 뇌 손상의 영향

뇌 손상으로 인해 어떤 영향이 있었습니까? 해당하는 사항을 모두 표시하고 해당 여부를 표시해 주십시오.	영향을 경험했음	각 영향에 대해 치료를 받은 적이 있음
공부, 숙제, 시험 등 학업에 어려움이 있음		
결정을 내리는 데 문제가 있음		
관계의 어려움		
신체 장애: 팔/손(글쓰기 등)		
기분 변화		
분노		
신체 장애: 다리(예: 걷기)		
약물/알코올 남용		
기억 문제		
현기증		
두통		
주의력 문제		
피로		
조직화 문제		
우울증		
우정을 유지하기 어려움		
기타(구체적으로):		

V. 뇌 손상에 대한 지원 혹은 치료

다음 중 뇌 손상으로 인해 받은 치료법은 무엇입니까? 답에 표시하십시오.			
심리상담	없음	과거(완료)	진행 중/현재
물리 치료	없음	과거(완료)	진행 중/현재
언어 치료	없음	과거(완료)	진행 중/현재
작업 치료	없음	과거(완료)	진행 중/현재
지원그룹	없음	과거(완료)	진행 중/현재
직업상담	없음	과거(완료)	진행 중/현재
다른 경우 구체적으로 기술하십시오.			

뇌 손상 학생을 위한 대학 설문 조사
(College Survey for Students with Brain Injury: CSS-BI)(4/6쪽)

VI. 학생 경험

뇌 손상 이후 대학생으로서의 경험에 대한 다음 각 진술에 어느 정도 동의하십니까?					
	전혀 그렇지 않다	그렇지 않다	어느 것도 아니다	그렇다	항상 그렇다
나는 해야 할 일을 미루곤 한다.					
나는 공부할 때 압도된다.					
나는 수업 시간에 압도된다.					
나는 시험 전에는 긴장한다.					
나는 시간을 관리하는 데 어려움을 겪는다.					
나는 수업에 지각한다.					
과제의 우선순위를 정하고 마감일을 맞추는 데 어려움을 겪는다.					
다른 사람들은 내 문제를 이해하지 못한다.					
수업 시간에 들은 내용을 잊어버린다.					
이전보다 친구가 적어졌다.					
나는 과제에 대한 지시 사항을 항상 이해하지 못한다.					
나는 수업 시간이나 공부하는 동안 주의를 집중하는 데 어려움을 겪는다.					
예전보다 자료를 더 많이 검토해야 한다.					
뇌 손상을 입은 다른 학생들을 만나는 데 관심이 있습니까? (표시) 예 또는 아니요					
뇌 손상에 대한 교육 전문가의 도움을 받는 데 관심이 있으십니까? (표시) 예 또는 아니요					

VII. 당신의 서비스 이용

당신은 대학 재학 이후(또는 재학 중) 뇌 손상으로 인해 다음 서비스를 이용하셨습니까?					
	알지 못했음	알기는 했지만 사용 안 함	한 번	때때로	자주	항상
캠퍼스 장애인 서비스					
캠퍼스 참전 용사 서비스					
캠퍼스 상담 서비스					
캠퍼스 의료 서비스					
장애 학생을 위한 캠퍼스 그룹					
뇌 손상협회					
자치단체 직업 재활 서비스					
기타 병원 또는 재활 서비스					
다른 경우 명시하십시오. 아니면 여기에 다른 의견을 적어 주십시오:					

뇌 손상 학생을 위한 대학 설문 조사
(College Survey for Students with Brain Injury: CSS-BI)(5/6쪽)

VIII. 평가 서비스

한 번 이상 사용한 서비스에 대해 해당 서비스가 얼마나 유용했는지 표시해 주십시오.					
	완전히 쓸모없는	별로 쓸모없는	약간 유용한	매우 유용한	해당 없음
캠퍼스 장애인 서비스					
캠퍼스 참전 용사 서비스					
캠퍼스 상담 서비스					
캠퍼스 의료 서비스					
장애 학생을 위한 캠퍼스 그룹					
뇌 손상협회					
자치단체 직업 재활 서비스					
기타 병원 또는 재활 서비스					
다른 경우 명시하십시오. 아니면 여기에 다른 의견을 적어 주십시오:					

뇌 손상 학생을 위한 대학 설문 조사
(College Survey for Students with Brain Injury: CSS-BI)(6/6쪽)

IX. 삶의 변화

뇌 손상 이후 인생 계획, 목표, 업무 상황 등에 어떤 변화가 있었는지 확인하십시오.	
어떤 대학이나 대학교에 편입하셨나요? 그렇다면 어디에서 어디로 편입하셨나요?	표시: 예 / 아니요 설명:
전공을 바꾸셨나요? 그렇다면 무엇이 바뀌었나요?	표시: 예 / 아니요 설명:
학업 상태를 변경했습니까(예: 전일제 vs. 시간제)? 그렇다면 무엇이 바뀌었나요?	표시: 예 / 아니요 설명:
경력의 목표를 변경하셨나요? 그렇다면 무엇이 바뀌었나요?	표시: 예 / 아니요 설명:
사는 곳이 바뀌었나요? 그렇다면 무엇이 바뀌었나요?	표시: 예 / 아니요 설명:
현재 직장을 바꾸셨나요? 그렇다면 무엇이 바뀌었나요?	표시: 예 / 아니요 설명:
기타 의견:	

양식 5-6   **뇌진탕 학생을 위한 대학 설문 조사(CSS-C)(1/7쪽)**

이름: _____   날짜: _____

면접관: _____

I. 인구통계

- 나이:

- 성별: (표시) 여성   남성

- 현재 대학에 재학 중이신가요? (표시) 예   아니요

- 대학에서 대략 몇 학점을 이수하셨나요? 오래전에 대학을 다녔다면, 졸업하셨나요? 그렇지 않다면 몇 학점까지 이수하셨나요?

- 몇 년도에 대학에 등록하셨나요? (예: 2000~2004년, 2006년~현재) _____

II. 뇌진탕

1. 뇌진탕을 겪은 적이 있나요? (표시) 예   아니요

2. 운동으로 인한 부상이었나요? 예   아니요

3. 그렇다면, 어떤 스포츠에서 부상을 입었나요? _____

4. 그렇지 않은 경우, 부상을 어떻게 입었는지 기술하여 주십시오: _____

5. 부상을 당한 날짜를 기재하십시오: _____

6. 당신은 스포츠에 복귀할 수 있다는 승인을 받았습니까? 오래전 일이라면 다시 그 스포츠를 할 수 있다는 허락을 받았습니까? (표시) 예   아니요   해당사항 없음

    - 그렇다면 얼마나 오래전입니까? _____

7. 당신의 학교에는 뇌진탕/부상을 입은 학생 운동선수가 스포츠에 복귀할 수 있도록 지원하기 위한 서면 계획/절차가 있습니까? (표시) 예   아니요   모르겠다   해당사항 없음

8. 뇌진탕 이후 다른 유형의 부상(예: 골절, 힘줄 찢어짐)을 겪은 적이 있습니까? 그렇다면 설명해 주십시오.

    - 아니요인 경우 해당 없음으로 응답하십시오: _____

뇌진탕 학생을 위한 대학 설문 조사(CSS-C)(2/7쪽)

III. 장애 유형

어떤 유형의 부상 및/또는 장애가 있으며, 각각이 발생했을 때 당신의 나이는 몇 살이었습니까? 답에 표시하십시오.				
	이런 부상이 있었나요?		그렇다면, 몇 살 때입니까?	
한번의 뇌진탕	예 아니요		0~11 12~17 18+	
과거 뇌진탕	예 아니요		0~11 12~17 18+	
뇌출혈	예 아니요		0~11 12~17 18+	
뇌종양	예 아니요		0~11 12~17 18+	
다발성 경화증(MS)	예 아니요		0~11 12~17 18+	
파킨슨병	예 아니요		0~11 12~17 18+	
뇌염	예 아니요		0~11 12~17 18+	
근골격 부상(예: 부러진 뼈, ACL 찢어짐)	예 아니요		0~11 12~17 18+	
근골격계 손상이라면 어떤 유형인가요?				

IV. 부상의 역사

다음 질문에 답하세요. 답에 동그라미를 치십시오.		
	예 / 아니요 / 모르겠다	만약 그렇다면 대략 얼마나 됩니까?
부상으로 인하여 병원에 갔었나요?	예 / 아니요 / 모르겠다	학기: 1 2 3 4 요일: 1 2 3 4 5 6 주: 1 2 3 달: 1 2 3 4 5 6 7 8 9 10 11 년: 진행 중, 해당 없음, 기타
부상으로 인하여 병원에 입원하셨나요?	예 / 아니요 / 모르겠다	학기: 1 2 3 4 요일: 1 2 3 4 5 6 주: 1 2 3 달: 1 2 3 4 5 6 7 8 9 10 11 년: 진행 중, 해당 없음, 기타
부상 후 의식이 없거나 혼수상태에 빠졌나요?	예 / 아니요 / 모르겠다	학기: 1 2 3 4 요일: 1 2 3 4 5 6 주: 1 2 3 달: 1 2 3 4 5 6 7 8 9 10 11 년: 진행 중, 해당 없음, 기타

뇌진탕 학생을 위한 대학 설문 조사(CSS-C)(3/7쪽)

	예 / 아니요 / 모르겠다	만약 그렇다면 대략 얼마나 됩니까?
당신은 부상을 당한 후 치료나 재활을 받고 있습니까?	예 / 아니요 / 모르겠다	학기: 1 2 3 4 요일: 1 2 3 4 5 6 주: 1 2 3 달: 1 2 3 4 5 6 7 8 9 10 11 년: 진행 중,　해당 없음,　기타
당신은 부상을 당한 후 직장이나 학교를 쉬었습니까?	예 / 아니요 / 모르겠다	학기: 1 2 3 4 요일: 1 2 3 4 5 6 주: 1 2 3 달: 1 2 3 4 5 6 7 8 9 10 11 년: 진행 중,　해당 없음,　기타
학교로 돌아갈 수 있다는 허가를 받았나요?	예 / 아니요 / 모르겠다	학기: 1 2 3 4 요일: 1 2 3 4 5 6 주: 1 2 3 달: 1 2 3 4 5 6 7 8 9 10 11 년: 진행 중,　해당 없음,　기타
학교 복귀와 관련해 구체적인 지시를 받았나요?	예 / 아니요 / 모르겠다	학기: 1 2 3 4 요일: 1 2 3 4 5 6 주: 1 2 3 달: 1 2 3 4 5 6 7 8 9 10 11 년: 진행 중,　해당 없음,　기타
학교 복귀에 관해 구체적인 지시를 받은 경우, 이를 따랐습니까?	예 / 아니요 / 모르겠다	학기: 1 2 3 4 요일: 1 2 3 4 5 6 주: 1 2 3 달: 1 2 3 4 5 6 7 8 9 10 11 년: 진행 중,　해당 없음,　기타
학교에 복귀했을 때 부상을 입었다는 사실을 강사에게 알렸습니까?	예 / 아니요 / 모르겠다	학기: 1 2 3 4 요일: 1 2 3 4 5 6 주: 1 2 3 달: 1 2 3 4 5 6 7 8 9 10 11 년: 진행 중,　해당 없음,　기타
기타 다른 기간 입원했을 경우 여기에 기술하십시오:		

뇌진탕 학생을 위한 대학 설문 조사(CSS-C)(4/7쪽)

V. 부상의 영향

대학 수업으로 복귀하는 데 있어 가장 우려되는 점이 있다면 표시해 주십시오.		
성적	예	아니요
학습 능력	예	아니요
공부의 양	예	아니요
두통	예	아니요
스포츠 복귀	예	아니요
피로	예	아니요
기타	예	아니요
다른 경우가 있다면 기술하십시오:		

- 부상으로 인해 대학 학점이나 수강 과목을 줄였습니까? (표시)   예   아니요   모른다

부상으로 인해 어떤 영향을 받았나요? 해당되는 항목을 모두 표시하고 각 부상에 대해 치료를 받았는지 여부를 표시하십시오.		
	영향을 경험함	이에 대한 치료를 받았음
공부, 숙제, 시험 등 학업의 어려움		
의사결정의 어려움		
가족 등 대인관계의 어려움		
신체적 문제: 팔/손(글쓰기 등)		
기분 변화 및/또는 변동		
분노		
신체적 문제: 다리(걷기 등)		
약물/알코올 남용		
학교 및/또는 집에서 할 일을 기억하는 데 어려움이 있음		
현기증		
두통		
주의력 문제		
피로		
무질서함		
우울증 또는 기분 저하		
우정을 유지하기 어려움		
특히 밝은 조명에 대한 감광도		
메스꺼움		
소음 민감도		
기타(구체적으로):		

뇌진탕 학생을 위한 대학 설문 조사(CSS-C)(5/7쪽)

VI. 부상에 대한 지원 또는 치료

다음 중 뇌진탕으로 인해 받은 치료/지원 서비스는 무엇입니까? 답에 표시하시오.			
심리상담	없음	과거(완료)	진행 중/현재
물리 치료	없음	과거(완료)	진행 중/현재
언어 치료	없음	과거(완료)	진행 중/현재
작업 치료	없음	과거(완료)	진행 중/현재
지원그룹	없음	과거(완료)	진행 중/현재
직업상담	없음	과거(완료)	진행 중/현재
다른 경우 기술하시오:			

VII. 학생 경험

최근 뇌진탕 이후 대학생으로서의 경험에 대한 다음 진술에 어느 정도 동의하십니까?	전혀 그렇지 않다	그렇지 않다	어느 것도 아니다	그렇다	항상 그렇다
수업시간에 들은 내용을 잊어버린다.					
나는 공부할 때 압도된다.					
나는 수업시간에 압도된다.					
나는 시험 전에는 긴장한다.					
나는 시간을 관리하는 데 어려움을 겪는다.					
나는 수업에 지각한다.					
과제의 우선순위를 정하고 마감일을 맞추는 데 어려움을 겪는다.					
다른 사람들은 내 문제를 이해하지 못한다.					
나는 해야 할 일을 미루곤 한다.					
나는 예전보다 내 자료를 더 많이 검토해야 한다.					
나는 과제에 대한 지시 사항을 항상 이해하지 못한다.					
나는 책이나 잡지를 읽는 데 어려움을 겪는다.					
나는 수업 시간에 집중하는 데 어려움을 겪는다.					
나는 공부하는 동안 주의를 집중하는 데 어려움을 겪는다.					
컴퓨터나 기타 모바일 장치에서 작업하는 데 문제가 있다.					
부상을 당하기 전만큼 오랫동안 공부를 할 수 없다.					
책을 읽거나 쓸 때 머리가 아프다.					
나는 부상을 당하기 전보다 친구가 적다.					
다른 경우 구체적으로 기술하십시오.					
뇌진탕을 앓고 있는 다른 학생들을 만나는 데 관심이 있습니까? (표시) 예 아니요					
뇌진탕을 앓고 있는 대학생과 협력할 때 전문가의 도움을 받는 데 관심이 있습니까? (표시) 예 아니요					

뇌진탕 학생을 위한 대학 설문 조사(CSS-C)(6/7쪽)

VIII. 당신의 서비스 이용

뇌진탕 이후 대학에 다닐 때(또는 재학 중일 때) 뇌진탕과 관련된 문제로 인해 다음 서비스를 이용하셨습니까?						
	알지 못했음	알기는 했지만 사용 안 함	한 번	때때로	자주	항상
캠퍼스 장애인 서비스						
캠퍼스 참전 용사 서비스						
캠퍼스 상담 서비스						
캠퍼스 의료 서비스						
장애 학생을 위한 캠퍼스 그룹						
뇌손상 협회						
자치단체 직업 재활 서비스						
기타 병원 또는 재활 서비스						

뇌진탕 학생을 위한 대학 설문 조사(CSS-C)(7/7쪽)

IX. 평가 서비스

한 번 이상 사용한 서비스에 대해 해당 서비스가 얼마나 유용했는지 표시해 주십시오.					
	완전히 쓸모없는	별로 쓸모없는	약간 유용한	매우 유용한	해당 없음
캠퍼스 장애인 서비스					
캠퍼스 참전 용사 서비스					
캠퍼스 상담 서비스					
캠퍼스 의료 서비스					
장애 학생을 위한 캠퍼스 그룹					
뇌손상 협회					
자치단체 직업 재활 서비스					
기타 병원 또는 재활 서비스					
당신이 받은 기타 서비스를 명시하십시오:					

X. 삶의 변화

부상으로 인해 인생 계획, 목표, 업무 상황 등에 어떤 변화가 있었는지 표시해 주십시오.	
어떤 대학이나 대학교에 편입하셨나요? 그렇다면 어디에서 어디로 편입하셨나요?	표시: 예 / 아니요
	설명:
전공을 바꾸셨나요? 그렇다면 무엇이 바뀌었나요?	표시: 예 / 아니요
	설명:
학업 상태를 변경했습니까(예: 전일제 vs. 시간제)? 그렇다면 무엇이 바뀌었나요?	표시: 예 / 아니요
	설명:
진로의 목표를 변경하셨나요? 그렇다면 무엇이 바뀌었나요?	표시: 예 / 아니요
	설명:
사는 곳이 바뀌었나요? 그렇다면 무엇이 바뀌었나요?	표시: 예 / 아니요
	설명:
현재 직장을 바꾸셨나요? 그렇다면 무엇이 바뀌었나요?	표시: 예 / 아니요
	설명:
기타 의견:	

양식 5-7　중요도 평가 및 후속 질문이 포함된 CSS-OD, CSS-BI 및 CSS-C의 학문적 진술서

지침

1. [양식 5-4, 5-5, 5-6]에 나열된 학업 과제에 대한 학생들의 답변을 기록합니다.

2. 학생들에게 다음 1~5점 척도를 사용하여 각 항목의 중요성을 평가하도록 요청합니다.
   - 1 = 전혀 중요하지 않음　　　　　4 = 중요함
   - 2 = 중요하지 않음　　　　　　　5 = 매우 중요함
   - 3 = 이것이 얼마나 중요한지 불확실함

3. 학생들에게 어떤 일이 일어나는지, 그들이 전략을 사용하고 있는지, 자신의 전략이 효과가 있다고 생각하는지 설명할 수 있는 기회를 제공하는 면밀한 인터뷰 질문을 계속 진행합니다.

4. 학생들이 동의한 어려움에 대한 도전(4점 또는 5점 평가)을 고려하십시오. 그런 다음 학생들에게 도전 과제의 중요성을 고려하십시오(4점 또는 5점 평가). 높은 평가를 받은 학생, 즉 구체적인 어려움에 동의하는 학생은 중요도 평가를 더 자세히 탐색하도록 요청받아야 하며, 학생에게 매우 중요하다면, 코치와 학생은 이러한 영역을 즉시 목표로 삼을 수 있습니다(즉, 이러한 영역은 즉각적인 근접 목표가 됩니다).

5. 학생들에게 [양식 5-4], [양식 5-5] 및 [양식 5-6]에서 범주별로 도전 과제를 강조 표시하도록 요청하십시오. 이 조직화를 사용하여 해결해야 할 구체적인 과제와 영역에 대해 논의하십시오.

6. 이 양식은 학기 또는 학년 초에 사용할 수 있으며 학기 또는 학년 말에도 다시 사용할 수 있습니다.
   a. 시간에 따른 평가 비교는 학생들의 인식이 향상되었다는 증거로 사용될 수 있습니다.
   b. 학생들이 더 많은 전략과 다양한 전략을 사용한다고 보고할 때, 이는 다른 긍정적인 결과와의 조합(예: 장기간 공부할 수 있게 되거나 시험 성적이 향상되는 것)보다 깊은 인식으로 중단될 수 있습니다.

7. 동의 평가는 1(매우 동의하지 않음)부터 5(매우 동의함)까지입니다. 중요도 평가는 1(매우 중요하지 않음)부터 5(매우 중요)까지입니다. 영역에는 학습 및 학업(LS), 관리 및 조직화(MO), 사회적 옹호(SA), 스트레스(ST)가 있습니다.

CSS-OD의 학문적 진술서(1/2쪽)

진술	동의 평가 (1~5)	중요도 평가 (1~5)	영역 MO, LS, SA, ST	면접 질문: 이런 일이 발생하면 어떻게 하시나요? 이를 바꾸기 위해 시도한 것이 있나요? 어떤 전략을 사용하시나요?
나는 해야 할 일을 미루곤 한다.			MO	
나는 공부할 때 압도된다.			LS	
나는 수업시간에 압도당한다.			NS, LS	
나는 시험 전에는 긴장한다.			NS	
나는 시간을 관리하는 데 어려움을 겪는다.			MO	
나는 수업에 지각한다.			MO	
마감일을 맞추는 데 어려움이 있다.			MO	
과제의 우선순위를 정하는 데 문제가 있다.			MO	
다른 사람들은 내 문제를 이해하지 못한다.			SA	
수업시간에 들은 내용을 잊어버린다.			LS	
나는 생각보다 친구가 적다.			SA	

〈계속〉

CSS-OD의 학문적 진술서(2/2쪽)

진술	동의 평가(1~5)	중요도 평가 (1~5)	영역 MO, LS, SA, ST	면접 질문: 이런 일이 발생하면 어떻게 하시나요? 이를 바꾸기 위해 시도한 것이 있나요? 어떤 전략을 사용하시나요?
나는 과제에 대한 지시 사항을 항상 이해하지 못한다.			LS	
나는 공부하는 동안 주의가 산만해진다.			LS	
생각보다 자료를 더 많이 검토해야 한다.			LS	
나는 수업 시간에 주의가 산만해진다.			LS	
대규모 프로젝트를 시작하는 방법을 모르겠다.			MO	
내가 제출하는 과제가 지저분하거나 체계적이지 않다.			MO	
나는 그룹으로 일할 때 참을성이 없다.			NS	
나는 교과서에서 읽은 내용을 이해하는 데 어려움을 겪는다.			LS	
나는 쉽게 좌절감을 느낀다.			NS	
나는 친구나 가족이 나에게 말한 것을 잊어버린다.			LS	
나는 상황과 관계없이 내 생각을 말하는 편이다.			NS, SA	
나는 내가 하겠다고 말한 일을 제대로 이행하는 데 어려움을 겪는다.			MO	
나는 내가 원하는 만큼 친구들과 어울리지 못한다.			SA	

CSS-B의 학문적 진술서

진술	동의 평가 (1~5)	중요도 평가 (1~5)	영역 MO, LS, SA, ST	면접 질문: 이런 일이 발생하면 어떻게 하시나요? 이를 바꾸기 위해 시도한 것이 있나요? 어떤 전략을 사용하시나요?
예전보다 자료를 더 많이 검토해야 한다.			LS	
전보다 친구가 적어졌다.			SA	
과제의 우선순위를 정하고 마감일을 맞추는 데 어려움을 겪는다.			MO, LS	
나는 해야 할 일을 미루곤 한다.			MO	
나는 시간을 관리하는 데 어려움을 겪는다.			MO	
나는 수업에 지각한다.			MO	
나는 수업 시간이나 공부할 때 주의를 집중하는 데 어려움을 겪는다.			MO, LS	
나는 과제에 대한 지시 사항을 항상 이해하지 못한다.			LS	
다른 사람들은 내 문제를 이해하지 못한다.			SA	
나는 공부할 때 압도된다.			NS	
나는 시험 전에는 긴장한다.			NS	
나는 수업 시간에 압도당한다.			LS	
수업 시간에 들은 내용을 잊어버린다.			LS	

CSS-C의 학문적 진술서

진술	동의 평가 (1~5)	중요도 평가 (1~5)	영역 MO, LS, SA, ST	면접 질문: 이런 일이 발생하면 어떻게 하시나요? 이를 바꾸기 위해 시도한 것이 있나요? 어떤 전략을 사용하시나요?
예전보다 자료를 더 많이 검토해야 한다.			LS	
전보다 친구가 적어졌다.			SA	
과제의 우선순위를 정하고 마감일을 맞추는 데 어려움을 겪는다.			MO, LS	
나는 해야 할 일을 미루곤 한다.			MO	
컴퓨터나 기타 모바일 장치에서 작업하는 데 문제가 있다.			LS	
나는 시간을 관리하는 데 어려움을 겪는다.			MO	
나는 수업에 지각한다.			MO	
나는 수업 시간에 집중하는 데 어려움을 겪는다.			MO, LS	
나는 과제에 대한 지시 사항을 항상 이해하지 못한다.			LS	
다른 사람들은 내 문제를 이해하지 못한다.			SA	
나는 공부할 때 압도된다.			ST	
나는 책이나 잡지를 읽는 데 어려움을 겪는다.			ST	
부상을 당하기 전만큼 오랫동안 공부를 할 수 없다.			ST	
나는 시험 전에는 긴장한다.			ST	
나는 수업 시간에 압도당한다.			LS	
수업 시간에 들은 내용을 잊어버린다.			LS	
나는 공부하는 동안 주의를 집중하는 데 어려움을 겪는다.			MO, LS	

양식 5-8

능력과 장애의 해석(1/2쪽)

이름: _____ 날짜: _____

나는 다음을 할 수 있습니다.

1. _____

2. _____

3. _____

4. _____

이에 대한 예는 다음과 같습니다.

1. _____

2. _____

3. _____

4. _____

5. _____

6. _____

7. _____

8. _____

9. _____

10. _____

〈계속〉

능력과 장애의 해석(2/2쪽)

나는 다음의 것들에 어려움을 겪습니다.

1. _____

2. _____

3. _____

4. _____

이에 대한 예는 다음과 같습니다.

1. _____

2. _____

3. _____

4. _____

5. _____

6. _____

7. _____

8. _____

9. _____

10. _____

양식 5-9 목표 달성 척도를 위한 서식(1/5쪽)

지침

1. 학생들과 함께 이 서식을 사용하여 SMARTER 목표를 세우십시오.

2. 목표 달성을 위한 단계에서 성과가 향상되거나 감소했음을 어떻게 보여 줄 수 있는지 토론하십시오.

   네 가지 양식은 시작점과 목표점이 다릅니다.
   - 두 가지 양식은 +2에서 -2까지의 등급을 사용한다.
   - 두 가지 양식은 +1에서 +5까지의 등급을 사용한다.
   - 두 가지 양식은 시작점과 타깃 사이의 1점 차이를 지정한다.
   - 두 가지 양식은 시작점과 타깃 사이의 2점 차이를 지정한다.

3. 시작하기 위하여 학생에게 서식을 선택하게 하십시오. 목표를 개발하면서 목표 달성을 위해 생성된 단계 수에 따라 서식이 변경될 수 있습니다.

목표 달성 척도를 위한 서식(2/5쪽)

목표:		
	2	
타깃	1	
출발점	0	
	−1	
	−2	

메모:

목표 달성 척도를 위한 서식(3/5쪽)

목표:		
	2	
타깃	1	
출발점	0	
	−1	
	−2	

메모:

목표 달성 척도를 위한 서식(4/5쪽)

목표:		
	5	
타깃	4	
출발점	3	
	2	
	1	

메모:

목표 달성 척도를 위한 서식(5/5쪽)

목표:		
	5	
타깃	4	
출발점	3	
	2	
	1	
메모:		

양식 5-10	즉시, 근접 및 원거리 목표를 나열한 목록

목표	이번 주	이번 달	이번 학기	이번 학년	2년 이후	메모
	즉시		근접		원거리	

양식 5-11 필요에 따라 단기 및 장기 목표를 계획에 반영(1/2쪽)

즉시: 오늘부터 이번 주까지
-
-
-
-

단기: 다음 주부터 다음 달까지
-
-
-
-

단기: 이번 학기까지
-
-
-
-

〈계속〉

필요에 따라 단기 및 장기 목표를 계획에 반영(2/2쪽)

단기: 이번 학년 동안

-
-
-
-

장기: 2년 동안

-
-
-
-

장기: 장기 목표

-
-
-
-

제6장

자기 관리 및 자율 학습 코칭: 목표-전략-행동-조정

　이제 우리는 실행기능에 결함이 있는 학생들의 주요 과제가 자율 학습, 자기 관리 및 자기 옹호라는 세 가지 광범위한 범주로 분류된다는 것을 알고 있다. 이번 장에서는 이들 중 처음 두 가지를 더 깊이 파고들고, 제7장에서는 자기 옹호에 관해 더 자세히 이야기할 것이다. 여기에서는 코치가 자율 학습 및 자기 관리를 다루는 중재 프로그램을 제4장에서 처음 설명한 목표-전략-행동-조정(Goals-Strategies-Act-Adjust: GSAA) 프레임워크에 대응시키는 방법에 대해 논의한다. 구체적으로, 우리는 이러한 특정 영역과 관련된 **목표** 설정을 다시 검토한 다음에, **전략** 선택으로 전환하여 학생들이 해당 전략에 따라 **행동**할 수 있도록 지원하는 방법에 대해 논의한다. 마지막으로, 학생들이 자신의 성과를 평가하고 필요에 따라 **조정**하도록 하는 단계에 대해 논의한다. 이러한 과정에서, 이 장에서는 이러한 영역별 과제를 다루고 낮은 기술 및 고도 기술 전략의 예시를 제공한다.

　이 장에서 우리가 다소 큰 영역 두 개를 함께 결합하는 이유는 무엇일까? 왜냐하면 본질적으로, 실행기능 문제가 있는 학생들과 더 많은 시간을 보낼수록 이 두 영역이 서로 얽혀 있어 각 영역을 개별적으로 해결하는 것은 불완전한 코칭 접근 방식을 제공한다는 것이 더 분명해졌기 때문이다. 다음을 고려해 보자. CSS-BI에서는 거의 모든 학생이 자료를 검토하는 데 더 많은 시간을 할애해야 한다고 보고했다. 학생들은 수업에서 필요한 것을 **학습**하기 위해 복습하는 데 이 추가 시간을 사용하지만, 효과적인 학습자가 되기 위해서는 이 추가 학습 시간을 **계획**할 수 있어야 한다. 따라서 이 장에서 공부와 학습을 관리하는 접근 방식만 논의한다면, 학생들은 또한 이러한 전략을 자신의 빡빡한 일정에 맞춰야 하기 때문에 불완전할 것이다. 그러므로 학생들이 학습을 조절하도록 코칭하려면 시간을 관리하고 우선순위를 설정하도록 코칭해야 한다.

이 두 영역을 분리하여 논의하면 학생들이 직면할 수 있는 문제를 지나치게 단순화할 위험이 있다. 코치가 학생들에게 새로운 전략을 사용하도록 요구하는 것은 작업을 완수하는 방법을 계획하는 데 더 많은 시간을 할애하도록 요청한다는 점을 인정함으로써 구현 단계를 보다 효과적으로 만들 수 있다. 처음에는 새로운 전략을 지속해서 배포하는 것이 힘들고 오랜 시간이 걸릴 수 있다. 학생이 새로운 전략을 추가할 때 시간과 노력을 투자한다는 점을 기억하라. 그러나 결국 유지되는 전략은 더욱 유동적이어야 하며 노력과 이득의 합리적인 균형을 이루어야 한다. 코치가 이 두 영역의 복잡성을 인정하고 이러한 잠재적 장애물에 대해 미리 논의할 때, 그들은 학생의 도전 과제를 타당화하고 수행 단계에 대한 보다 현실적인 그림을 제시할 수 있다. 그러면 학생과 코치가 함께 중재 계획의 일부로 이러한 문제를 관리할 수 있다.

물론 학생들이 사용하는 비효율적인 전략은 종종 비효과적일 수도 있다. 실행기능 문제를 안고 대학에 입학하는 학생들은 고등학교에서 성공하는 데 도움이 되었던 특정 전략을 사용하는 데 익숙해졌다. 반면에 뇌 손상(ABI)이 있는 학생은 부상 이전에 사용했던 전략에 의존하게 되므로, 새로운 장애에는 효과가 없을 수 있다. 따라서 학생과 코치를 위해 '나쁜' 전략을 '좋은' 전략으로 바꾸는 것이 결국 어떻게 효율성과 성과 향상으로 이어질 수 있는지 설명하는 것은 도움이 될 수 있다. 예를 들어, 시험 전 벼락치기 공부는 어디에나 존재하며 표면적으로는 효과적이고 효율적으로 느껴진다. 학생들은 벼락치기 공부가 시험을 치르는 동안 자료를 '생생히' 기억하게 해 줄 것으로 생각할 수도 있다. 실제로 이런 종류의 공부는 학습에 대한 환상을 만들어 낸다(Koriat & Bjork, 2005). 한정된 회상(retrieval) 연습은 학생들이 공부한 정보를 기억할 가능성이 적으며, 그 저장된 정보의 강도가 급속히 저하된다는 것을 의미한다.

수업 자료나 미래의 시험이 이전 지식에 의존하는 경우에도 특히 문제가 된다. 이러한 부적절한 학습 습관으로 인해 학생들은 남은 학기 동안 실패할 위험이 있으며 앞으로 과거 자료를 다시 학습해야 할 시간을 증가시킨다. 대신, 시험을 앞두고 학생이 일정 기간 공부 계획을 세우게 하는 것은 초기에는 시간이 더 많이 소요될 수 있지만, 학기가 진행됨에 따라 효율성과 성과를 높일 수 있는 이점을 가져다줄 것이다. 학습 향상뿐만 아니라 규칙적인 공부에 참여하면 스트레스를 감소시키는 데도 도움이 된다(Pham & Taylor, 1999).

종종 메타인지적 신념과 지속적인 모니터링은 서로 독립적으로 작동한다. 학생은 전략이 성공할 것이라고 믿을 수 있지만, 실패의 증거를 전략이 효과가 없다는 지표로 관찰하지 못할 수도 있다(Dunning, Johnson, Ehrlinger, & Kruger, 2003; Kennedy & Coelho, 2005). 이러한 상황에서, 코치는 학생들이 자신의 행동을 주의 깊게 관찰하고 결과에 대응하여 전략을 조정하도록 지원할 수 있다.

Bjork와 Bjork(2011)는 특히 단기 학습과 장기 학습의 구별을 고려하는 데 익숙하지 않은 학생들에게는 표면상 비직관적(counterintuitve)으로 보이는 여러 학습 효과를 검토했다. 학생들은 종종 공부가 더 어렵게 느껴지기보다는 더 쉽게 느껴지도록 노력하는 경우가 많지만, 저자들은 학습과 기억을 촉진하기 위해 네 가지 '바람직한' 어려움을 제안한다. 공부할 양이 많은 경우(예: 벼락치기), 첫째, 학습을 분산하는 것이 중요하다. 둘째, 학생들은 공부를 연속으로 하는 대신 교차로(interleaving) 공부를 진행하는 것이 좋다. 학생들은 모든 화학 공부 자료를 한꺼번에 공부한 다음, 스페인어를 모두 공부하려고 할 수 있다. 교차 공부는 하나의 주제나 영역을 공부한 다음, 다른 주제 그리고 이어서 동일한 회기 동안 다른 주제에 대해 공부하는 작업을 포함한다. 이는 대체 주제에 집중할 때 잊어버리는 것을 허용하여, 이후의 노출에서 회상 강도를 향상시킨다.

셋째, 학생들은 시험 전에 교수가 제공하는 학습 가이드를 선호할 수 있지만, 생성(generation) 효과(제4장에서 설명한 대로)는 학생이 단순히 그들에게 건네준 것보다 스스로 찾고, 만들고, 적극적으로 회상한 자료를 더 많이 기억한다는 것을 보여 준다. 학생들이 자신만의 공부 가이드를 만들 때, 그들은 더 많은 정보를 기억하려는 네트워크를 활성화하고, 따라서 다른 사람이 제공한 내용을 '검토'하는 것보다 더 깊은 수준에서 정보를 처리하게 된다. 마지막으로, 학생들은 자료를 반복적으로 검토하여 공부하는 경우가 많지만, 시험에서는 정보를 저장하는 것뿐만 아니라 학생이 정보를 빠르고 정확하게 검색할 수 있어야 한다. 가장 강력한 학습 도구 중 하나가 자체 검사임에도 불구하고, 이 후자의 기술을 연습하는 데 시간을 투자하는 학생은 거의 없다. 자기 퀴즈(self-quizzing)를 통해 학생들은 회상(retrieval)을 연습할 기회를 얻지만, 더 중요한 것은 자신의 수행을 관찰하여 메타인지 시스템을 활성화하는 것이다. 코치는 학생들에게 그러한 학습 효과에 대해 교육할 수 있지만, 학생들이 그러한 전략 조정의 성공을 직접 관찰하게 할 때 더 강력한 도구를 사용할 수 있다. 공부를 '더 힘들게' 만드는 이러한 증거 기반 방법은 제4장에서 확인한 역동적 코칭의 특성과 잘 맞는다.

　학습의 메타인지적 측면은 아무리 강조해도 지나치지 않는다. Kennedy와 동료들은 TBI를 앓고 있는 성인이 특정 조건에서 자신의 기억과 학습을 효과적으로 모니터링할 수 있음을 보여 주었다. 예를 들어, TBI가 있는 성인은 어떤 항목이 완전히 잊혔는지 또는 확실히 기억되었는지를 매우 정확하게 아는 경향이 있지만, 확실하지 않을 때는 지나치게 자신감을 가졌다(Kennedy, 2001; Kennedy & Yorkston, 2000). 대조적으로, TBI가 없는 성인은 정보를 잊지 않았는데도, 잊어버렸다고 생각하여 자신감이 부족했다. 이러한 자기 모니터링과 전략 결정을 연결한 후속 연구에서 TBI가 있는 성인은 다시 공부해야 할 항목을 선택할 때 컴퓨터 알고리즘보다 더 정확했다(Kennedy, Carney, & Peters, 2003). 이 발견은 학습자에게서 자기 조절 지원의 중요성을 강조한다. 학습자는 자신의 인지 과정에 대한 독특한 지식과 최선의 전략을 선택할 수 있는 개인적인 지식을 가지고 있다. 그러나 이러한 학습자는 자신의 성과를 모니터링하고 효과적인 자기 조절 루프를 재설정하기 위해 종종 표적화된(targeted) 교육을 필요로 한다. 이 장의 목표는 코치에게 이를 수행하는 단계를 제공하는 것이다.

자율 학습의 목표 설정

대학생 설문 조사나 질문지, 반구조화된 인터뷰, 학생의 이력 검토가 완료되면, 학생과 코치는 공부와 학습과 관련된 학생의 요구 사항이 무엇인지 파악하기 위하여 만나야 한다. 학생의 수업량에 대한 다음 질문은 학생이 자신의 공부 및 학습 요구 사항의 맥락을 고려하는 단계를 설정할 수 있게 한다.

- 어떤 수업을 듣고 있나요?
- 수업마다 이수 단위 시간이 얼마나 주어지나요?
- 수업은 얼마나 자주 열리나요?
- 수업 시간은 어느 정도인가요?
- 강의 요구 사항은 무엇입니까?
    - 시험은 몇 번이나 치러지나요? 시험 형식(객관식, 에세이, 온라인 등)은 무엇인가요?
    - 보고서 제출이나 발표가 있나요?
- 얼마 정도의 독서를 기대하나요?
- 그룹 활동이 있나요?

학생이 한 학기 동안 듣는 수업 유형에 따라 다른 질문이 발생할 수 있다. 하지만 이 출발점부터 코치는 학생이 예상하는 요구 사항에 맞춰 대화를 이끌어야 한다. CSS-BI는 학생의 학업 경험에 대한 일반적인 개요를 제공하지만, 이제 코치와 학생은 이러한 특정 수업이 있는 이러한 도전이 이번 특정 학기에 어떻게 진행될 수 있는지 결정할 수 있다.

목표는 코치의 지원을 받아 스스로 자기 확인된다. 학생들은 자신의 필요를 너무 광범위하게 설명하는 경향이 있으므로 코치의 역할은 종종 학생들이 그 목표를 어떻게 보고 있는지 정의하기 위해 질문하는 것이다. 제5장에서 〈표 5-3〉은 자기 조절과 성과 목표가 어떻게 연관되어 있는지에 대한 예를 제시했다. 여기 〈표 6-1〉에는 학생들이 자신의 목표에 대해 말할 수 있는 진술 종류의 예와, 동기강화상담의 원칙을 사용하여 질문하는 것이 어떻게 더 정의되고, 학생 중심적인 목표로 이어질 수 있는지 나열되어 있다. 이러한 목표를 살펴보면 학생이 이러한 목표를 언제, 어떻게 달성할 것인지 계획할 필요가 있다는 것이 명확해질 수 있다. 자기 관리 목표에 대해 더 자세히 이야기한 다음, 표로 돌아가서 이 두 가지 영역에 목표가 어떻게 일치할 수 있는지 살펴보겠다.

표 6-1 공부와 학습을 위한 목표 개발 표본

학생 목표	코칭 후속 조치	자기 조절 목표 예시	성과 목표 예
"이번 학기에는 잘하고 싶어요."	"그 점에 대해 좀 더 말해 보세요. 지금 당신의 학점은 어떤가요? 잘한다는 것은 당신에게 무엇을 의미하나요? 특별히 염두에 두고 있는 성적이 있나요? 다른 수업에서는 어떠한가요? 다른 수업에서 잘하는 것이 어떤 모습일지 다른 기대를 하고 있나요?"	학생은 강좌 강의 계획서를 기반으로 자체 제작 스프레드시트를 사용하여 학기 내내 성적을 모니터링한다.	학생은 3.5의 전체 GPA를 받을 것이다. 학생은 유기화학에서 B학점을 받을 것이다. 학생은 영어 세미나에서 A학점을 받을 것이다.
"시험을 더 잘 봐야 해요. 나는 결코 내가 충분히 알고 있다고 느끼지 않습니다."	"어떤 종류의 시험이 당신에게 어려운지 말해 보세요. 예를 들어, 에세이나 객관식 중 어느 것이 더 어려운가요?" "지금 시험을 치르는 데 도움이 되도록 어떤 일을 하고 있나요?"	학생은 시험공부 시 사용할 네 가지 전략을 파악한 다음 시험 성과에 따라 전략을 조정한다.	학생은 이번 학기 통계 과목의 모든 시험에서 최소한 C 이상의 성적을 받을 것이다.

〈계속〉

	"자료를 알고 있다는 느낌을 받는 데 가장 도움이 될 것으로 생각하는 것은 무엇인가요?"		
"읽고 또 읽어야 해요. 나는 내가 읽은 내용을 더 잘 기억할 수 있었으면 좋겠어요."	"이번 학기에는 어떤 책을 읽어야 하나요?" "어떤 수업에 가장 관심이 있나요?"	학생은 읽기 기억을 명시적으로 모니터링하고 각 페이지가 끝날 때마다 '방금 내가 무엇을 읽었지?'라고 자문하는 키워드 전략을 사용하도록 스스로 신호를 보낸다.	학생은 영문학 수업에서 읽은 장의 주요 내용을 90% 정확도로 기억할 것이다.
"저는 스페인어에 대해 배워야 할 어휘가 많아요. 어휘를 기억하기가 힘들어요."	"당신은 어떤 전략을 사용해 왔나요? 그들 중 잘 쓰는 전략이 있나요?"	학생은 가장 필요한 학습 항목을 기억하기 위하여 '맞음' '거의' '놓쳤음'을 플래시 카드로 만들어 학습을 자체 평가할 것이다.	학생은 매주 공부한 어휘의 90%를 기억할 것이다.

　코칭 지원을 통해 수립된 공부 및 학습 목표의 한 예는 수업 시간에 할당된 소설을 읽고 나서 그 내용을 기억하는 데 어려움을 겪는 심각한 기억 장애가 있는 학생의 목표이다. 그는 이전 수업에서 독서 일지를 사용한 경험이 있었고, 기억을 잘하기 위하여 이 전략을 다시 사용하기로 선택했다. 그는 각각의 읽는 장마다 주요 사건과 인물에 대한 간략한 요약을 작성하여 많은 페이지의 텍스트를 다시 읽는 대신 일지를 빠르게 훑어볼 수 있었다. 이 학생은 코치와 함께 제5장에 설명된 목표 달성 척도(GAS)를 개발했다. [그림 6-1]은 그들이 함께 만든 점수화된 목표이다.

자율 학습 목표: 일지 읽기		
	5	모든 장을 읽은 후 장 읽기에 대한 요약을 작성한다. 메모는 사건과 캐릭터에 대한 구체적이고 일관된 기억을 효과적으로 유발한다. 책 스캔은 에세이에 인용문을 사용하는 등 특정 시나리오로 제한된다. 메모는 잘 설명되어 있으며 이야기 전개 전반에 걸쳐 아이디어를 통합할 수 있다. (메모는 **항상** 기억을 유발한다.)
	4	모든 장을 읽은 후 장 읽기에 대한 요약을 작성한다. 기억을 유발하는 메모의 효과는 상당히 일관적이므로 세부 사항을 기억하는 데 책을 최소한으로 훑어보면 된다. 메모가 잘 정리되어 있다. (메모는 **거의 항상** 기억을 유발한다.)
타깃	3	대부분의 장을 읽은 후 장 읽기에 대한 요약을 작성하므로 대부분의 장에는 메모가 있지만 일부 장에는 메모가 없을 수도 있다. 또는 모든 장에 메모가 있지만, 기억을 유발하는 메모의 효과가 일관되지 않다. 요약에만 의존하기보다는 일부 책을 훑어보는 경우가 여전히 발생한다. (메모는 **대부분의 경우** 기억을 유발한다.)
출발점	2	읽은 장의 요약을 가끔 하기 때문에 일부 장에는 메모가 있지만 다른 장에는 메모가 전혀 없을 수도 있다. 기억을 유발하는 메모의 효과는 일관되지 않다. 요약에 의존하기보다는 책을 훑어보는 경우가 더 많다. (메모는 **때때로** 기억을 유발한다.)
	1	읽은 장의 요약을 거의 하지 않거나 전혀 하지 않는다.

그림 6-1 GAS를 이용한 점수화된 자율 학습 목표의 표본

또 다른 학생은 단어 찾기에 약간의 어려움을 겪었을 뿐만 아니라 계획을 세우고 체계적으로 유지하는 실행기능 문제도 있어서 에세이를 쓰는 것이 어려웠다. 그 학생은 보고서를 잘 쓰고 모든 에세이에서 A를 받겠다는 성과 목표를 설정하고 싶었다. 코치와 학생은 보고서를 가장 잘 작성하는 방법을 배우기 위해 쌍을 이루는 자기조절 목표를 개발했다. 이들은 브레인스토밍부터 개요 생성, 보고서 작성, 초안 작성, 편집 및 계속 작성에 이르기까지 보고서 작성의 각 단계를 지원하기 위해 GSAA 주기를 반영하는 반복 과정을 함께 설정했다. 이는 [그림 6-2]에 나열된 대로 진행되

었다([양식 4-6] 행동 계획에 표시된 단계별 접근 방식 사용). 각 단계마다 학생은 구체적인 행동 계획을 갖고 전략이 성공했는지 여부를 코치에게 다시 보고했다. 그들은 각 단계의 결과를 함께 검토하여 다음 단계나 다음 보고서에 더 효과적인 것이 무엇일지 결정했다. 코치는 주간 회기 동안 동기강화상담을 사용하여 지시적인 피드백을 제공하기보다는 학생이 자기 평가를 하도록 지도했다.

목표: 모든 보고서에서 A학점 획득하기 / 나의 보고서 작성 방법 배우기

나의 단계별 계획	완료됨 (✓)	E = 쉬움 R = 루틴(평범함) H = 어려움	
		될 거야……	~이었다.
1. **브레인스토밍**: 코치와 독립적으로 협력하여 적어도 다섯 가지 주장과 지지 아이디어 생성하기 마감일: 1주 이내	✓	H	R
2. **아웃라인 작성**: 소개, 배경, 보고서, 논리적인 순서로 주장을 정리하고 결론 내리기 마감일: 2주 이내	✓	R	H
3. **보고서 개요 작성**: 수업에서 배운 보고서 개요 가이드를 사용하고 조교와 미팅하기 마감일: 3주 이내	✓	H	R
4. **초안 작성**: 아웃라인의 모든 구성 요소 포함하고, 단 결론은 예비적으로 작성하기. 매주 월, 수, 금 수업 후 도서관에서 1시간 동안 쓰기, 토요일에는 2시간 쓰기, 연구 시간 포함도 가능함 마감일: 5주 이내	✓	H	R
5. **초고 편집**: 또래와 교환하여 일반적인 피드백을 받고, 집에서 보고서를 읽어 보고, 이전 일정에서의 쓰기 시간을 활용하며, 다시 조교와 미팅하기 마감일: 6주 이내	✓	E	H

〈계속〉

6. 두 번째 초안을 작성하고 필요에 따라 다시 반복: 다음 단계 부터 계속하기. 4, 5번은 필요한 경우 코치와 논의하기 마감일: 7~8주 이내	✓	H	R

- **이 계획은 얼마나 잘 진행되었는가? 목표를 달성했는가?**

  이 계획은 확실히 도움이 되었다. 긴 시간을 투자해야 했지만, 글쓰기에 대한 자신감이 훨씬 높아졌다. 미리 계획을 많이 세워야 했지만, 혼란스러울 때 조교에게 연락할 시간을 남겨 두었다. 또한 보고서와 개요를 그녀에게 가져가서 제대로 가고 있는지 확인할 수 있어 그것만큼은 미리 계획을 세운 가치가 있었다. A학점을 받았으므로 그것도 훌륭했다. 다음번에는 이 계획을 사용하여 또 다른 훌륭한 보고서를 쓸 수 있기 바란다.

- **모든 단계가 필요했는가?**

  모든 단계가 반드시 필요했다.

- **예상치 못한 추가적인 단계가 있었는가? 어떤 것들이 있었는가?**

  결국 여러 번 편집 작업을 해야 했다. 심지어 개요도 상당히 많이 수정되었는데, 처음에는 이를 예상하지 않았다. 이제는 보고서 작성 중엔 언제든지 내용을 변경하는 것에 시간을 할애해도 괜찮다는 것을 알게 되었다.

- **예상했던 것처럼 모든 단계가 어려웠는가?**

  일부는 브레인스토밍과 같이 쉬웠다. 그 부분은 함께 작업했기 때문이다. 시간이 충분했기 때문에 보고서와 같은 일이 더 쉬웠다. 무작정 어떤 것을 서둘러 완성해야 하는 상황이 아니었으므로 보고서에 적합하지 않은 내용을 강제로 추가하는 일도 없었다. 편집 작업은 생각했던 것보다 훨씬 어려웠다. 때로는 그냥 끝내고 싶을 때가 있었고, 집중력이 흐트러질 때도 있었다. 하지만 계속해서 작업하는 것이 분명히 보고서를 더 좋은 보고서로 만들었다.

- **다음번에는 무엇을 다르게 할 것인가?**

  우리는 대부분을 함께 작업했으므로, 다음번에는 모든 것을 스스로 해 보고 싶다. 아직 시작하는 것, 계속 나아갈 수 있는 아이디어가 떠오르는 것에 대해서는 조금 걱정이 되고, 코치가 없더라도 다음번에는 또래들과 아이디어를 논의하기 위해 모일 수 있을 것 같다.

그림 6-2 기억 장애가 있는 학생을 위한 행동 계획 양식([양식 4-6])

따라서 이 과정은 학생에게 [그림 6-2]에 나열된 보고서 작성과 관련된 단계뿐만 아니라, 더 중요한 것은 필요에 따라 조정할 수 있도록 자신의 글에 대해 평가하는 방법을 가르친 것이다. 짝을 이룬 목표는 의심의 여지없이 코칭 지원을 받았던 학기 동안 더 나은 보고서를 쓸 수 있게 해 주었지만, 자기 조절 목표는 그 목표를 달성하는 것뿐만 아니라 이후의 글쓰기 과제에서도 잘 수행할 수 있도록 준비해 주었다. 이 예에서 강조해야 할 점이 두 가지 있다. 첫째, 학생의 단어 찾기 어려움(단어 찾는 능력 손상)에도 불구하고, 이 학생이 성공을 거두기 위해서 가장 도움이 되었던 것은 보고서를 조직하고 구조화하는 것에 대한 코칭 지원이었다. 이전 장에서 설명한 바와 같이, 실행기능 문제를 개선하는 것은 다른 동반 인지 장애를 관리하는 데 중요하다 (명확한 계획과 구체적인 단계가 마음의 여유 또는 '공간'을 확보하여 글을 쓸 때 어휘를 찾는 데 사용할 수 있게 해 주었다). 둘째, 보고서 작성 계획을 개발하는 데 초기에 더 많은 시간이 걸리며 학생은 몇 주 전에 이 프로젝트를 시작해야 했다. 보고서 작성은 자율 학습 영역에 속하지만, 이 학습 및 학습 부족을 관리하기 위해 필요한 계획 및 일정 관리는 자기 관리 영역에서 동시에 지원이 필요했다.

자기 관리에서의 목표 설정

대학 경험이 있는 학생들은 이 영역이 학업 성공에 중요하다는 것을 더 잘 이해하는 경향이 있다. 고등학교에서 지원을 받았던 신입생들은(고정된 일정을 갖고 있을 것이라는 점은 말할 필요도 없다.) 다른 영역에서 시간 관리가 그들의 성공을 지원하거나 실패의 근본적인 이유가 될 수 있는지 예측하기 어려워할 수 있다. 실제로 우리는 학생 프로필에 관계없이 모든 학생이 시간을 효율적으로 조직하고 관리하는 것이 이롭다는 사실을 발견했다.

학생의 시간 관리 요구 사항은 주로 몇 가지 범주로 나뉜다. 학생들은 다음을 완료하기 위해 시간을 효과적으로 관리해야 한다.

- 일상생활
- 단기 과제
- 장기 과제(시간이 걸리는 대규모 프로젝트, 발표, 실험 등)
- 공부
- 동아리 활동

　물론 이 목록이 다가 아니다. 학생들은 자주 다른 회의와 필요 사항을 자신의 시간에 포함시키고 있다. 범주는 가장 많이 예정된 것부터 가장 적은 것 순으로 나열되어 있으므로, 수업과 같은 일상적인 활동은 예측 가능성이 높으며 해당 시간은 학생 계획이나 달력에 미리 입력할 수 있다. 학생들은 처음에는 매 학기 초, 일정 변경에 적응해야 하지만, 일반적으로 언제, 어디에 있어야 하는지에 대한 일과를 매우 빠르게 설정할 수 있다. 특정 단기 과제에도 마찬가지이다. 강의 계획서는 언제 무엇이 제출되어야 하는지에 대한 구체적인 정보를 제공하지만, 학생들은 과제를 완료하기 위한 시간을 주간 일정에 정해야 한다. 장기 과제는 덜 구조화되어 있으며, 학생들은 이러한 과제를 완료하기 위해 미리 계획을 세우기만 하는 것이 아니라, 일정 기간 동안 하위 목표를 설정하여 제때 완료해야 한다. 공부는 덜 구조화되었다. 학생들은 곧 다가올 시험이 언제인지 알 수 있지만, 자료를 자주 검토하기 위한 시간을 독립적으로 계획해야 한다. 동아리 활동 시간을 확보하는 것은 학생들에게 또 다른 도전을 제공하며, 이에 대해서는 제7장에서 자세히 다룬다. 이러한 작업은 실행기능 문제가 있는 학생들에게 더 어려울 수 있다. 우리의 코칭 경험과 연구 결과에서 나타난 것처럼(예: Kennedy & Krause, 2011; Kennedy et al., 2014), 학생들은 수업에 늦는다고 생각하지 않았지만, 미루기, 우선순위 정하기, 시간 관리에 어려움을 겪으며 약속시간에 늦는다고 인식했다. 다른 학생들은 열악한 시간 관리로 인해 압도당하는 느낌을 명시적으로 받아 작업을 빨리 완료해야 하는 것에 스트레스를 받고 성과가 저하되는 데 영향을 미쳤다.

　거의 모든 학생이 자료를 더 많이 검토해야 한다는 데 동의했는데, 이는 보고된 시간 관리 요구 사항이 어디에나 존재하는 것과 관련이 있을 것이다. 또한 학생들은 자신의 작업을 완료하는 데 적절한 시간을 허용했을 때 스트레스 수준이 감소하고 학습의 질이 향상되었다고 보고했다.

　학생들은 시간 관리 목표를 선정하는 데 더 많은 코칭 지원이 필요한 경향이 있다. 이미 있는 전략을 파악하는 것은 시작하기에 좋은 방법이다. 많은 학생이 플래너 시스템을 사용하지만, 이러한 시스템은 다양하다. (스마트폰과 같은 첨단기술 옵션을 선호할 것이라고 가정하는 유혹(temptation)에도 불구하고) 많은 학생은 여전히 학교에서 제공하는 학교 휴일 및 기타 중요한 날짜(등록/철회 날짜, 수업료 청구 주기, 기말 시험 및 졸업)를 포함하는 대학에서 제공한 플래너의 출력물이나 하드 복사본을 사용한다. 코치는 학생들의 선호도에 대해 물어봐야 한다. 학생들은 일반적으로 학기 초에 수업 시간을 캘린더에 추가하지만, 과제를 점검(track)하거나 장기 프로젝트나 공부 시간에 대한 다른 시스템을 사용할 수도 있다.

　다음은 다양한 유형의 시간 관리 시스템을 사용하는 학생의 예이다. 이 학생은 플래너를 사용하는 데 어려움을 겪었으며, 항목을 가끔씩만 입력하거나 그것을 이용했다. 코치는 플래너를 더 이상 사용하지 않는 경우 이 학생이 일정을 어떻게 관리하고 있는지 다시 조사하기 시작했다. 그 학생은 해당 학기 초에 주간 일정의 색상으로 구분된 블록이 있는 종이를 꺼내 보여 주었다. 그 학생은 그것을 학기 초에 만들었으며 이제 정기적인 알림으로 주머니에 넣어 두는 습관을 가지고 있었다. 인쇄된 복사본이었기 때문에 코칭은 이 전략을 개발하여 그 학생의 주간 일정을 다른 측면으로 관리하는 데 초점을 맞추었다. 그 학생은 매주 일요일마다 새로운 일정을 인쇄하고 해당 주를 위한 구체적인 정보를 작성한 다음, 다음 주까지 업데이트하는 방식을 채택했다.

　또 다른 학생은 처음부터 시스템을 개발해야 했다. 그녀는 일반적인 플래너보다 더 구체적인 구조가 필요해서 구입한 플래너를 사용하지 못했다. 그녀는 과제를 제시간에 제출하지 않았거나 올바르게 완료하지 못하여 주로 수업에서 어려움을 겪었다. 사실, 학생의 자기 관리 문제가 실력을 발휘하는 능력을 가리고 있었기 때문에 학생이 실제로 자율 학습에 어려움을 겪고 있는지 여부가 불분명했다. 코치의 지원을 받아 그녀는 자신의 과제와 일일 일정을 따라잡기 위해 플래너에 추가해야 할 항목을 구별했다. 플래너는 일련의 평가 및 수정 주기를 거쳤으며(다시 한번 GSAA와 유사한 과정을 반영), 과제를 추가한 강조 표시란과 노트, 페이지 번호 또는 과제 위치,

마감일 및 작업이 완료되었음을 나타내는 상자가 있는 인쇄 시스템으로 안착했다.

〈표 6-2〉에서는 학생이 문제나 목표로 설명할 수 있는 것을 어떻게 성과 및 자기 조절 목표로 개발할 수 있는지 보여 준다. 코치는 구체성, 우선순위 설정, 현재 전략 및 학생이 성공을 시각화하는 방법에 대해 자세히 알아보도록 조사한다. 예를 들어, 한 학생은 작업을 완료하는 데 더 많은 시간이 필요하다고 언급했다. 추가 질문을 통해 이 학생은 학습과 주간 과제를 따라가지 않는 것을 소홀히 여기는 것처럼 보였다. 그리고 나서 이 학생은 이렇게 구조화되지 않은 학업 요구 사항을 위해 시간을 예약하는 목표를 설정하고, 얼마나 많은 시간이 실제로 필요한지 더 정확하게 파악하면서 스스로 일정을 관리하는 방법을 배울 수 있게 된다.

표 6-2 시간 관리를 위한 목표 개발 예시

학생의 목표	코칭 후속 조치	자기 조절 목표의 예시	성과 목표의 예시
"숙제를 더 잘해야 해"	"좀 더 자세히 얘기해 줄래요? 지금은 숙제를 어떻게 점검하고 있나요? 숙제를 완벽하게 점검하려면 어떻게 해야 할 것 같나요?"	학생은 매주 최소 한 번 학습 계획을 확인하여 정확성을 모니터링할 것이다. 학생은 매일 수업을 마치기 전에 "오늘 새로운 숙제를 학습 계획에 추가했나?"라고 자문하여 숙제 점검을 모니터링할 것이다.	학생은 모든 과제를 학습 계획에 입력할 것이다. 학생은 주별로 할 일 목록을 작성하되 강의 계획과 수업 노트를 참고하여 만들 것이다. 학생은 강의 과제의 필요를 반영하는 학습 계획을 만들 것이다.
"항상 하루나 일주일 뒤쳐지고 따라잡으려고 애쓰는 느낌이에요. 일정을 통제하는 것처럼 느끼고 싶어."	"어떤 종류의 숙제가 어렵다고 생각하나요? 예를 들어, 할 일의 양이나 큰 프로젝트, 시험이 어려운가요?" "지금 숙제를 점검하기 위해 어떤 일을 하고 있나요?"	학생은 장기 과제를 예약할 때 사용할 세 가지 전략을 확인한다. 학생은 큰 과제에 대한 시간을 명확하게 학습 계획에 예약할 것이며, 목표, 시간 및	학생은 모든 숙제를 제시한 기한 내에 제출할 것이다. 학생은 4점 이상의 자기 평가 GAS 척도로 측정한 결과, 늦장을 부린다거나 서두른다고 느끼는 것을 최소화할 것이다.

〈계속〉

	"일정이 통제된 느낌을 얻기 위해 어떤 것이 가장 도움이 될 것 같나요?"	장소를 구체적으로 명시할 것이다(예: 화요일에 도서관에서 11:00부터 13:00까지 기말보고서 개요 작성). 학생은 연기와 프로젝트의 '서두름' 정도에 대한 자기 평가 척도를 만들 것이다.	
"일을 마무리하기에 충분한 시간을 스스로에게 주어야 해."	"어떤 종류의 일들에 충분한 시간을 할애하고 있지 않나요? 당신의 일정이나 과제 중에서 어떤 측면이 가장 걱정되나요?"	학생은 계획-수행-검토 방법을 사용하여 학교 과제 완료에 필요한 시간에 대한 예측을 수행한 다음 실제 시간과 비교할 것이다.	학생은 주간 일정에 공부 시간을 예약할 것이며, 현재 예상 시간의 1.5배를 고려하여 예약할 것이다.
"내가 그룹으로 계속해서 작업해야 하는 수업이 있어서 그룹원들과 만나는 시간을 찾아야 해."	"그룹과 어떤 작업을 할 예정인가요? 대면으로 만나게 될 건가요, 아니면 일부 미팅은 가상으로 이루어질 건가요? 그룹의 구성원을 알고 있나요?"	학생은 그룹 미팅을 변경하거나 취소하는 빈도를 모니터링하여 그룹 기능에 기여하는지 확인할 것이다.	학생은 그룹 미팅을 우선시하고, 그룹이 다른 시간에 이용할 수 없는 경우 개인적인 일정을 유연하게 재조정하여 예정된 미팅의 90% 이상이 계획대로 진행될 수 있게 할 것이다. 학생은 그룹과의 가상 미팅을 위해 Skype(또는 Google Hangouts 등)를 설치할 것이다.

　이 두 분야에서 목표 설정에 대한 마지막 생각으로, 성과와 자기 조절 목표를 짝지어 놓으면 성과 목표 달성에 자기 조절이 어떤 역할을 하는지를 인식하게 된다. 자기 조절 목표는 학생들이 성과 목표를 달성하기 위해 사용하는 도구이다. 〈표 6-1〉과 〈표 6-2〉의 행을 다시 살펴보면, 자기 조절 목표는 성과 목표를 어떻게 달성할 수

있는지에 대한 모든 예시가 아니라, 원하는 성과를 얻기 위해 학생들이 선택한 특정 필요 영역을 나타내는 것이다. 이것은 자기 조절 접근법의 또 다른 이점이다. 이것은 학생이 목표 자체에 집착하는 것이 아니라 목표를 달성하는 데 필요한 과정에 초점을 맞춘다. 학업 환경에서의 연구는 대학생들이 성공하기 위해 목표 달성에 필요한 단계를 신중하게 고려할 때 성공할 가능성이 더 높다는 것을 보여 주었다. 결과에만 집중하는 학생들은 목표를 낮추기보다는 그것을 달성하기 위한 행동을 변경하지 않기로 결정하는 경향이 있다. 예를 들어, 시험에서 A 대신 B를 목표로 삼기로 결정하는 것 등이다(Pham & Taylor, 1999; Taylor, 2011).

자율 학습을 위한 전략 수립

〈표 6-3〉은 자기 조절의 일부 측면(예: 예측, 자기 퀴즈, 성찰)을 포함하고 있는 학습, 공부 전략 및 기억 기술의 목록이며, 이러한 전략들은 높은 수준의 연구 증거를 기반으로 권장된다(Dunlosky, Hertzog, Kennedy, & Theide, 2005; O'Neil-Pirozzi, Kennedy, & Sohlberg, 2016; Sohlberg & Turkstra, 2011; Velikonja et al., 2014). 우리는 이러한 전략들이 주도적 기능 문제가 있는 학생들 그리고 강의 재료를 주의 깊게 관찰하고 기억하는 데 어려움을 겪는 학생들과 함께 작업할 때 유용하다는 것을 발견했다. 더구나, 이러한 전략들 각각은 학생들이 강조하고 반복하는 것보다 더 깊은 학습 수준에서 공부하도록 강요하는 여러 단계를 포함하고 있다. 덜 활성적인 공부 기술은 학습 장애가 있는 학생들이 공부한 내용을 기억하는 데 별로 도움이 되지 않을 뿐만 아니라, 작업에 대한 익숙함 또는 그것을 안다는 환상만을 남긴다.

이러한 학습 및 공부 전략은 학생들이 학습 요구 사항에 접근하는 방법에 대해 덜 확신을 가질 수 있는 코칭 시작 시점에서 특히 도움이 될 수 있다. 또한 온라인으로 제공되는 수많은 공부 전략이 있으며, 종종 대학에는 입학생 오리엔테이션 또는 튜터링 프로그램의 일부로 제공되는 자체 공부 가이드가 있다. 자기 조절 코칭은 학생들에게 (1) 그들의 필요에 가장 적합한 전략을 선택하는 방법, (2) 그러한 전략을 지속 가능한 방식으로 실행하는 방법, (3) 그들의 개인화된 요구에 기반하여 전략을 수정하는 방법을 가르쳐서 이러한 리소스에 가치를 더한다.

표 6-3 자기 조절의 측면을 포함하는 공부, 학습 및 기억 기술

전략	설명
시각적 상상력	시각적 상상력은 기억하려는 정보나 위치를 이미지와 연결하기 위해 정신적으로 시각화하는 것을 의미함. 이 전략은 정보를 시각적으로 표현하고 관련 이미지를 사용하여 기억력을 향상시키는 데 도움을 줄 수 있음. 정보를 더 잘 이해하고 기억하기 쉽게 만들어 주며, 시각적인 연상은 기억의 안정성을 높일 수 있음. 이는 공부나 학습 과정에서 유용한 도구 중 하나임
상세한 인코딩 (언어적 및/또는 서면)	기억하기 위해 이미지, 단어 및 기억해야 할 항목을 연상하는 것임
이야기 방법(story method)	기억해야 할 관련 정보 조각들을 연결하는 이야기를 만드는 것임
검색 기술[예: 정신적인 점검(mental retracing), 알파벳 순으로 찾기, 지연된 자기 퀴즈]	이전에 공부한 정보를 체계적으로 상기하고, 검색하고, 기억에서 꺼내어 목표 정보를 활성화한 다음, 상기하지 못한 내용을 다시 공부하는 것임
미리보기-질문-검토-공부-시험(PQRST)	학생들이 읽거나 공부하려는 자료를 미리 보고, 공부하면서 자료의 질문이나 목적을 검토하며 자기 성찰하고, 그다음에 자기 검사 또는 퀴즈를 진행하는 학습 방법임
노트를 작성하는 키워드 방법	독서, 노트 검토 및 강의 청취 중에 사용하는 노트 작성 기술임. 학생들은 학습할 자료를 상기시킬 것으로 예상되는 중요한 내용 단어를 작성함

　많은 학생이 외우기 쉬운 정보를 학습하는 도구로 플래시 카드를 사용한다. 그러나 학생들이 플래시 카드 한쪽 면을 읽고 뒷면의 답을 빠르게 확인하는 것만으로는 효과적인 전략이 아닐 수 있다. 하지만 기존 루틴에 작은 조정을 가하면 전략을 더 효과적으로 만들 수 있다. 한 학생은 각 카드의 정보가 잘 익힌 것인지, 익숙한 것인지 또는 아직 배우지 않은 것인지 판단하도록 했다. 학생은 각 범주별로 하나씩 세

개의 그룹을 만들었다. 그런 다음 익숙하고 아직 배우지 않은 그룹에 더 많은 시간을 투자하면서 서서히 잘 알고 있는 그룹으로 이동했다. 이 조정을 통해 학생은 가장 필요한 항목에 중점을 두며 다른 항목과 교차로 연습할 수 있었다. 또한 각 항목에 대한 명시적인 자기 평가를 실천하고 있었다. 또 다른 학생은 해부학과 생물학 수업의 새로운 어휘를 배우기 위해 플래시 카드를 사용했다. 같은 학기에 두 과목을 듣다 보니 때로는 두 어휘 목록을 혼동하기도 했다. 그래서 그 학생은 서로 다른 색상의 노트 카드와 펜을 사용하여 각 단어 집합과 특정 색상을 연관시키는 전략을 선택했다. 세 번째 학생은 스페인어 수업을 위해 플래시 카드를 만드는 것에 더 중점을 뒀으며, 이를 통해 자료를 더 풍부하게 부호화할 수 있었다. 이 학생은 카드 앞면에 단어를 쓰고 작은 그림을 추가했다. 뒷면에는 번역문을 쓰고 문장에 사용했다. 카드를 검토할 때 단어를 잘 배웠는지 여부를 결정하는 동일한 루틴을 사용하여 학습 전략을 성공적으로 결합했다.

기존 루틴을 효과적으로 조정하는 것은 학생이 이미 전략이 어떻게 작동하는지와 얼마나 많은 시간이 필요한지에 대한 프레임워크를 가지고 있기 때문에 강력한 도구가 될 수 있다. 다른 경우에는 완전히 새로운 전략을 개발해야 할 수도 있다. 예를 들어, 강의를 녹음하는 스마트펜을 사용하여 특수 종이에 필기하면서 강의를 녹음하는 방법을 사용하는 학생을 살펴보자. 강의를 검토할 때, 학생들은 노트를 클릭하여 강의 오디오 부분을 다시 듣는다. 그러나 이 학생은 [양식 4-5]의 전략 유용성 및 다음 단계를 사용하여 자신이 너무 많은 필기를 해서 강의에 충분한 주의를 기울이지 못한다고 느꼈다. 노트를 검토할 때 필기한 내용과 함께 오디오를 듣는 대신, 그냥 강의의 해당 부분만 다시 듣는다는 것을 알게 되었다. 그의 기억력 장애 수준을 고려할 때, 나중에 노트를 듣고 검토할 때 더 깊은 수준에서 정보를 처리하는 데 도움이 될 것으로 보였다. 코치와 학생은 스마트펜 사용 방법을 크게 바꾸지 않으면서 노트 필기 과정을 변경했다. 다음은 학생이 변경한 사항을 정리한 것이다.

① 노트를 작성하기 전에 페이지 가운데에 수직선을 그었다.
② 노트를 완전한 문장이 아니라 문장 조각으로 작성했다. 노트는 페이지의 왼쪽

에만 작성했다.

③ 노트를 검토하고 강의를 들을 때, 그는 놓친 내용을 채우기 위해 페이지의 오른쪽에 추가 노트를 작성했다.

이러한 노트 필기 변경은 검토할 때 정보를 더 깊이 처리할 수 있게 해 주었을 뿐 아니라 강의 중에 더 주의 깊게 듣고 노트를 적게 작성할 수 있게 해 주었다. 또한 페이지 오른쪽의 노트 양을 추적함으로써 어떤 강의에는 추가 노트가 거의 필요하지 않았음을 볼 수 있었다. 연습을 통해 페이지 오른쪽의 추가 노트가 점점 줄어드는 것에서 알 수 있듯이, 노트를 작성하면서 듣기도 개선되었다.

학생들은 종종 교실과 공부 중에 주의력 결핍을 관리하고 있다. 주의력 관리를 위한 다양한 리소스나 도구가 있다. 많은 학생은 '환경 구조화'라는 범주에 속하는 전략을 사용하여(O'Brien et al., 2017; Zimmerman & Martinez-Pons, 1896) 본질적으로 자신의 주의력을 최대화하기 위해 환경을 조직한다. 교실에서 많은 학생은 앞자리에 앉는 것이 선생님에게 주의를 집중시키고 동급생들의 (때로는 주제와 관련 없는) 컴퓨터 사용과 같은 방해를 피하는 데 도움이 된다는 것을 발견했다. 한 학생은 시간을 조절하기 위해 시계를 볼 필요가 있다고 보고했고, 수업을 10분 단위로 나누었다. 공부 시간 솔루션은 다양했으며 학습자의 독특한 특성을 반영하고 있었다. 어떤 학생들은 집에서 공부하는 것을 선호했고, 또 다른 학생들은 도서관 같이 매우 조용한 곳으로 가야 했다. 다른 학생들은 두 가지를 조화롭게 결합하여 좋아하는 커피숍에서 다른 사람들과 함께 일하되, 시끄럽지 않은 곳을 선택하여 업무에 집중할 수 있도록 했다. 코치는 학생들이 주의력 결핍을 보고할 때 이러한 구조화를 고려해야 하며, 특히 학생들에게 현재의 우려와 루틴을 설명하도록 요청해야 한다.

일부 학생들에게는 주의력 문제를 관리하기 위한 구체적인 전략이 필요하다. 수업 중에 한 학생은 노트 필기하면서 강사의 말을 따라가는 것을 어려워했다. 그의 특별 교육 요청 중 하나로 노트 테이커를 제공하도록 함으로써 강의에 집중할 수 있었고 느린 필기에 대한 답답함을 덜었다. 교수는 노트 필기하는 대신 듣기에 집중하라고 권장했지만, 학생은 수업에서 아무것도 하지 않는 것이 강의에 집중하기가 어렵다는 것을 재빨리 깨달았다. 그의 주의력이 쉽게 흐트러지고, 또래로부터 받은 더 나은 노트에도 불구하고 기억력이 줄어들었다. 학생은 양극단을 연결하고, 강의의 주요 내용을 계속 상기시키고, 수업의 일부인 것처럼 느끼게 하는 방법으로 최소한의 노트 필기를 하기로 결심했다. 그의 기억은 그에게 제공된 노트로 계속 지원되었지만, 노트 필기를 통해 수업에 참여함으로써 그의 주의력을 관리하였다.

또 다른 학생은 독서 중에 집중하기가 어려웠다. 이전의 치료사는 그녀가 20분 독서 후 다른 활동을 20분 하는 것을 제안했다. 그러나 코칭을 위해 우리와 만났을 때, 그녀는 이 전략을 사용하지 못하고 있다고 즉시 보고했다. 20분 동안 다른 활동을 하는 것이 그녀를 더 방해하고 작업으로 돌아오기 어렵게 만들고 있었다. 이 전략을 조정하는 것이 논리적으로 보일 수 있지만, 이 학생의 실행기능 문제가 전문가가 제안한 전략을 사용하는 데 있어서 그녀의 경직성을 강화시켰다. 전략에 어떤 문제가 있다고 가정하는 대신에, 그녀는 자신의 실패와 주의력 문제에 대해 자신을 비난했다. 이 장의 뒷부분에서 전략 조정에 대해 더 자세히 다루겠지만, 여기서는 전략보다는 자기 조절을 가르치는 것의 이점이 학생들이 **자신의 어려움을 성격 결함이 아닌 해결해야 할 문제로 올바르게 인식하는 법을 배울 수 있다는 점**이다. 이 학생은 코치의 도움으로 20분 독서 후 '휴식' 시간을 2분으로 줄이고, 다른 수업을 위해 20분 독서한 다음 5분 휴식을 거쳐 사이클을 반복하는 방식으로 전략을 조정하기로 결정했다. 일주일 후, 그녀는 전략과 독서 회상에 대한 만족도가 증가했다고 보고했다.

이러한 예에서 중점은 전략 지도가 아니었지만, 특히 기억력과 학습 장애가 있는 학생들에게는 필요할 수 있다. 그러나 여기서의 자기 조절 접근(self-regulation approach) 방식은 학생들에게 적절한 전략을 모니터링, 선택 및 적용하고, 필요한 경우 수정하여 지속적으로 성과를 개선하는 방법을 가르치는 것이다. 코치는 전략 옵션을 제공할 수 있지만 가능한 한 학생들이 자신의 필요, 개인적인 선호도 및 상황적 제약을 최상으로 충족시키도록 전략을 개발하거나 수정하도록 허용해야 한다. Ponsford 및 동료들(2014)은 주의력 치료 문헌의 광범위한 검토에서 연구 증거가 일상 활동을 개선하기 위한 의도일 때, 주의력 결핍을 위한 메타인지 훈련 및 심지어 행동 치료를 사용하는 것을 지지한다고 결론을 내렸다.

자기 관리를 위한 전략 수립

수행이나 자기 조절과 관련해서, 목표가 보다 구체화되고 분명하게 정의될수록 개입 접근의 방향을 세우는 데 사용할 수 있다. [양식 5-11]을 사용하여 코치와 학생은 계획을 세우기 위해 필요한 즉각적인 우선순위에 따라 목표를 설정할 수 있다. 코치가 목표 개발 중 학생들에게 현재 전략에 대해 명시적으로 질문하지 않았다면, 현재 학생이 가지고 있는 시스템을 검토하는 좋은 시기이기도 하다. 계획을 위해 목표를 설정할 때, 코치는 학생들에게 어떤 전략이 사용되고 있는지, 그 전략이 어느 정도 효과가 있었는지 물어볼 수 있다.

이 시점에서 코치는 [그림 4-2]로 돌아가 목표 설정, 전략 수립, 행동 계획 작성 및 조정의 순환 사이클을 설명해야 한다. 코치는 각 목표에 대해 그 필요를 해결할 전략 개발을 지원하고, 학생이 그 목표에 더 가까워지는 데 도움이 되는지 여부를 모니터링하도록 지원할 것임을 설명할 수 있다. 함께 그 목표를 계속 달성하기 위해 필요한 조정 사항에 대해 논의할 수 있다. 이러한 대화는 다음과 같이 진행될 수 있다.

코치: 그래서 당신은 대규모 프로젝트를 더 잘 관리하여 모든 구성 요소가 제시간에 제출되고 적어도 B학점을 받기에 충분한 수준이 되도록 하고 싶으시군요. 그 과정에서 긍정적인 기분을 가지고 싶다고 하셨고요.

학생: 네. 가끔은 괜찮을 때도 있지만 때때로 시간이 부족하게 느껴지고 그럴 때는 정말로 스트레스를 받는 것 같아요.

코치: 이해해요. 어떤 종류의 전략이 당신이 그 목표를 달성하는 데 도움이 될 수 있을지 이야기해 보도록 하겠습니다. 지금 큰 프로젝트를 위해 무슨 일을 하고 있나요?

학생: 강의 계획서를 확인해요. 언제까지 제출해야 할지 보고요.

코치: 알겠어요. 그 정보로 무엇을 하나요?

학생: 음, 플래너에 마감일이라고 적어 놓을 거예요. 그런데 제 플래너는 한 주만 보여

주기 때문에 계속 확인하지는 않아요.

코치: 알겠어요. 그래서 플래너에는 적혀 있지만 그 주에는 눈앞에 있지 않기 때문에 실제로 생각나지 않는 거군요.

학생: 네, 교수님이 때때로 언급하긴 하는데, 다른 일이 있으면 실제로 작업하지 않아요.

코치: 맞아요, 항상 다른 일들이 있을 거예요. 학기 초에 과제를 처음 볼 때는 어떻게 하나요? 그때 고려해 보나요?

학생: 음……. 압도되지 않으려고 노력해요! 모르겠어요. 그런데 그게 그룹 프로젝트인지 확인해 보긴 해요. 그래야 다른 사람들과 협력해야 하는지 알 수 있잖아요.

코치: 그것은 분명히 상황을 바꿀 수 있어요. 이번 학기의 생물학 수업과 같은 개인 프로젝트의 경우, 이 단일 과제가 어떻게 분할되어 처리할 수 있는지 생각해 보았으면 좋겠어요.

학생: 네, 무슨 말씀인지 알겠어요. 때로는 교수님이 그 작업을 더 작은 과제로 나누어서 단계별로 진행하도록 지시해 주실 때가 있어요.

코치: 좋아요. 그런데 교수님이 그렇게 하지 않는 경우, 더 관리하기 쉬운 부분으로 나눌 생각을 해 보거나, 큰 프로젝트 대신 단계적으로 처리하는 것이 도움이 될 수 있을 것 같아요.

학생: 네, 알겠어요. 그게 맞는 것 같아요.

코치: 그럼 생물학 과제를 꺼내서 읽어 보고, 그것을 논리적으로 나눌 수 있는 방법이 있는지 확인해 봅시다.

이 시점에서 코치는 학생이 그것들을 식별할 때 프로젝트의 다른 구성 요소에 대한 아이디어를 적어 내는 서기관이 될 수 있다. 코치는 필요한 경우 학생에게 깊이 파고들도록 유도할 수 있으며, 예를 들어 어떤 부분이 우선이고 나중인지 그리고 어떻게 큰 덩어리를 보다 더 작게 나눌지에 대한 방법을 식별하게 한다(예: 자원을 확인하거나, 연구 조사를 하는 데의 첫 단계로 사서와 만나는 것). 여기에는 [양식 4-6](행동 계획)이 유용하다.

이 분야에서 일반적으로 필요한 것 중 하나는 **과제와 일정을 관리하는 도구를 개발**

하는 것이다. 특히 대학에 처음 입학한 학생들의 경우, 이미 일부 과제 관리에 대한 전략을 갖고 있을 수 있지만, 매일매일이 이전 날을 반복하지 않기 때문에 자신의 일정을 어떻게 관리할지 잘 모를 수 있다. 시간 관리에 어려움을 겪고 있는 학생들조차도 이미 일부 전략을 사용하고 있다. 현재의 전략이 어떻게 사용되면 더 효과적일 수 있는지, 아니면 새로운 것으로 바꾸어야 하는지를 코치와 학생이 함께 찾아내야 한다. 예를 들면 다음과 같다.

코치: 그래서 과제 처리에 어려움을 겪고 있고 무엇을 해야 할지 알고 싶다고 하셨네요. 지금 무엇을 하고 있나요?

학생: 저, 상점에서 이 플래너를 샀는데, 모르겠어요, 사용하지 않는 것 같아요. 그것을 열어 보고 사용해 볼 생각은 가끔 해 보는데, 과제할 때 플래너를 보고도 도움이 되지 않아요.

코치: 알겠어요, 과제를 할 때 플래너를 보지만, 그 안에 필요한 정보가 없다는 거죠.

학생: 네, 어쨌든 시간표를 봐야 해요. 그런데 때로는 과제가 바뀌기도 해요.

코치: 그래요. 한 번 살펴보죠. 가지고 계신가요?

학생: 네, 가방에 넣어 둬요.

코치: 좋아요. 각 페이지의 날짜와 시간별 라인뿐이네요. 여기에 많이 적지 않은 것 같아요.

학생: 아뇨. 때로는요. 음, 가끔 포스트잇 메모(sticky notes)를 사용해서 필요한 내용을 책에 붙여 놓아요.

코치: 아, 예를 들면 이 책의 제7장 같은 거죠?

학생: 네, 그럼 시간표를 다시 보지 않아도 돼요, 바로 책 위에 있어요.

코치: 알겠어요. 그럼 포스트잇 메모에 무엇을 적을지 어떻게 결정하나요?

학생: 시간표를 보고 결정해요. 그런데 때로는 수업 진도가 늘거나, 교수님이 읽기 과제의 범위를 변경해서 잘못하기도 해요. 아니면 여전히 책에 포스트잇 메모가 남아 있어서 같은 장을 두 번 읽기도 했어요.

코치: 아, 그렇군요. 그럼 두 가지 전략이 있는 것 같은데, 둘 다 잘 작동하지 않는 것 같아요.

학생: 네, 포스트잇 메모가 마음에 들고 플래너만 보고도 무엇을 해야 할지 알고 싶은데 그렇게 잘되지 않아요.

코치: 그럼 당신의 플래너에는 보통 언제 정보를 추가하나요?

학생: 음, 지금 생각해 보니 그게 문제의 일부일 것 같아요. 잘 모르겠어요. 가끔은 수업 중에 하나? 아뇨, 학기 초에 큰 일들을 적어 놓고, 그런 다음 수업 끝나고 집에 돌아가서 좀 더 추가하려고 하지만 그때쯤은 잊어버리나 봐요. 그러면 다시 시간표나 제 노트를 봐야 해서 혼란스러워져요. 이런 걸 언제 적어야 하나요?

이 예에서, 학생은 서툴게 구성된 두 가지 전략을 가지고 있지만(플래너와 포스트잇 메모), 더 잘 사용하는 방법을 이해한다면 아마 두 전략을 유지할 것이다. 코치의 질문은 또한 학생이 어디에서 어려움을 겪고 있는지를 밝혀냈으며, 플래너에 정보를 추가하는 부분에서 어려움을 겪고 있음을 보여 주었다. 학생은 현재 플래너를 사용하기 어렵다고 느끼고 있으며, 과정에 너무 많은 단계가 있을 때 전략이 버려지는 경향이 있다고 언급했다. 학생과 코치가 계속 대화하면서, 학생은 스마트폰의 캘린더를 많이 사용한다고 언급했는데, 특히 학생회관에 가서 버스 승차권을 받는 것과 같은 잡일에 사용한다고 설명했다. 그녀는 그 잡일을 스마트폰 캘린더에 특정한 시간과 날짜로 입력한다. 이렇게 하면 스마트폰의 일일 수업 일정을 빠르게 확인할 때 그 일정에 따라 마지막 수업 후에 학생회관에 들러야 한다는 알림도 함께 표시되어 편리하게 관리할 수 있다. 그녀의 스마트폰이 계획에 도움이 되는 유용한 도구였기 때문에, 학생은 일일 캘린더와 동기화되면서 각 수업에 대한 구체적인 할 일 목록을 입력할 수 있는 앱 옵션을 탐색하기로 결정했다.

많은 학생은 학교 과제를 위해 스마트폰, 태블릿 및 노트북을 사용하는 데 익숙하다는 점에서 상대적으로 기술에 능통한 경향이 있다. 그러나 이러한 기기는 학생과 코치가 함께 목표를 설정하고 매칭하는 데 필요한 작업을 대체하지는 않는다. 예를 들어, 이 학생의 도전 과제는 과제 정보를 계획 도구에 언제 입력해야 하는지 알기 어려웠고, 가능하다면 노트나 강의 계획서를 참고하지 않고도 과제를 나중에 완료할 수 있도록 어떤 정보가 필요한지 알기 어려웠다. 애플리케이션(이하 앱) 자체는 이 문제를 해결하지 않지만, 학생이 익숙해서 유사한 활동(또는 잡일)에서 성공을 경험하고 있는 장치를 사용하면 학생이 여기에서도 성공을 찾을 수 있는 기반을 마련하게 될 것이다.

Apple과 Google은 위치에 도달했을 때 알림을 보내는 시간 알림 또는 지역-알림과 같은 기능을 갖춘 할 일 목록 앱을 가지고 있는데, 이는 캘린더와 동기화할 수 있으며 다양한 목록으로 구성하거나 태그를 지정하여 학생들이 클래스별로 과제를 쉽게 정렬하거나 모든 과제를 보고 마감일별로 정렬할 수 있다. 어떤 기능이 중요한지 결정한 다음, 학생이 정보를 빠르고 정확하게 입력할 수 있도록 훈련을 개발하는 것은 종종 과제와 일일 일정 관리를 위한 목표의 전제 조건이 된다.

〈표 6-4〉에는 학생들이 유용하게 사용한 시간 관리 앱의 몇 가지 예시가 포함되어 있다. 이들은 매우 유사한 기능을 가지고 있지만, 학생들에게 더 매력적인 인터페이스(interface)를 가진 것과 그렇지 않은 것 사이의 차이가 있을 수 있다. 코치와 학생은 앱이 학생의 필요에 맞는 기능을 갖추고 있는지 확인해야 하며(최소한 마감일, 과제 노트, 과목별 정렬 등이 포함되어야 함), 학생이 인터페이스를 쉽게 배울 수 있도록 해야 한다. 학생의 요구 수준과 이러한 앱에 대한 익숙함에 따라 학생은 코칭 회기 중에 과제를 입력하는 연습을 할 수 있으며, 다음 회기 전에 현재 과제를 모두 앱에 입력해야 하는 '숙제'를 수행할 수 있다. 특히 더 많은 지원이 필요한 학생들(특히 기억 또는 학습 요구가 있는 학생들)은 코치와 함께 과제를 입력하는 단계를 설명하는 '커닝지(cheat sheet)'를 작성하는 회기를 진행한 다음, 처음에는 코치의 입회하에 연습하여 과제 입력의 정확성을 확인할 수 있다. 목표는 코치와 '커닝지'의 지원을 서서히 줄이고 과제 입력 과정이 익숙해질 때까지 진행할 수 있다.

📚 표 6-4 **시간 관리 앱 샘플**

할 일 목록	샘플기능	링크
Reminders for iOS	• iOS 전용 • 장치 간 동기화 • 지리적 위치 정보 • 별도의 목록 아래 구성	https://support.apple.com/en-us/HT205890

〈계속〉

Google Tasks	• Android 또는 iOS • Google 캘린더를 포함한 장치 간 동기화 • 이메일 연동 가능 • 브라우저 바로 가기 단축키	https://chrome.google.com/webstore/detail/google-tasks-by-google/dmglolhoplikcoamfgjgammjbgchgjdd?hl=en
'Better' Google Tasks	• Android 또는 iOS • Google Tasks를 개선하는 애드온 확장 기능 • 색상과 목록 및 캘린더별 다양한 보기	https://chrome.google.com/webstore/detail/better-google-tasks/denjcdefjebbmlihdoojnebochnkgcin?hl=en-GB
Finish	• iOS 전용 • 미루기 문제해결을 위한 디자인 • 단기, 중기 및 장기 시간대 • 프로젝트에 작업 알림 설정(마감일뿐만 아니라)	http://getfinish.com
Any.Do	• Android 전용 • 간단한 인터페이스 • 무료 • 장치 간 동기화 • 캘린더와 동기화	https://play.google.com/store/apps/details?id=com.anydo
Pocket List	• iOS 전용 • Apple Watch를 포함한 장치 간 동기화 • 목록에 아이콘 추가 • 작업 우선순위 설정 • 마감일별로 모든 작업을 보여 주는 스트림 표시	www.pocketlistsapp.com
Remember the Milk	• Android 또는 iOS • 작업 추가를 위한 바로 가기 기능 • 다양한 알림 옵션(이메일, 문자 메시지, 알림, 트위터 등) • 작업을 목록으로 구성 • 하위 작업 • 검색 기능	www.rememberthemilk.com
Evernote	• Android 또는 iOS • 작업과 노트를 통합 • 검색 기능 • 공유 • 빠른 정렬을 위한 작업 태그 설정	https://evernote.com

〈계속〉

Google Keep	• 노트와 작업 통합 • 지리적 위치 정보 • 자주 프리인스톨된 경우(다운로드 필요 없음)	https://play.google.com/store/apps/details?id=com.google.android.keep
Listastic	• iOS 전용 • Apple Watch와 동기화 • 공유 목적으로 디자인되어 있어 그룹 작업에 적합함 • 목록 간에 작업을 끌어다 놓을 수 있는 드래그 앤 드롭 기능 • 제스처 사용(작업을 스와이프하여 조작)	http://mcleanmobile.com/Listastic
Trello	• Android 또는 iOS • '보드'에 '카드'로 작업 생성 • 조직하기 위해 드래그 앤 드롭 지원 • 텍스트에 사진 추가 가능 • 공유, 마감일 추가, 하위 목표, 태그를 추가하기 위한 시각적 힌트 지원	https://trello.com

　다른 학생들은 전통적인 종이 플래너와 볼펜을 사용하려고 할 수 있지만, 플래너가 유용하게 사용되려면 과제의 어떤 특징을 입력해야 하는지를 식별하기 위해 코치와 유사한 논의에서 득을 볼 수 있다. 우리가 언급한 앱들과는 달리, 플래너는 종종 각 날짜마다 공백만 있어 학생이 어떤 정보를 입력해야 하는지를 알아야 한다. 학생이 플래너에 '제7장 읽기-수업 중 토론'이라고 입력한다면, 이것이 어떤 수업(그리고 어떤 교재)에 대한 읽기인지, '수업 중 토론'이 이미 발생한 사건을 나타내는 것인지 아니면 학생이 준비해야 하는 것인지, 그렇다면 이것이 소그룹 토론인지 아니면 수업 전체 토론인지 알기 어려울 것이다. 이런 면에서 학생들은 플래너를 효과적인 도구로 만들기 위해 신중한 전략 훈련이 필요하다.

　많은 경우, 학생들은 이러한 일을 수행하기 위한 효과적인 습관을 개발할 수 있다. 다른 경우에는 학생들이 자신의 필요성을 식별하고, 자체 제작된 플래너를 실험하고, 조정을 하고, 그런 다음 지역 인쇄 서비스를 사용하여 플래너를 제작함으로써 자신만의 플래너를 개발한다. 이러한 과정이 GSAA(전략화-행동-조정) 주기로 설명되는 것과 동일한 과정을 따름을 알 수 있다. 이러한 수준의 플래너 구체성이 필요한 학생은 코치에게 이 과정을 대규모로, 명시적으로 가르칠 수 있는 좋은 기회를 제공한다. 그러나 학생이 대량 생산 플래너나 디지털 앱을 선택하든 간에, 동일한 GSAA 과정을 통해 현재 목표에 도달하도록 이끌어 주고, 이 과정이 미래의 목표 달성으로 어떻게 연결되는지를 고려해야 한다.

또 다른 유용한 시간 관리 전략은 [양식 6-1]에 나와 있는 Plan-Do-Review와 같은 계획-수행-검토하기이다. 이 양식은 학생이 다양한 학업 활동에 필요한 시간 투자를 더 정확하게 모니터링하도록 돕는다. 학생들은 활동을 나열한 다음 해당 활동에 필요한 시간이 얼마나 되는지 예측한다. 그런 다음 실제 활동 수행 시간을 측정하고 비교하는 데 이 양식을 사용한다. 학생들은 종종 수강과목에 따라 시간이 크게 다르다는 사실에 놀랄 수 있다.

소설 한 장을 읽는 데는 반 시간이 걸릴 수 있지만, 통계학이나 해양학 교재 한 장을 읽는 데는 훨씬 더 많은 시간이 소요될 수 있다. Plan-Do-Review 과정을 통해 학생들은 공부를 위한 시간을 더 적절하게 계획할 수 있게 된다. 또한 학생들은 이 활동의 목표가 공부에 소요되는 시간을 줄이는 것이 아니라, 예측의 정확성을 높이는 것임을 이해하기 시작한다. 다시 말해, 이 과정은 미래의 계획을 성공할 수 있도록 매우 실현 가능한 목표를 설정하게 된다.

이전 단락 '자율 학습의 목표 설정'에서 설명한 보고서를 관리하고 쓰는 법을 배웠던 학생과 마찬가지로, 보고서, 발표 자료, 또는 책 분량의 읽기 과제와 같은 장기 프로젝트를 관리하는 방법을 배워야 하는 학생들은 흔히 실행기능 문제를 겪는다. 이러한 프로젝트에서는 Plan-Do-Review와 같이 매주 개별 과제처럼 성과를 관찰할 충분한 기회가 제공되지 않는다. 이러한 장기 과제는 즉각적인 필요를 처리하기 위해서 코치와 학생의 만남으로 학기를 시작해야 하지만, 한 학기가 소요되는 과제들을 고려해 볼 때 가능한 빨리 다음으로 나아가야 한다. 보고서 작성처럼 이러한 프로젝트를 개별(반복적일 수 있지만) 단계로 나누고, 하위 목표와 구체적인 마감일을 정하도록 학생들을 격려해야 한다. 이러한 종류의 과제는 실행기능에 결함이 있는 학생들에게는 매우 어려울 수 있으므로, 코치들은 대규모 프로젝트를 관리하는 방법을 가르치기 위한 지시가 필요한 경우도 있지만, 학생들이 코치의 지시를 따르는 것이 아니라 대규모 과제를 자체 관리하는 방법을 명확하게 배울 수 있도록 접근 방식을 모니터링해야 한다. 다음 축어록과 이 장 이전에 제시된 축어록을 비교하고, 이 지시적인 접근 방식이 자기 조절 코칭 접근 방식과 어떻게 다른지 고려해 보자.

> **코치:** 생물학 과목의 강의 계획서에 실험을 실행하는 그룹 프로젝트가 하나 있어요. 시간이 많이 걸릴 것 같아요.
>
> **학생:** 음, 전에는 그런 걸 해 본 적이 없어요.
>
> **코치:** 그럼, 이번 생물학 수업이 처음인가요?
>
> **학생:** 네. 그 수업에 아는 사람이 한 명 있어요.
>
> **코치:** 좋아요. 당신은 그 사람과 연락해서 그룹을 구성해야 할 거예요. 여기에는 연구 주제를 승인받기 위해 실험실 강사와 만나야 한다고 나와 있어요. 언제 그 회의를 예정해 볼 생각인가요?
>
> **학생:** 음, 아마도 이달 말경에 할 생각입니다.
>
> **코치:** 좋아요, 그럼 당신의 일정에 그 회의를 추가하고 실험실 강사에게 이메일로 회의 일정을 잡기 위한 알림을 설정해 봐요.

여기서 코치는 학생이 자신의 길을 찾도록 지도하지 않고 **이끌고** 있다. 다음은 코치가 학생에게 동일한 행동 계획을 유도하기 위해 학생이 과거 경험을 고려하도록 **안내하는** 더 자세한 예이다.

> **코치:** 지난주에는 학기 초에 발을 디딜 때 필요한 것들에 대해 많이 이야기했죠. 이번 주에는 학기 전체에 대해 좀 더 생각할 시간을 갖겠습니다. 당신의 강의별 과목 계획과 각 과목에서 당신에게 기대되는 것에 대해 어떻게 생각하시나요?
>
> **학생:** 아, 저는 분명히 그것들을 많이 살펴보았지만, 정확히 무엇을 해야 하는지 잘 모르겠어요. 일반적으로는 그렇다고 할 수 있지만, 대부분 이번 주에 교재를 구입하고 읽는 데 집중했어요. 퀴즈도 한 번 보긴 했어요.
>
> **코치:** 어떤 수업은 그런 식으로 빠르게 시작합니다. [퀴즈 응시가 목표와 관련이 있다면

학생과 코치는 이를 더 탐색할 수 있을 것입니다.] 이번 학기에 해야 할 큰 장기 프로젝트가 있나요?

학생: 음, 네. 그런 것 같아요. (망설임)

코치: 확실하지 않다면, 강의 계획서를 확인해 보세요. 원하신다면 같이 살펴볼 수 있어요.

학생: 좋아요, 좋아요. 생물학에 무언가가 있는 것 같아요. 헉. 어떤 종류의 실험 프로젝트인 것 같아요.

코치: 네, 그렇게 보이네요. 성적의 20%를 차지한다고 나와 있는데, 그런 프로젝트로 점수를 얻을 수 있는 좋은 기회일 거예요. 이렇게 큰 프로젝트를 관리하는 데 어떻게 해 왔나요? 지난 경험에서 어떤 성과를 거두었나요?

학생: 네, 그럭저럭 괜찮았어요. 사실, 꽤 스트레스를 받긴 했지만 괜찮았어요. 하지만 이번 것은 완전히 처음이라서 걱정이 돼요.

코치: 그렇죠, 그런 건 이해해요. 이런 종류의 프로젝트에 대해 기억해야 할 또 다른 점은 당신이 그것을 하는 동시에 어떻게 하는지 방법을 가르쳐야 한다는 것이에요. 그 말이 이해되나요? 지금은 생물학을 배운 적이 없어서 어떻게 해야 할지 모르겠지만, 다음 주에 실험실에서 연구 보고서를 작성해야 하는 것 같으니 몇 번 연습해 본 후에는 기분이 더 나아질 수도 있을 거예요.

학생: 맞아요. 그렇게 생각해 보니까 맞는 말이에요.

코치: 그럼 큰 프로젝트를 어떻게 관리할 생각이에요? 지난 경험에서 어떤 일을 했나요?

학생: 다른 수업에서 했던 것처럼요?

코치: 네, 좀 더 자세히 얘기해 주세요.

학생: 저는 강의 계획서(syllabus)를 꼭 확인해요. 교수님이 수업 시간에 교과서를 복습하면 정말 도움이 돼요. 때로는 무엇을 해야 하고 어떻게 점수를 매길지 알려 주는 유인물도 주실 때가 있어요. 그런 과목들이 제일 좋아요.

코치: 그래요, 그런 정보가 다 나와 있으면 좋죠. 그러면 거의 체크리스트처럼 사용할 수 있어요. '이거 했어, 저거 했어.' 이런 식으로.

학생: 네, 그런 과목들이 최고예요.

코치: 그래서 이 프로젝트에 대해 더 많이 이야기하고 유인물을 받을 가능성이 높을 것

같아요. 하지만 유인물을 받지 못한다고 가정해 봅시다. 당신의 강의 계획서에 충분한 정보가 있을까요? 이런 유인물을 만들 수 있을 만큼?

학생: 무엇을 해야 하는지 리스트 같은 거요?

코치: 네, 정확히 그렇습니다. 어떻게 생각하세요?

학생: 음, 아마요. 일부는 그렇게 할 수 있어요. 주제를 선택하고 승인을 받을 마감일이 있는 걸 본 것 같아요. 그걸 여기에 적을 수 있겠어요.

코치: 좋아요. 좋은 시작이에요. 다른 것들도 좀 더 구체적으로 정리해 볼까요? 이것들을 적어 보고 싶으세요, 아니면 제가 메모를 좀 해 드릴까요?

이 접근 방식은 분명 코치와 학생 모두에게 더 많은 노력과 시간이 들겠지만, 학생들이 과정을 주도하여 자신의 학습을 어떻게 관리해야 하는지를 배우기 때문에 이점이 있다.

비효율적인 전략 관리하기

ABI(뇌 손상 후유증)가 있는 학생들은 종종 부상 전에는 충분히 효과가 있었지만, 부상 이후에는 효과가 없는 부적응적인 루틴을 갖고 있는 경우가 많다. 실행기능 문제가 있는 다른 학생들의 경우, 중등교육 환경에서 제공된 지원 구조 때문에 전략이 대부분 필요하지 않았을 수도 있다. 이제 대학의 요구에 직면한 학생들은 종종 잘못 형성된 전략적 학습 개념에 의존한다. 우리가 반복해서 만난 자율 학습 및 자기 관리 영역에서의 두 가지 효과적이지 않은 전략은 자료를 배우기 위해 반복 사용하기("그냥 계속 반복해서 해요.")와 과제를 미루는 시간 관리 방법("기한이 가까워질 때 그것을 처리할 것이다." 또는 "어차피 어떻게든 될 거예요.")이었다. 이러한 전략 중 어느 하나도 효과적이지 않지만, 젊은 성인에게는 충분히 효과적으로 느껴져서 계속해서 사용할 가능성이 있다. 예를 들어, 훌륭한 학습자는 복습을 위해 노트를 다시 확인하고,

정보를 습득하기 위해 큰 소리로 암송한 다음 퀴즈를 상당히 잘 풀 수 있다(예: 학생이 자신의 수행에 만족하고 전략을 조정할 필요가 없다고 느낀다). 그러나 이 학생이 인식하지 못하는 것은 반복만으로 충분한 성과를 얻을 가능성이 적다는 것이다.

미루기를 전략으로 생각하지 않을 수 있지만, 학생들은 시간에 대한 요구가 너무 많기 때문에, 미루기는 종종 우선순위나 다음으로 제출해야 할 작업에 따라 해야 할 일 목록을 작성하는 것으로 이어질 때가 많다(구어적으로는 가장 시끄러운 작업이라고 한다). 이것은 수동적인 시간 관리의 한 형태이다. "그때 가서 그걸 할 거예요. 왜냐하면 지금은 지금 당장 해야 할 다른 일에 대해 생각하고 있으니까요."라고 말한다. 일정은 작업이 마감 직전에 수행되도록 설정되며 미리 수행하지 않는다. 때때로 학생들은 이 전략을 극복하기 어렵다고 인정했는데, 그 이유는 (1) 계획을 세심하게 세워야 하고, 더 중요한 것은 (2) 이 전략이 과거에는 효과적일 수 있었기 때문이다. 학생들은 과제를 완료하기 위해 밤을 새거나 마지막 순간까지 기다려 왔을 수 있으며, 그럼에도 불구하고 받은 성적이 만족할 만한 정도였기 때문에 자기 조절 루프를 조절할 필요가 없었다. 사실상 실제 성과는 목표 성과에 충분히 가까웠기 때문에 다음 과제에도 동일한 방식으로 접근할 가능성이 높았다.

미루기 전략은 다양한 이유로 실행기능 문제가 있는 개인에게는 잘 작동하지 않을 것이다. 이러한 문제가 있는 학생들은 자료 검토에 더 많은 시간이 필요할 뿐만 아니라 대부분의 작업을 완료하는 데에도 더 많은 시간이 필요하다. 게다가 학생들은(일반적으로)은 종종 과제를 완료하기 전에 필요한 시간에 대한 판단력이 부족하며 충분한 시간을 할당하지 않는다. 일반 대중에게는 이것을 계획의 오류라고 하는데(Kahneman & Tversky, 1979), 이는 사람들이 당면한 과제를 둘러싼 상황에 대해 지나치게 낙관하는 현상이다. 실행기능 문제가 있는 개인에게는 대학 환경에서 자신의 인지가 어떻게 작동하는지를 아직 배우고 있는 경우가 있으므로 작업을 완료하는 데 필요한 시간을 추정하는 것이 매우 부정확하다.

두 번째로, 뇌 손상을 입은 학생들은 피로와 싸워야 하며 인지 능력을 최대로 활용하기 위해 좋은 수면 습관을 들여야 한다. 따라서 과제나 벼락치기를 하느라 밤늦게까지 깨어 있는 것은 그들이 훌륭한 결과물을 완성하는 데 필요로 하는 시간보다 더 적은 시간을 투자하고, 또한 그다음 날 최고의 인지적 노력을 빼앗음으로써, 그들에게 두 배로 불리하게 작용할 수 있다.

그러나 과거에 사용된 전략을 사용하는 데에는 엄청난 양의 관성이 있다. 학생들은 이미 익숙한 전략을 계속 사용하려고 하며, 새로운 전략을 시행하면 이미 하고 있는 작업에 더 많은 작업을 추가하는 것처럼 느껴질 수 있다. 따라서 목표는 현재 전략의 소거 또는 확장을 다루어야 할 수도 있으며 단순히 대체를 제안하고 그것이 굳어진 루틴의 자리를 차지할 것으로 기대하지 말아야 할 것이다. 예를 들어, 학생이 플래시 카드를 반복적으로 사용한다면 학생 자체 퀴즈(검색 연습), 카드를 익숙도에 따라 정렬(학습 모니터링), 또는 문장 내 어휘 사용(세부적 코딩)을 통해 이를 확장할 수 있다. 따라서 현재의 반복 전략은 학습의 효과를 향상시키는 보다 효과적인 기억 기술과 관련되어 있을 뿐만 아니라, 학생이 실제로 이러한 전략을 실행할 가능성을 높이는 데도 기여한다. 코치는 또한 학습의 단계(즉, 인코딩, 저장, 검색)를 설명하고 이러한 추가 기술이 이러한 단계를 어떻게 다루고 더 효과적인 학습을 도와주는지 설명할 수 있다. 적절한 지원을 받으면 학생들은 코치가 학습한 자료의 효과적인 기억을 위해 필요한 단계를 설명함으로써 이러한 전략을 독립적으로 인식할 수도 있다.

이러한 교육적 구성 요소는 실행기능 문제가 있는 학생들에게 중요할 수 있다. 이러한 학생들이 '어떻게 학습하는지' 배우기 위해서 코치는 인지 과정에 대한 정보(〈표 1-1〉 참조) 및 실행기능 문제가 어떤 영향을 미치는지에 대한 정보(〈표 1-2〉 참조)를 제공해야 한다. 여기서 '지식은 힘'이라는 오래된 격언을 적용할 수 있다. 학생들이 학습과 계획이 어떻게 발생하는지 더 잘 이해하면 자신의 필요에 맞는 전략을 개발하여 그러한 과정을 어느 정도 통제할 수 있다.

조치 취하기: 자율 학습 및 자기 관리의 전략 및 성과 추적

목표 설정과 전략 세우기는 학생들에게 매우 익숙한 일이지만, 학생들이 자신의 전략을 사용하고 전략을 조정하는 것(목표-전략-행동-조정에서 행동 및 조정)은 목표를 달성하는 것과 마찬가지로 중재의 중요한 부분이다. 첫째, 학생들은 중재 회기 사이에서 목표를 달성하기 위해 노력해야 할 것을 알면서도 코치에게 추적 기록을 보여 줘야 한다는 것에 놀랄 수 있다. 둘째, 학생들은 중재 기간 동안 전략 사용에 대한 차트를 작성한 경우 어떤 부분에서 전략이 작동했는지와 작동하지 않았는지 더 나은 아이디어를 가질 것이다. 셋째, 이러한 추적은 전략을 보다 효과적으로 조정하게 되어 목표를 달성할 수 있다. 넷째, 추적은 특히 학생들이 자신의 도구 상자에서 전략을 사용하고 있는지 그리고 그러한 전략이 그들의 필요를 충족시키고 있는지 확인하는 데 학생들을 스스로 모니터링하는 방법을 가르치는 역할을 한다.

[양식 4-4] 전략 실행 추적은 학생들이 각 회기 사이에서 전략 사용을 추적하는 데 도움을 준다. 추적은 일반적인 학교 주간의 월요일부터 시작하지만 필요한 경우 각 코칭 회기와 함께 시작하도록 조정할 수 있다. 매일 학생은 전략이 필요한지 여부와 사용된 정도를 평가하고 전략 사용에 대한 성공 또는 장애물을 기록할 수 있다. 또는 학생은 +/- 시스템을 사용하여 각 등급마다 전략이 원활하게 작동한 특정 날짜와 전략이 더 어려웠던 다른 날짜를 나타낼 수 있다. 코치와 학생은 매주 회기 동안 이 추적과 전략 사용을 더 자세히 탐색하겠지만, 이 양식은 학생이 한 주 동안 전략을 어떻게 사용했는지의 개요를 제공한다. 예를 들어, 어떤 전략이 대부분 0으로 표시되어 필요하지 않았음을 나타내면, 이 전략이 학생의 요구를 충족시키지 못하거나 성과 목표를 충분히 직접적으로 대상화하지 못하는 것일 수 있다.

모바일 애플리케이션도 주간 동안 전략 사용을 추적할 수 있는 기회를 제공한다. 이러한 앱들은 개방적이어서 학생들이 개인적인 전략을 입력하고 그것을 숫자 시스템이나 이모티콘을 사용하여 추적할 수 있다. 이러한 앱 중 많은 것은 학생들이 하루

동안 여러 번 추적을 완료할 수 있도록 알림을 제공한다. 이러한 앱들은 주로 '습관 추적기'라는 제목 아래에 모아진다. 예시로는 다음과 같은 것들이 있다.

- Habit List(http://habitlist.com)
- Productive(http://productiveapp.io)
- HabitBull(www.habitbull.com)
- Strides(www.stridesapp.com)
- Momentum(http://momentum.cc)
- Streaks(http://streaksapp.com)
- Daily Goals(http://cascodelabs.com/#dailygoals)
- Goals on Track(www.goalsontrack.com)

물론, 앱이 개방형일수록(open ended) 학습하기 더 복잡할 것이라는 점이 도전 과제이다. 코치는 이러한 앱을 추천할 때 주의를 기울여야 하며, 이 기술을 선호하고 이미 일일 일정과 같은 다른 작업에 대해 성공적으로 사용하고 있는 학생들에게만 추천해야 한다. 이 목록에서 더 기본적인 인터페이스를 제공하는 앱으로는 **Productive**와 **Streaks**가 있다. **Streaks**는 최대 6개의 항목만 입력할 수 있으므로 사용자는 관리 가능한 목표를 달성하는 데 집중할 수 있다. **Goals on Track**과 같은 보다 복잡한 인터페이스는 습관 추적을 목표와 연결한다. 가능하다면 코치가 Android와 iOS 기기를 사용할 수 있다면, 학생이 회기 동안 탐색하도록 해당 앱을 설치할 수 있다. 이것이 불가능한 경우에도 코치는 이러한 옵션에 대해 스스로 알아 두어야 한다(즉, 빠른 Google 검색만으로도 수천 개의 이러한 앱이 나오는데, 학생이 모두 선택할 필요가 없다는 점을 고려하면 좋다).

마치 일부 학생들이 학업 수행을 강의 계획서의 성적 시스템을 기반으로 한 스프레드시트를 만들어 모니터링하는 것을 선택하는 것과 같이, 다른 학생들은 전략 사용을 추적하기 위해 스프레드시트 사용을 더 선호할지도 모른다. 학생들은 전략을 나열하고 등급 또는 빈도수를 제공하고 자세한 메모를 작성할 수 있다. 보다 경험이 풍부한 사용자들은 사용량의 일관성을 시간에 따라 나타내기 위해 그래프를 사용할 수 있다. Google Sheets의 등장으로 이러한 전략은 코치와 공유될 수도 있으며, 회기 간의 투명성을 더욱 향상시킬 수 있다.

전략 추적은 전략 사용에 보조적인 요소이므로, 선택한 추적 시스템이 매우 쉽고 관리하기 쉽게 느껴져야 하며, 이미 제한된 시간에 학생들의 부담을 최소화하는 것이 중요하다. 이상적으로 학생들은 추적을 보상적으로 느낄 수 있다. 추적 시트, 앱 또는 스프레드시트에 요약된 학생의 노력이 쌓이는 것을 보는 것은 목표 달성 방향으로 나아가는 진전을 기분 좋게 상기시켜 줄 수 있다.

조정: 전략 유용성 및 다음 단계

코칭 회기에서 조정은 회기 간 전략 사용 추적을 통해 명확하게 연결된다. 학생들이 진행함에 따라, 회기 간에 전략을 독립적으로 조정할 수도 있을 것이며, 특히 적용 맥락에 맞게 작은 수정을 가하는 방식일 것이다. 그러나 처음에는 이러한 구성 요소에 대한 논의가 각 회기의 큰 부분을 차지할 것으로 예상해야 한다. 대부분의 조정은 전략의 수준을 다룰 것이지만 계획(전략 실행) 또는 목표 자체를 수정할 수도 있다. 이 중요한 내용은 다음에서 설명될 것이다.

코치와 학생들은 성공, 장애물 및 다음 단계의 조정을 고려할 때 [양식 4-4] 전략 실행 추적, [양식 4-5] 전략 유용성 및 다음 단계, 그리고 [양식 4-7] 전략에 대한 학생 요약이 도움이 된다. 코치는 학생의 전략 사용(및 사용에 대한 보고) 정도를 결정하기 위해 [양식 4-4]를 사용할 수 있다. 전략의 유용성을 비교적 쉽게 평가하려는 학생들에게는 [양식 4-5]가 도움이 될 것이다. 그러나 [양식 4-7]은 새로운 전략에 대해 모호한 학생들에게 손해 대비 이득의 균형을 고려하도록 하는 데 도움이 된다. 새로운 전략을 시작할 때 이를 완료하는 것에 더 많은 노력이 필요하다고 예상할 수 있지만 시간이 지남에 따라 이러한 등급은 감소해야 한다. 그렇지 않으면 코치는 학생에게 전략 실행 및 전략의 사용 조건에 대해 질문하게 될 것이다. 건축학과 학생 중 한 명은 수업 중에 자신의 노트를 기록하기 위해 스마트펜을 사용하는 데 어려움을 겪었다(www.livescribe.com/en-us/smartpen/echo/). 앞서 설명한 대로 이 펜은 녹음을 수행하고, 녹음된 오디오를 노트에 기록한 위치와 동기화하여 특정 위치를 터치하면 학생이 그 녹음된 내용을 들을 수 있다. 펜을 사용하여 자신의 속도대로 노트를 기록한 다음 수업 후에 누락된 세부 정보를 채울 수 있었지만, 그럼에도 불구하고 학생은 교수님을 따라잡아야 한다는 부담을 느꼈다. 그것은 그가 전략을 약간 조정했을 때 돌파구가 나타났으며, 그의 노트에 교수님의 강의 내용을 말끔하게 기록하는 대신 노트에 그림을 끼워 넣기 시작했다. 펜은 이러한 그림뿐만 아니라 쓰인 단어에서도 동일하게 오디오를 호출할 수 있었기 때문에 이러한 전략 조정으로 인해 그는 강의에 따라가는 시간을 가질 수 있었으며, 그림은 그가 듣고 있는 내용을 시각적 단서와 연결시켰다. 그의 일일 추적 양식([양식 4-4])은 거의 변화가 없었지만, 전략 실행에 대한 약간의 조정으로 인한 노력의 감소와 '얼마나 유용한지'의 증가로 이어졌다([양식 4-7]). 이 두 가지 측정치의 변화는 다른 수업과 향후 학기에도 유지된 매우 가치 있는 전략으로 이어졌다([양식 4-8]).

　또 다른 예시를 들어 보자. 어떤 학생은 시험 전에 다른 학생들과 그룹 미팅을 예정하는 것에 많은 노력이 들었다. 이는 많은 시간과 노력을 필요로 하며, 그녀에게 유연성이 필요했는데 그녀는 이 부분에서 어려움을 겪었다. 코치는 [양식 4-7]을 사용하여 그녀가 이 활동을 어떻게 평가하는지 알아보았다. 그 결과, 그녀는 이것을 많은 작업과 노력으로 평가했지만, 또래들이 채워 넣을 수 있는 지식 베이스의 빈 부분을 고려하면 매우 중요하다고 판단했다. 많은 노력이 필요한 전략은 학생이 성과를 크게 향상시키고 있다고 인식할 경우 유지될 수 있다. 더욱이, 이 양식을 통해 학생들과 코치는 자기 평가 패턴으로 거의 모든 새로운 전략이 처음에는 많은 노력이 필요하지만 시간이 지남에 따라 전략이 보다 루틴화되면 노력이 덜 필요해진다는 것을 확인할 수 있다.

　[양식 4-5]는 코치와 학생들이 전략, 계획 또는 목표를 조정할 여부와 방법을 논의하기 위한 구조화된 프레임워크를 제공한다. 학생이 독서 전략을 수정하여 텍스트를

강조 표시하는 대신, 여백에 메모를 적는 방식으로 조정하기로 결정할 수 있다. 계획을 조정하려면 전략을 어떻게 사용하고 언제 사용할지에 대한 더 많은 지침이 필요할 수 있으며, 그녀가 영어 문학뿐만 아니라 모든 독서 과제에 대해 강조 표시를 사용하거나, 도서관에서 책을 읽으려는 경우, 책가방에 하이라이터를 넣어 두어 필요한 도구를 가지고 다니게 할 수도 있다.

　대부분의 경우, 전략이나 계획이 철저히 탐색된 후에 목표를 변경하는 것이 가장 좋다. 그러나 어떤 경우에는 학생이 자신의 능력이나 우선순위에 대해 더 현실적으로 인식하게 될 수 있다. 이러한 학생들에게는 목표를 조정하는 것이 적절할 수 있고 더 나은 모니터링 및 메타인지 신념의 업데이트를 향한 어느 정도의 진전을 나타낼 수 있다. 예를 들어, 한 학생은 자신의 과목에서 모두 A를 받는 것을 목표로 설정했다. 학기 중반에 그는 그것이 달성하지 못할 것 같거나, 적어도 그것이 자신의 웰빙에 부정적인 영향을 끼치고 있다는 것을 깨달았다. 그는 모든 시간을 공부하는 데 사용하고 있었으며, 과제를 확인하고 다시 확인하는 습관을 개발하여 동일한 과제를 여러 번 보기도 했다. 또한 자신의 룸메이트를 피하고 사회적 행사에 참여하지 않는 경향이 있었다. 그는 목표를 낮추기로 결정하여 몇 개의 B도 허용하는 대신 사회 참여 목표를 추가했다(이러한 목표에 대한 논의는 제7장에서 더 자세히 다룬다). 학기 말에 그는 A와 B를 모두 받았으며, 자신의 학습 목표를 수정함으로써 중요한 자기 옹호 목표를 동시에 달성할 수 있었다.

　제7장에서는 자기 옹호(self-advocacy)에 대해 더 자세히 다루지만, 우리는 자율 학습(self-learning), 자기 관리(self-management), 그리고 자기 옹호의 세 가지 영역이 어떻게 겹치며 서로를 지원하는 데 사용될 수 있는지를 계속 고려해야 한다. 효과적인 자기 관리가 학생이 적절한 공부 시간을 계획하는 데 도움이 되듯이, 학생들은 학업적 및 사회적 필요에 대해 옹호할 수 있어야 한다. 여기에 제시된 GSAA 과정은 그대로 유지되지만, 학생들은 자신의 학습을 감시하고 관리하는 방법을 배우는 것이 가장 효과적이다.

추가 자료

- 온라인 스터디 기술 자료의 샘플은 대학 웹사이트와 독립 웹사이트를 통해 제공된다. 여기에 몇 가지 샘플이 있다.
  - www.dartmouth.edu/~acskills/handouts.html
  - https://dus.psu.edu/academicsuccess/studyskills.html
  - http://academictips.org
- 중증의 기억 및 주의력 결핍이 있는 학생들에게 특정 전략을 가르치는 방법을 배우려는 경우, Sohlberg와 Turkstra의 『Optimizing Cognitive Rehabilitation』(2011) 및 Haskins와 동료들의 『Cognitive Rehabilitation Manual: Translating Evidence-Based Recommendations into Practice』(2012)를 참조하라.
- 중증 인지 및 행동 장애가 있는 학생들을 대상으로 하는 경우, Ylvisaker와 Feeney의 『Collaborative Brain Injury Intervention』(1998)와 Ylvisaker와 동료들의 『A Systematic Review』(2007)를 참조하라.
- 기억 전략 사용에 대한 체계적인 검토 및 최상의 실천 방법을 찾으려면, Velikonja와 동료들(2014) 및 O'Neil-Pirozzi와 동료들(2016)의 보고서를 참조하라.
- 군 복무자 및 퇴역 군인을 위한 인지 재활치료에 대한 검토는 『Cognitive Rehabilitation Therapy for Traumatic Brain Injury』(Institute of Medicine, 2011)에서 확인할 수 있다.

양식 6-1

계획–수행–검토하기

계획			한 일		검토	
기한/우선순위	과업 설명	예상 시간	확인	실제 시간	의견/관찰	

제7장

자기 옹호 코칭

자기 옹호(self-advocacy)는 자신의 강점과 욕구를 이해하고, 자신의 개인적인 목표를 식별하며, 법적 권리와 책임을 알고, 이러한 지식을 다른 사람에게 전달하는 데 필요한 지식과 기술로 이루어진 것이다(출처: http://www.greatschools.org/gk/articles/self-advocacy-teenager-with-ld). 자기 옹호 기술은 특히 실행기능 문제가 있는 대학생들에게 매우 중요하며, 장애가 최근에 얻게 되었는지 여부에 관계없이 필요하다. 제5장에서 독자들은 코칭이 학생들에게 인지와 실행기능의 강점과 약점을 이해하고 해석하는 데 어떻게 도움을 줄 수 있는지, 그리고 학생들이 자신의 학문적 목표를 파악하고 생성하는 방법에 대해 배웠다. 제6장에서는 학생들이 측정 가능한 목표를 설정하고, 계획을 세우고 전략을 파악하고, 전략을 실행하고 결과를 추적하고 결과를 평가하는 방법, 필요한 경우 목표, 전략 및 계획을 수정하는 것을 가르치는 방법에 대해 배웠다. 이러한 기술은 시간 관리, 조직 및 공부와 학습과 관련이 있기 때문에 중요하다.

자기 옹호는 자신에 대한 견고하고 정확한 인식에 기반한다. 대학에서 코칭을 받는 학생들은 자신의 능력과 장애에 대한 경험과 학습을 시작하며, 이러한 경험은 그들이 스스로 더 깊이 이해하고 넓게 인식하도록 도와준다. 실제로 '인식'은 다양한 경험을 통해 향상된다(Tate et al., 2014). 이제 코치의 역할은 학생들의 자기 인식을 그들의 성격과 의사소통 스타일에 맞는 자기 옹호 기술과 조화롭게 만드는 것이다. 따라서 이 장의 초점은 교육 서비스와의 제휴와 함께 친구와 가족의 다른 필요 사항에 대해 지지할 수 있도록 학생들을 코칭하는 데 있다. 이 장의 목표는 다음과 같다.

- 자기 옹호가 학생들이 도움을 찾는 데 주저하고 저항하는 다른 개인적 요인과 관련된 방법에 대해 설명한다.
- 실행기능에 문제가 있는 대학생의 편의와 권리의 맥락에서 자기 옹호를 기술한다.
- GSAA 접근 방식을 사용하여 개인 및 친구, 또래로 구성된 지원팀과 자기 옹호를 하는 코칭을 기술한다.

대학생들의 자기 옹호에 대해 코치가 알아야 할 사항

자기 옹호 기술이 장애가 있는 모든 대학생에게 필수적인 기술이라는 것은 아무리 강조해도 지나치지 않다. 자기 옹호의 가치는 연구 증거뿐만 아니라, 나 자신의 실무 경험에서도 확인되었다. 자기 옹호를 하는 학생들은 대학에서 성공할 가능성이 더 높다. 자기 옹호는 다른 많은 변수에 비해 장애 학생들의 성적 평균을 예측하는 중요한 기술이다(Janiga & Costenbader, 2002; Lombardi et al., 2011). 또한 고등학교에서 대학으로의 전환은 자기 옹호를 하는 학생들에게 더 쉽다(예: Beauchamp & Kiewra, 2004).

하지만 자기 옹호는 개인적 발전과도 관련이 있다. Walker(2010)는 장애가 있는 학생들과 그렇지 않은 대학생들 사이의 자기 옹호, 직업 성숙도 및 직업 결정에 대한 관계를 조사했다. 그녀는 **장애가 없는 학생들이 직업 성숙도와 자기 옹호가 더 높았으며, 장애가 있는 학생들 중 자기 옹호가 높은 학생들은 자기 옹호가 낮은 학생들보다 직업 성숙도가 높았다는 것**을 발견했다.

이 집단의 학생들과의 작업에서, 나는 그들이 자기 옹호하는 것을 꺼리고 어떻게 해야 할지 모를 때도 있다는 것을 발견했다. 이러한 이유는 짧게 기술되어 있으며, 다른 종류의 장애가 있는 대학생들이 자기 옹호를 하지 않는 이유와 비슷할 수 있다. 그러나 실행기능에 문제가 있는 학생들은 코치의 지원과 지도 없이 계획을 세우고 전략을 구상하고 실행하는 것이 어려울 수 있다. 자기 옹호에 대한 다음의 개인적인 장애물을 알면 학생들이 왜 꺼리는 것처럼 보이는지를 이해하고 예측하는 데 도움이 된다.

1. 실행기능 문제가 있는 대학생들을 포함해서 장애가 있는 대학생들은 **과거에는 자기 옹호 기술이 필요하지 않아서(그러므로 발전되지 않았을 가능성이 있다.) 이러한 기술을 갖고 있지 않을 수 있다.** 고등학교에서 대학으로 전환하는 학생들은 아마도 다른 사람들이 그들을 옹호하고 있었을 것이다. 그들이 받은 지원은 그들 자신의 자기 옹호에 의존한 것이 아니라 부모님과 선생님들의 옹호에 의존했다. 간단히 말하면, 자기 옹호 기술은 배우지 않은 것이다.

   새로 얻게 된 장애가 있는 학생들(예: 뇌진탕, 뇌졸중, 다발성 경화증)은 일반적으로 의료 전문가들로부터 많은 지원과 격려를 받으며 의료 기반 재활을 받는다. 재활 전문가들의 목표는 개인을 치료하고 치유하여 그들이 최대한 성공할 수 있도록 하는 것이다. 가족과 친구의 참여는 재활에 장려되며, 지원 체계가 있는 사람들이 그렇지 않은 사람들보다 더 나은 결과를 얻는다는 것을 알고 있다. 이 의료 모델은 학생들이 병이 있을 때는 효과적이지만, 대학에서 만성적인 상황을 다루기에는 부족하다. 대학 교육자들의 목표는 독립성, 자기 표현, '자신만의 방식 찾기'를 촉진하는 것이다. 장애가 있는 학생들에게 제공되는 지원은 **그들이 요청하면** 받을 수 있다. 이러한 학생들과 그들의 부모 및 의료 전문가들이 대학 문화가 학생들에게 기대하는 것을 인식하지 못할 때, 오해와 후속 조치 부족으로 인해 지원을 받을 권리가 있는 학생들에게 제공되지 않을 수도 있다.

2. **자기 옹호는 다른 개인적 요소와 관련이 있다.** 특히, 장애가 있는 청소년 학생들의 도움을 청하는 행동은 **자기 인식, 목표 설정, 대처 전략 및 도움을 청하는 것의 손**

실과 이득과 관련이 있다. 1997년에 수학 문제로 도움을 청하거나 묻는 것에 대한 청소년 학생들의 보고서를 조사한 Ryan과 Pintrich의 연구에서, 인지 및 사회 기술에 대한 자기 인식이 낮은 학생들은 도움을 청하려 하지 않았으며, 즉, 피하는 경향이 높았다. 보다 최근의 연구에서 Hartman-Hall과 Haaga(2002)는 장애에 대한 자기 인식, 목표 유형, 교수의 응답(부정적, 긍정적) 및 학습 장애가 있는 학생들의 도움을 청할 의사와의 관계를 조사했다. 학습 장애가 있는 대학생들은 **교수에게 긍정적인 응답을 받았을 때** 도움을 청하려는 의사를 표현하였고, 교수에게 부정적인 응답을 받았을 때 그렇지 않았다(즉, 피하는 행동을 했다). 더 나아가, **장애를 변화 가능하고 낙인이 없는 것으로 인식하는 학생들**(즉, 자존감이 **높은 학생들**)은 장애를 변하지 않고 '전체적'이며 부정적으로 인식하는 학생들(즉, 자**존감이 낮은 학생들)보다 도움을 청할 의향이 더 높았다.** 마지막으로, 목표의 종류도 이러한 학생들의 도움 요청 여부에 어느 정도 영향을 미쳤다. 구체적이고 측정 가능한 목표(예: 성적 향상)는 도움 청구와 관련이 있었으며, 일반적인 목표(예: 학습 향상)는 피하거나 도움을 청하지 않는 행동과 관련이 있었다(p. 263).

자기 인식이 부정적이거나 장애를 오명으로 여기는 학생들은 자기 옹호 결과에 부정적인 응답이 오면 위협을 받을 수 있다. 다시 말해서, 학생이 교수로부터 부정적인 응답(또는 부정적으로 인식된 응답)을 받을 때 오명이 학생의 마음에서 확인될 수 있다. 반면에 긍정적인 자기 인식을 가진 학생들은 부정적인 응답을 받을 때, 그 응답을 자신과 무관한 상황으로 설명할 가능성이 높다. 다음 예를 고려해 보자. 자신의 장애에 오명을 둔 학생이 수업 후에 다가오는 시험에서 추가 시간을 얻기 위한 과정을 교수와 논의하려고 했다.

교수는 수업 자료를 챙기며 학생에게 말한다. "다음 수업 후에 얘기해도 될까요? 지금 시간이 없어요. 회의하러 가야 해요." 그 학생은 아마 "봐봐요, 이게 번거로울 줄 알았어요. 너무 창피해요. 어떻게 해야 할지 모르겠어요. 도와주기를 정말 싫어하셔요."라고 생각할 수도 있다. 자기 인식이 강한 학생의 경우, 같은 상황에서 "오, 이 교수님 오늘 정말 바빴어요. 교수님이 저한테 부탁한 것처럼 다음 수업 후에 다시 물어봐야겠어요."라고 다르게 해석할 수도 있다. 후자의 시나리오에서, 그 학생은 교수의 반응을 있는 그대로 받아들였고, 첫 번째 학생이 그랬던 것처럼 그것을 개인화하지 않았다.

3. **학생들은 도움을 청할 때 독립성을 추구하는 것과 충돌할 수 있다.** 결국 대학에서의 시간 동안 학생들은 가족에게 덜 의존하고 또래들과 더 가까이 어울릴 수 있도록 노력한다. 발달적으로 이 단계는 신경생물학적 변화(예: 전두엽 및 그 연결의 완성), 사회적 변화(예: 어느 그룹에 속해야 하는지 찾아보기) 및 지적 변화(예: 관심사 탐색, 직업 및 경력 경로 식별)를 포함한 중요한 단계이다.

실행기능 문제가 있는 학생들에게는 이러한 발달 기간이 '독립적'이 되기 위한 필요한 기술을 아직 갖고 있지 않아서 추가적인 어려움이 있을 수 있다. 이러한 학생들과 그들의 또래들은 '독립적'이라는 것을 원하고 있다. 그들은 장애가 있는지 없는지와 상관없이 독립하고 싶어 한다. 대학에 입학하기 전에 조치를 받은 학생들은 이 시간을 '장애 트랙에서 벗어나는 기회'로 여길 수 있다. 그들은 지켜보자는 태도를 가질 수 있다. '필요하면 도움을 받겠어.'라고 생각할 수 있다. 그러나 새로 얻게 된 실행기능 문제가 발생한 학생들은 도움을 청하는 데 이전 경험이 거의 없으며, 새로운 장애와 보존된 능력을 가지고 생활한 경험이 없으므로 무슨 도움이 필요하고 필요하지 않은지 알지 못할 수 있다. 더욱이, 이러한 학생들은 부상 또는 질병으로 인하여 가족과 더 의존적인 관계로 되돌아가야 하기 때문에 독립을 향한 방향과는 정반대에 있다. 이러한 요소들은 장애 서비스의 역할과 책임에 대한 오해와 결합되어, 이러한 학생들의 거의 50%가 사용 가능하고 받을 권리가 있는 코칭 지원과 서비스를 받지 못하게 만든다 (Kennedy et al., 2008).

4. **장애가 있는 학생들은 장애 서비스에 등록하지 않을 수 있다. 이는 누가 이 서비스를 이용하고 어떤 서비스가 제공되는지에 대한 오해 때문일 수 있다.** 장애 서비스에 대해 토론하는 학생들의 의견을 고려해 보자.

"그런 건 특수 교육 같은 것 아닌가요? 나는 특수 교육이 필요하지 않아요."

"그런 서비스는 청각 장애가 있는 사람, 시각 장애가 있는 사람 또는 휠체어를 사용하는 사람들을 위한 것 아닌가요? 통역사가 필요한 경우처럼요."

"나는 많은 도움이 필요하지 않아요. 조금만 필요해요. 그런 건 내가 필요한 것보다 훨씬 더 많은 도움이 필요한 학생들을 위한 것 아닌가요?"

"고등학교에서 특수 교육 서비스 자격을 얻지 못했기 때문에 대학에 들어와서도 그런 서비스 자격을 얻을 수 없을 거라고 생각했어요."

"캠퍼스에서 이런 종류의 도움이 있는 걸 몰랐어요."

"장애 서비스가 나 같은 사람을 위해 무엇을 할 수 있는지도 모르겠어요."

〈표 7-1〉은 대학생, 장애 전문가 및 강사의 기본 역할과 책임을 나열하고 있다. 학생과 부모가 합리적인 편의 조치를 확인하는 과정에서 각 개인의 역할을 알고 이해하는 것이 매우 중요하다.

📚 표 7-1 학생, 장애 서비스 제공자 및 강사의 기본 역할과 책임

학생	장애 서비스	강사
의료 및/또는 심리학적 서류를 장애 서비스에 제공한다.	학생들에게 장애 서비스가 무엇을 하는지 설명하고, 학생들의 역할과 책임을 교육한다.	학생들을 장애 서비스에 의뢰하고 편의 조치를 결정하는 과정에 참여한다.
편의 조치 결정 및 제공 과정에 참여한다.	전문가 보고서를 기반으로 장애 여부를 판단한다.	편의 조치가 계획대로 제공되고 있는지 확인한다.
장애 상태가 변경되면 장애 서비스에 알려 주고 논의한다.	의료/심리학적 서류를 비밀리에 보관한다.	강의 계획서와 수업 중에 포용적인 언어를 사용하여 장애 학생들이 필요할 때 도움을 구하도록 격려한다.
편의 조치가 제공되지 않을 때 장애 서비스에 알리고 논의한다.	'접근(access)'을 제공하기 위한 편의 조치를 식별하고 승인한다. 그러나 학업적 '성공(success)'을 보장하는 것은 아니다.	편의 조치가 결정되려면 필수적인 구성 요소를 파악한다.

〈계속〉

효과가 없는 장애 서비스에 공지하고 논의한다.	편의 조치와 캠퍼스의 추가 서비스를 포함하는 계획을 작성한다.	질문이나 우려 사항이 발생할 때 장애 서비스에 도움을 요청한다.
학기와 학년 내내 주기적으로 장애 서비스와 연락을 유지한다.	합리적인 편의 조치의 제공을 지원하고 필요할 때 편의 조치를 변경한다.	학생들의 의견을 제시하거나 질문이 있을 때 이름을 호명하면서 수업 참여를 확인한다.
수업에서 어려움을 겪을 때 장애 서비스에 알리고 계획을 수립한다.	학생들의 허락을 받아 강사 및 다른 사람들과 함께 학생들을 옹호한다.	수업 외의 그룹 작업이나 프로젝트를 조직할 때 학생들의 편의 조치가 잘 지켜지고 있는지 학생들과 확인한다.

　학생 본인이 장애 서비스 사무실과 연락을 취하고 등록하는 것에 대한 책임이 있는데, 부모, 재활 전문가 및 전환 전문가는 과정에 참여할 수 있지만 학생의 동의 없이는 서비스를 제공받을 수 없다. 다시 말해, 학생 스스로가 이러한 서비스에 연락하고 등록하는 과정에서 주도적으로 나서야 한다. 이런 의미에서 **장애 서비스에 등록하는 것은 자기 옹호자로서의 초기 단계이다.**

학생 권리, 책임 및 자기 옹호 기술

　대부분의 사람은 1973년에 제정된 연방 법률인 504조, 1973년「재활법」에 대해 잘 알지는 못하지만, 인식하고 있다. 이 법률은 장애가 있는 학생들을 차별로부터 보호하고 대학 포함 교육에서 평등한 접근을 제공하기 위해 제정되었으며, 대학에서는 장애가 없는 학생들과 동일한 교육 및 서비스에 접근할 수 있게 합리적인 조치를 제공하도록 요구했다. 이 법률의 의도는 교육에 대한 평등한 접근을 제공하여 공정하게 하는 것이다. 1990년에는 장애인들에게 공공장소까지 이러한 조치를 확대시키는「미국 장애인법(ADA)」이 제정되었다. 편의 조치 지원은 대학 캠퍼스 내 학생 장애 서비스 센터의 훈련받은 직원이 파악하고 승인한다. 2008년에는 ADA에 대한 개정안이 생활의 주요 활동에 참여를 제한하는 정신적 또는 신체적 장애를 포함하는 장애의 정의를 확대하고 「미국 장애인법 개정법(ADAAA)」으로 구체화되었다. 동시에 미국 고용평등기회위원회(EEOC)는 ADAAA를 반영하기 위해 직업 및 교육 규정을 개정하도록 하였으며, 이러한 규정은 2011년에 승인되었다(www.eeoc.gov/laws/regulations/adaaa_fact_sheet.cfm).

Cory(2011)는 코치, 학생 대학 교육자들이 필수적으로 이해해야 하는 이러한 법률의 두 가지 주요한 측면을 요약했다. 첫째로, 학생 프로그램, 전공 또는 과목의 **'필수 요소'를 유지하면서 차별로부터의 보호**이다. 예를 들어, 대학 강의실에서 형광등이 있는 전통적인 강의실은 PCS(뇌진탕 후 증후군)가 있는 학생에게 주의력 분산, 두통 및 피로를 초래할 수 있다. 모든 학생에게 조명을 어둡게 하는 대신(경우에 따라서는 합리적이고 수용 가능한) 장애 전문가가 파악한 편의 조치로 학생은 수업 시 선글라스를 착용할 수 있다. 그러나 강사가 학생에게 강의실에서 선글라스 착용을 금지하는 정책을 가지고 있다고 가정해 보자. 이는 학습과 수업 참여에 필수적이지 않고 의도하지 않은 차별의 예가 된다. 다시 말해, 수업 시간에 선글라스를 착용하면 이 학생은 필수 학습을 방해하지 않으면서도 교실 학습에 평등하게 접근할 수 있다. 이 문제는 학생의 책임이므로 학생이 편의 조치가 필요하다는 사실을 교수자와 공유하면 피할 수 있다.

그러나 '필수 요소'라고 불리는 프로그램, 전공 또는 과목의 모든 학생이 가져야 하는 어떤 종류의 지식과 기술이 있으며, 이에 대해서는 어떠한 편의 조치도 취할 수 없다. 예를 들어, 언어치료 대학원 프로그램의 학생들은 언어 및 말하기 기준을 충족해야 하며, 언어치료학자로서의 역할은 언어 장애가 있는 개인을 평가, 모델링 및 치료하는 것을 포함한다. 언어 및 말하기에 대한 능력은 이러한 교육 프로그램의 필수 요소이므로 언어 또는 말하기 장애가 있는 학생들은 이 대학원에 적합한 후보가 아닐 수 있다. 또 다른 예로는 시험을 위한 과목 자료를 학습하는 것이다. 정보를 기억하는 능력은 많은 대학 과목의 필수 요소이므로, 작업 기억력 장애가 있는 학생은 합리적인 조치(예: 시험 시간 연장, 대체 시험 형식)에도 불구하고, 시험 자료를 기억할 수 없는 경우 해당 과목을 이수하지 못할 수 있다.

Cory(2011)에 따르면, 두 번째로 이해해야 할 핵심적인 측면은 편의 조치가 합리적이어야 한다는 것이다. 조치란 장애가 있는 그 외의 자격을 갖춘 학생이 참여할 평등한 기회를 갖도록 과목, 프로그램, 서비스, 직장, 시설 또는 활동에 대한 수정 또는 조정이다. 그러나 대학생들에게 '합리적'이라는 의미는 "과목마다, 사람마다 다양하다. 어떤 강의에서 한 학생에게 합리적인 것이, 같은 강의에서 다른 학생에게 합리적일 수 있고 그렇지 않을 수도 있다. 또는 다른 강의에서 같은 장애가 있는 학생에게 합리적일 수 있다. 이것이 편의 조치가 사례별로 학생, DS 직원 및 강사와의 대화를 통해 결정된다는 이유이다(Cory, 2011, p. 29)."라고 설명한다. [그림 7-1]은 다양한 종류의 편의 조치를 제공하는 고등 교육 기관의 백분율을 보여 준다. 이 데이터(Raue & Lewis, 2011)는 미국 전역에서 장애가 있는 학생들을 등록하는 3,680개의 기관에서 얻어졌다. 대부분의 기관은 추가 시험 시간(93%), 노트 테이커, 공부 기술 지도, 강사의 노트/과제, 대체 시험 형식, 적응 장비/기술, 디지털 녹음된 텍스트, 글을 읽어 주는 시간(readers), 교실의 물리적 변경 및 튜터를 제공한다고 보고했다. 장애 전문가들은 신경 심리학자 및 다른 전문가들의 보고서와 추천에 따라 조치를 결정한다. 중

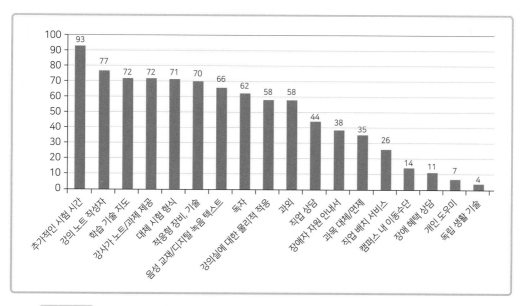

그림 7-1　대학생들에게 이러한 구체적인 편의 조치를 제공하는 고등 교육 기관의 백분율

출처: Raue & Lewis (2011).

요한 점은 필요한 보고서의 종류에는 변동성이 있다는 것이다. 그러나 이러한 종류의 시험이 주와 국가 차원에서 이루어지는 학문의 실천 범위 내에 있는 일부 언어병리학자, 작업치료사 및 직업 심리학자들의 보고서를 받아들이지만, 대부분의 기관은 면허를 가진 심리학자가 실시한 검사 보고서를 요구한다.

다음은 실행기능 문제가 있는 대학생들에게 제공되는 전형적인 수정 사항 종류에 대한 짧은 편의 조치 목록이다. 주의할 점은 느린 처리, 기억력 장애, 읽기 장애, 시각 장애와 같이 실행기능 이외에도 학생들이 가질 수 있는 다른 장애에 대해 제공될 수 있는 편의 조치가 나열되어 있지 않다는 것이다.

- 시험 시간 연장
- 시험을 볼 때 개인용 조용한 공간
- 과제 기한 연장
- 필기를 도와주는 사람
- 강사가 수업 전에 노트/과제를 제공
- 보조 기술 사용

어떤 편의 조치가 허가되더라도 이러한 조치는 대학 생활 동안 학생들이 경험하는 변화를 반영하도록 자주 검토 및 수정되어야 한다(Scott, 2002). 그러나 어떤 수정이든 정리되기 전에 학생, 장애 전문가, 프로그램 감독자 및 강사는 다음과 같은 문제에 대해 대화해야 한다.

- 프로그램 및 필수 과목 요소에 따라 합리적인 것은 무엇인지.
- 편의 조치가 시행되고 있는지 여부 및 조치가 평등한 접근을 제공하고 있는지 여부.

이 반복적인 과정은 학생들이 학년 초에만 하는 것이 아니라 정기적으로 장애 전문가와 만나 대화해야 한다는 것을 요구한다. 이 장의 후반부에서는 학생들이 장애 전문가 및 강사, 또래와 어떻게 협력할 수 있는지에 대한 설명이 나와 있다.

GSAA 접근법을 사용한 자기 옹호 코칭

실행기능 문제가 있는 학생들이 자기 옹호 능력을 갖추도록 코칭하는 것은 학생들의 자기 인식, 다른 사람들로부터 받은 부정적인 반응을 어떻게 관리, 해석 및 대응하는지, 그리고 이와 관련된 위험 등을 고려해야 한다. 학생들은 교육자(예: 장애 서비스 전문가, 교수 보조, 강사)뿐만 아니라 또래, 친구 및 가족과 함께 자기 옹호 능력을 발휘해야 한다. 다음 섹션에서는 학생들이 자기 옹호 활동으로 지지자 팀을 구성하는 방법을 설명하며, 이 토론은 학생들이 자신의 강화된 자기 인식, 자기 효능감 및 개인적인 의사소통 스타일을 반영하는 방식으로 자기 옹호를 하는 방법을 가르치는 GSAA 접근법의 설명이 이어진다.

⬙ 자기 옹호 능력을 촉진하는 팀 접근법

대학생들과의 업무를 통해 실행기능 문제가 있는 학생들에게 지원 팀이 그들의 성공에 매우 중요하다는 것을 알아냈다. 사실, 지원 팀을 구성하는 학생들은 자기 옹호의 행위를 수행하고 있다. 이것은 학생에 의한 명시적인 인정이다. 학생은 코치가 제공하는 것 이상의 지원이 필요하다고 인정하고 있다. 이러한 이유로 학생들에게 팀을 구성하도록 하는 것이 코칭의 우선순위가 되어야 한다. 학생들이 팀 구성원을 선택하고 그들과 함께 일할 때 코치가 생각해야 할 두 가지 주요 원칙이 있다.

원칙 1: 학생들은 팀의 개별 구성원을 확인하고 지원이 필요하다고 인정한다.

코치는 학생들에게 캠퍼스 내 다양한 전문가의 역할과 책임에 대해 교육을 할 수 있고 권장 사항을 제공할 수 있지만 궁극적으로는 학생들이 스스로 선택한다. 이것은 학생들이 자신의 팀에 누가 속할지를 결정하는 자주권을 강조한다. 〈표 7-2〉는 캠퍼스에서 찾을 수 있는 잠재적인 팀 구성원과 캠퍼스 외 개인적인 생활에서 학생들의 일부인 다른 개인을 나열하고 있다.

코치는 이러한 학생들과 팀에 관한 대화를 어떻게 시작할 수 있을까? 다음은 주의력에 문제가 있는 학생의 정리 능력에 영향을 미친 사례이다.

코치: 여기 캠퍼스에는 다양한 일을 도와주는 많은 개인이 있어서, 그런 분들 중에서 누구를 당신의 팀에 넣고 싶을지 고려해 볼 만한 몇 가지 명단이 있어요(학생에게 〈표 7-2〉의 명단을 보여 준다).

학생: 네, 그런데 팀을 만드는 목적은 뭔가요?

코치: 음, 이들은 당신을 대학에서 지원하기 위해 특정 역할이나 직무를 가진 개인들입니다. 팀 구성원들은 자신의 일을 할 수 있도록 서로에게 의존하고 있어요. 예를 들어, 당신이 논의한 편의 조치를 받을 수 있도록 장애 전문가인 짐(Jim)에게 의존하고 있어요. 여기는 당신의 팀에서 원하는 종류의 사람들 목록입니다(〈표 7-2〉를 다시 참조한다). 개인, 당신과의 관계 및 그들이 당신을 위해 할 일을 나열하는 데 이 양식 [양식 7-1]을 사용할 수 있습니다. 이 양식에 그 개인의 연락처 정보를 넣어서 모든 것을 정리하고 한 곳에 두는 것도 좋습니다.

학생: 그럼 제 직업 상담사 같은 다른 사람들도 팀에 넣을 수 있어요?

코치: 물론이죠.

학생: 팀에 저의 부모님과 제 가장 친한 친구 셰릴(Cheryl)도 추가할게요. 그게 다인 것 같아요.

코치: 좋아요, 이제 캠퍼스에 있는 다른 사람들 중 팀에 넣고 싶은 사람들이 있는지 보겠습니다(목록을 가리킨다). 어떻게 생각하세요?

학생: 반드시 장애 서비스에 짐을 넣어야 해요. 그리고 대화 연습을 할 수 있도록 커피 모임을 가지러 만나 주시는 스페인어 강사는 어떠세요?

표 7-2 학생들이 고려할 수 있는 잠재적인 팀 구성원 목록

대학과 관련된 개인	대학과 관련되지 않은 개인
• 코치	• 가족(부모, 형제자매)
• 장애 서비스 제공자	• 친구, 또래
• 강사	• 진로 재활 상담사
• 조언자	• 의료 제공자(예: 작업치료사, 언어치료사)
• 정신 건강 상담사	• 정신 건강 상담사
• 튜터	• 개인 트레이너

학생들은 일반적으로 가족이나 가까운 친구들을 팀에 초대하지만, 직업 상담사 및 장애 전문가와 같은 특정 유형의 지원을 제공할 수 있는 다른 전문가를 포함하기 위해 코치로부터의 제안을 필요로 하는 경우도 있다.

코치는 팀의 구성에서 다양한 변화가 있음을 알아야 한다. 일부 학생들은 대부분 캠퍼스 전문가로 이루어진 팀에 가족과 친구를 합류시키는 것이 우선이지만, 다른 학생들은 가족과의 연결이 덜하고 캠퍼스 직원 및 교수만이 팀에 포함되길 원할 수 있다. 불행히도 일부 학생들은 그룹을 명시적으로 '팀'으로 지정하고 싶지 않을 수 있 겠지만, 그럼에도 불구하고 그들은 그룹에서 지원과 서비스를 받고 있다. 학생들의 이유가 다양할 수 있지만 이 결정은 독립적인 필요성을 강하게 반영할 수 있으며, 이러한 학생들이 성공하기 위해서는 필요한 것, 필요한 때, 그리고 누구로부터 어떤 것을 어떻게 추적할 수 있는지 기억과 조직 능력이 필요할 것이다.

원칙 2: 팀워크를 통해 학생들은 (대부분의 경우) 지원받는 동안 안전한 환경에서 지지적인 사람들과 함께 자기 옹호 기술을 연습하면서 주장을 실천하는 모습을 볼 수 있다.

팀을 구성함으로써 코치는 자기 옹호를 모델링할 수도 있다. 다음 대화에 대해 생각해 보자.

코치: 당신이 장애 서비스 전문가를 팀 멤버로 나열한 것을 볼 수 있습니다. 그녀를 당신의 팀에 넣는 것은 정말 도움이 될 것입니다. 수정 사항이 효과가 있는지 그녀에게

알려 줄 수 있을 거예요.

학생: 아, 제 편의 조치 지원은 바뀔 수 있나요? 학기 초에 지원받고 그게 다라고 생각했어요.

코치: 실제로 어떤 이유로든 편의 조치가 실행되지 않거나, 그냥 효과가 없는 경우, 그녀와 얘기할 수 있어요. 그녀는 그것이 어떻게 변경될 수 있는지와 무엇이 합리적인지에 대해 제가 알지 못하는 정확한 정보를 가지고 있어요. 그녀가 팀에 속해 있으면 모든 것이 훨씬 쉬워져요. 그녀는 당신을 정말 잘 알고 당신이 무엇을 하려고 하는지 알고 있으니까요.

학생들이 팀을 구성하는 데 필요한 코칭의 양과 종류는 학생들의 실행기능 능력에 따라 다를 수 있다. 다음에서는 GSAA(Goal Setting and Action Planning) 접근법을 사용하여 학생들이 팀을 만들 때 코치가 어떻게 지원할 수 있는지 먼저 설명한 후에, 친구와 또래들과 함께 자기 옹호를 코칭할 때 고려해야 할 사항에 대해 논의해 보자.

◈ 자기 옹호 코칭에 GSAA 적용하기

자기 옹호 코칭에 GSAA 접근법을 적용해 보자. 자기 옹호에 GSAA 방법을 사용하여 학생들에게 팀 빌딩을 가르치는 방법에 대해 안내하고자 한다. 여기서 주요 초점은 **장애 서비스 전문가, 강사 및 기타 대학 직원과의 의사소통**에 있다. 이와 같이 복잡한 활동에서, **자기 조절 목표**는 학생이 다른 개인들로 이루어진 팀을 만들고 협력하는 것이고, **성과 목표**는 학생이 자신이 필요한 것을 설명할 수 있도록 하는 것이다. 행동계획 양식([양식 4-6])은 이러한 종류의 활동에 적합한 구조를 제공하여 학생들이 필요에 따라 코칭 지원을 받으며 단계를 작성할 수 있도록 한다. 따라서 여기서 사용하는 **전략**은 이러한 자체 식별 단계의 공식화와 실행이다. 학생들이 각 단계가 얼마나 어려울 것인지 예상하고 그 예측이 맞는지 돌아보게 되면, 미래를 참고하기 위해 자신의 성과에 대한 보다 깊은 이해를 얻을 수 있다. [그림 7-2]는 지원 팀을 만드는 학생을 위한 이 과정을 설명한다.

　　각 단계에 마감일을 할당하면 학생은 따라가는 데 어려움이 없었다(**행동**). 이 목표를 달성하기 위해 **조정**이 필요하지 않았지만, 그는 다른 상황에서 유용할 수 있는 여러 가지 추가 기술을 배웠다.

- 필요한 것을 설명하는 방법 및 그의 필요를 설명하는 것이 유용한 다른 상황을 식별하는 방법(예: 자신의 편의 조치에 관해 강사에게 다가가기).
- 온라인 일정 시스템 사용 방법.
- 각 단계가 얼마나 어려울 것인지와 각 단계를 완료하는 데 얼마나 많은 시간이 걸릴지 예상하는 방법.

목표: 나의 대학 팀의 구성원으로써 내 삶의 다양한 영역에서 개인들을 초대하기

나의 계획 단계	완료됨 (✓)	E = 쉬움 R = 루틴 H = 어려움	
		될 거야…….	~이었다.
1. 개인을 식별하고 그들의 역할을 설명한다. [양식 7-1] 마감일: 1주 이내	✓	E	E
2. 각 개인의 연락처 정보를 얻는다. [양식 7-1] 마감일: 1주 이내	✓	R	R
3. 왜 팀을 구성하는지, 그리고 그들에게 무엇을 원하는지에 대해 각 개인에게 이메일을 작성한다. [양식 7-1] 마감일: 2주 이내	✓	E	H
4. 팀 멤버의 최종 명단을 그들의 응답을 기반으로 작성한다. 마감일: 2주 이내	✓	R	R
5. 다른 팀과의 대면 회의에 참석하도록 초대한다. Doodle 스케줄을 설정하고 발송한다. 마감일: 2주 이내	✓	R	H

- **이 계획은 얼마나 잘 이루어졌는가? 목표를 달성했는가?**

  계획은 잘 이루어졌지만, 일부분은 예상보다 어려웠고, 다른 부분은 더 쉬웠다.

- **모든 단계가 필요했는가?**

  확실히 그랬다.

- **예상하지 못한 추가 단계가 있었는가? 어떤 것들이었는가?**

  그렇지 않았다.

- **단계는 예상한 것처럼 어려웠는가?**

  – 팀이 왜 필요한지 설명하는 것이 예상보다 어려웠다……. 내 초안은 너무 길고 자세해서 더 간결하게 편집하면서도 나답게 들리도록 도와줄 코치의 도움이 필요했다. 그러나 이제 나는 내가 누구이고, 무엇을 필요로 하며, 왜 필요한지 다른 사람들에게 설명할 방법이 생겼다.

  – Doodle 일정 작성은 많은 시간과 문제해결이 필요했지만 이제는 사용하는 방법을 알게 되었다. 몇몇 사람들은 이를 작성하는 데 도움이 필요했는데 시간이 걸렸다.

- **다음번에는 무엇을 다르게 할 것인가?**

  – 아무것도 하지 않을 것이다. 하지만 다음번에 무언가를 계획할 때 더 쉬울 것이다.

  – 하지만 다음번에는 사람들이 답변할 시간을 좀 더 여유롭게 가져야 할 것 같다.

  – 이제 나의 상황을 설명하는 방법을 알게 되어 정말 도움이 된다.

  그림 7-2 행동 계획 양식([양식 4-6])을 사용하여 팀을 만드는 방법의 예시

    팀 회의에서 학생들은 자기 옹호를 모델로 볼 수 있으며 직접 실습할 수도 있다. 학생들과 코치는 첫 번째 팀 회의를 위한 의제를 설정하고, 학생들은 편안하게 주도할 수 있는 만큼 큰 역할을 할 수 있다. 일반적으로 학생들은 자신의 자기 효능감이 강해지고 실행기능이 향상되어 결국은 자신의 팀 회의를 주관하는 데 더 큰 역할을 하게 된다(Mazzotti, Kelley, & Coco, 2015). 학생이 팀 회의에서 어떤 역할을 하는지와 관계없이 잘 작동한 부분과 그렇지 않은 부분을 성찰함으로써 자기 조절 학습을 활성화한다. 코치는 이 토론을 위한 '전략 유용성 및 다음 단계 양식'([양식 4-5])을 유용한 가이드로 찾을 수 있다.

    편의 조치가 실행되지 않을 때 어떻게 해야 하는지 알아내는 또 다른 자기 옹호가

필요한 상황을 고려해 보자. 다음은 학생들이 이러한 상황이 발생할 때 일반적으로 하는 이야기들이다.

"강의 전 슬라이드를 받는 게 어떻게 될지는 무작위이지만 괜찮아요, 정말, 수업 조교(Teaching Assistant: TA)에게 문제를 일으키고 싶지 않아요."

"수업 앞자리에 좋아하는 자리가 있는데, 일찍 와서 제 자리를 차지하는 학생들이 있어요. 어떻게 해야 할지 모르겠어요."

"수업 중에 퀴즈 시간을 어떻게 더 많이 얻을 수 있는지 강사에게 물어봤지만 그는 그것이 불가능하다고 했어요. 다른 사람들과 함께 퀴즈를 보고 망쳤어요. 10점 중 4점 정도 받은 것 같아요."

"학과 건물의 조용한 방에서 시험을 보기로 했는데 강사가 잊어버렸고 그래서 다른 사람들과 함께 시험을 보게 되었어요. 제 불안증상은 정말 심각해졌어요."

코치가 학생들에게 이러한 상황이 발생했을 때 어떻게 할 수 있는지 물어보면, 응답은 학생들의 대처 전략(플래너 vs 회피자), 자기 인식 및 의사소통 기술에 따라 다양하며 다르다. 일부 학생들은 옵션을 논의하고 조치 계획을 결정한 다음 직접 실행하고 싶어 하며, 다른 학생들은 강사나 TA에게 직접 다가가는 것을 불편해하고, 장애서비스 전문가를 통해 해결하길 선호한다. 다음 시나리오는 이 점을 설명한다.

뇌 손상 후에 불안과 자존감 부족을 겪은 학생은 계획, 조직 유지 및 새로운 자료 기억에 실행기능 문제가 있었다. 그녀의 불안증상은 이러한 문제들을 더 악화시켰다. 그녀의 주요 관심사와 **목표**는 수업에서 최대한 잘하는 것이었으며, 이는 수업 강의 자료를 검토하는 것과 관련된 **자기 조절 목표**였다. 그녀의 **편의 조치(전략적 해결)** 중 하나는 강의 자료를 받아서 강의 전에 검토하는 것이었으나, 강사는 연속 2주 동안 그녀에게 강의 자료를 제공하지 않았다. 두 번째 주 이후에 그녀는 강사에게 자료를 받지 못한 사실에 대해 물어보았는데, 매우 긴장되었다.

"스미스(Smith) 박사님, 제가 강의 자료가 필요한 그 사람이라는 거, 기억하시죠? 많이 바쁘시겠지만, 저는 자료가 정말 필요합니다."

　그는 자료를 그녀에게 주겠다고 말했지만, 여전히 그녀는 이후 두 차례 강의 전에도 자료를 받지 못했다. 이 시점에서 그녀는 뒤처지고 있다는 생각에 불안과 긴장이 생겼으며, 강사의 수행 부족에 좌절했다. 코칭 지원을 받아, 그녀는 장애 서비스 전문가에게 강사한테 연락할 것을 요청하기로 결정했다. 여기서 지적할 점은 학생이 장애인 전문가에게 접근하기보다는 강사에게 다른 말이나 이메일을 보내는 등 다르게 처리할 수 있었다는 점이다. 하지만 그녀는 이미 강사와 이야기를 나누었으며, 매우 불안했고, 더 뒤처지고 있었기 때문에 이것이 적절한 해결책이었다. 학생의 장애 서비스 전문가가 즉시 강사에게 연락을 취하자, 학생은 다음 수업 및 학기 나머지 부분의 강의 자료를 받을 수 있었다. 학생은 매우 안도하며 불안이 없어졌다. 이 학생을 위해 '스트레스'를 제거하는 것은 그녀에게 어려운 수업을 통과하는 데 충분한 자신감을 주었다. 돌아보면 그녀는 자신이 적절하게 행동했다고 믿었다. 그녀에게는 강사한테 자신의 편의 조치를 상기시키는 것에 대한 불안이 이미 컸으며, 그녀에게 필요한 자료에 동등하게 접근할 수 있다는 것 자체가 장애물이었다. 졸업 전에, 그녀는 CSS-BI에서 "장애 서비스는 어떻게 유용했나요?"라는 질문에 다음과 같이 대답했다.

　　"강사와 문제가 있을 때마다 제 상담사는 강사에게 직접 연락을 취해 줬어요. 그래서 정말 편리하고 도움이 됐어요. 걱정할 필요가 없었어요. 그들은 시험을 거기서 (장애 서비스 센터에서) 보게 해 줬어요. 그래서 내가 준비가 안 되었을 때, 다른 학생들이 얼마나 시험을 잘 준비했는지 볼 필요가 없었어요. 그냥 공부하고, 수업 시간에 더 힘들게 하던 그런 감정을 다룰 필요가 없었어요. 그래서, 네, 제 상담사는 정말로 도움이 많이 됐어요."

　자기 조직화와 자율 학습을 코칭할 때와 마찬가지로 일부 학생들은 자신의 전략을 활용하거나 사용하지 않는 경우가 있다. 이 장에서 설명한 이유로 모든 학생이 편의 조치에 접근하기 위해 자기 옹호 능력을 사용하지는 않는다. 다음 시나리오는 고등학교에서 다수의 뇌진탕을 입고 그로 인해 매우 주의산만하고, 만성 두통 및 피로를 포함한 후뇌진탕 증상이 있는 학생을 다루고 있다. 그의 전반적인 **목표**는 증상을 관리하면서 좋은 성적을 받는 것이었다. 그의 편의 조치 중 하나는 장애 서비스 센터의 산만하지 않은 공간에서 시험을 치르는 것이었다. 다시 말해, 이러한 조치는 그에게 공정한 기회를 제공하기 위한 **전략**이었다. 그러나 코치의 권장에도 불구하고 그는 "정말 번거로워." 하고 "배보다 배꼽이 더 크다."라고 말하며 이를 하려 하지 않았다. 시험 성적은 그 스스로 만족스러웠지만 그의 증상은 여전히 문제였다. 그런 다음, 전자레인지를 사용하기 위해 대학원생이 오고 가는 이른바 '조용한 방'(강사가 제공한)에서 시험을 본 좋지 않은 경험을 한 후에, 그는 주의를 빼앗지 않는 공간을 사용하기 위한 계획을 세웠다. 그의 계획은 [그림 7-3]에 나와 있다. 그는 시험 일정을 알리고 조용한 방을 예약하기 위해 장애 서비스에 연락하는 것이 '어려울 것'이라고 예상하고, 장애 서비스에서 제공하는 방에서 시험을 보는 것도 '어려울 것'이라고 예상했다. 이것이 그가 이 편의 조치 지원을 활용하지 않은 이유였다. 그러나 실제 경험은 다르게 나타났다. 학생은 시험을 치르기 위해 주의를 빼앗지 않은 공간을 사용한 후 다음과 같은 의견을 나타냈다.

> **학생:** 거기서 시험을 보는 게 훨씬 좋았어요……. 그런데 웃긴 건, 산만하지 않은 공간에는 정말 많은 산만함이 있어요! 연필 깎는 것이 있고, 의자가 돌아다니고 좌우로 움직이더라고요. 하지만 나는 그냥 너무 편안해서 자세가 훨씬 나아진 것 같아요. 그래서 편안하게 느껴졌고, 뒤로 누워서 시험을 봤어요(한숨을 내쉼). 시험 결과는 어떻게 나왔는지 모르겠지만 시험을 끝내면서 '좋아, 끝났다'고 생각했어요. 머리가 아프지 않았고, 낮잠을 자지 않아도 되었고, 아무런 문제도 없었어요. 그냥 나머지 하루를 보냈어요.
>
> **코치:** 와, 잘되어서 다행이에요. 이게 당신에게 큰 변화겠죠?
>
> **학생:** 네! 시험 결과는 모르겠지만 그냥 끝난 후에 훨씬 나아진 느낌이었어요.

이제 대학에서 실행기능 문제가 있는 학생들이 직면하는 예상치 못한 사회적 도전을 고려해야 하는 또래와 친구들과 함께 자기 옹호하는 방법에 대해 가르치는 것으로 전환해 보자. 예를 들어, 뇌 손상을 입은 개인들은 부상 전보다 친구가 더 적다고 보고 있으며, 특히 또래들이 그들의 문제를 이해하지 못하는 것으로 보고 있다(Kennedy et al., 2008, 2014). ADHD가 있는 학생들의 경우와 마찬가지로, 자기 존중감과 대학 생활에 적응하는 것과 같은 추가적인 요인들도 학생들에게 영향을 미칠 것으로 생각된다(Shaw-Zirt et al., 2005). 다음은 대학생 설문 조사 후속 질문을 기반으로 한 의견이다.

"지금은 친구가 더 적어요. 모두가 이해하는 게 아니에요. 친구들은 나와 어떻게 함께 있어야 할지 몰라요."

"다른 사람들이 내가 뇌 손상을 입었다는 것을 알 수 있는지 모르겠어요. 저는 절뚝거리며 걷지도 않고 눈에 띄는 상처도 없어요."

"내 친구들은 내가 왜 나가서 놀 수 없는지 이해하지 못해요. 그들은 내가 좋은 성적을 받으려면 공부하는 데 시간이 오래 걸린다는 걸 이해하지 못해요. 이게 고등학교처럼 쉽지 않아요. 훨씬 어렵고 더 많이 공부해야 해요."

"한 번은 누군가가 나에게 '나도 낮잠이라도 자고 싶어'라고 말했어요." (뇌진탕으로 인한 만성 피로를 겪은 학생의 "다른 사람들은 내 문제를 이해하지 않는다."라는 질문에 대한 응답)

목표: 뇌진탕 후유증 증상을 덜 겪기 위해 장애 서비스 센터에서 제공하는 주의를 배앗지 않는 공간에서 더 편안하게 시험을 보는것

나의 계획 단계	완료됨 (✓)	E = 쉬움 R = 루틴 H = 어려움	
		될 거야……	~이었다.
1. 시험 일정이 확정되면 장애 서비스에 알려서 조용한 공간을 예약할 수 있도록 한다. 　마감일: 시험 일주일 전	✓	H	E
2. 강사에게 시험을 그곳에서 보게 될 것을 미리 알려 준다. 　마감일: 시험 일주일 전	✓	E	E

〈계속〉

3. 시험을 보기 위해 일정을 재조정한다. 　마감일: 시험 일주일 전	✓	R	R
4. 편안한 옷을 입는다. 　마감일: 시험 당일	✓	E	E
5. 시험을 본다. 　마감일: 나머지 학생들이 시험을 보는 날과 동일한 날	✓	H	E

- **이 계획은 얼마나 잘 이루어졌는가? 목표를 달성했는가?**

  정말 효과가 있었다! 머리가 아프지 않았고, 그 후에 낮잠을 자러 가지 않아도 됐다.

- **모든 단계가 필요했는가?**

  그렇다.

- **예상치 못한 추가 단계가 있었는가? 어떤 것들이었는가?**

  아니다.

- **단계는 예상한 것처럼 어려웠는가?**

  예상한 것보다 그렇게 어렵지 않았다.

- **다음에는 무엇을 다르게 할 것인가?**

  장애 서비스 센터에서 시험을 보겠다.

그림 7-3　행동 계획 양식([양식 4-6])을 사용하여 장애 서비스 센터에서 시험을 보는 것을 보여 줌

　학생들이 대인관계를 구축하고 유지하는 것은 실행기능 문제가 있는 학생들에게 어려울 수 있다. 왜냐하면 그들은 조직력을 유지하는 데 어려움을 겪고, 우선순위를 정하고, 계획을 수립하고 이행하며 약속을 잊어버리는 등의 어려움에 직면하기 때문이다. 그러나 그들의 사회적 기술 또한 그들의 관계에 해를 끼칠 수 있다. 억제 기능이 약한 학생들은 생각하기 전에 말할 수 있다. 맥락을 알아차리지 못하거나 신체 언어에 주의하지 않거나 대화 신호를 이해하지 못하는 학생들은 의사소통을 적절하게 조절하지 못할 수 있다. 이 책의 범위를 벗어난 TBI(Traumatic Brain Injury) 환자를 돕는 사회적 의사소통 기술과 치료적 개입에 대한 풍부한 문헌 자료가 있다. 독자들은

이 문제에 대한 깊이 있는 논의를 위해 McDonald, Togher, 및 Code(2014)를 참고할
것을 권장한다.

또래들과의 관계를 유지하거나 구축하는 것을 목표로 하는 학생들을 위해, 스스로
선택한 전략을 포함하는 계획이 중요할 것이다. 〈표 7-3〉은 자기 옹호의 의사소통
전략 예시와 이러한 전략이 적합한 의사소통 문제 유형을 제공한다.

어떤 전략을 사용하고 계획이 어떻게 보일지는 학생과 그의 자기 옹호에 따라 다
를 것이다. 더 어려운 점은 어떤 계획의 경우 자율 학습과 자기 관리라는 다른 두 영
역을 통합해야 한다는 것이다. 예를 들어, 학생들이 또래들과 활동에 참여할 수 없는
경우, 그들은 불참을 설명하기 위한 대본과 대안 계획의 제안을 가지고 있어야 한다.
대본을 개발하고 대안 계획을 고민하는 것은 학생들이 유연하게 생각하거나 아이디
어를 생성하는 데 어려움을 겪는 경우, 특히 학생들이 기타 기억, 언어 또는 주의력
결핍이 있는 경우에 실행기능을 고갈시킬 수 있다.

≋ 표 7-3 **실행기능 문제가 있는 대학생을 위한 자기 옹호 의사소통 전략**

전략	전략이 필요한 학생 유형
관찰-기다림-듣기-말하기(OWLS)	• 의사소통에 방해가 되지 않거나 대화를 독점하거나 맥락에 주의를 기울이지 않고 말하는 경향이 있다.
중지-생각-수락-이완-재구성-해결 (STARRS)	• 다른 사람의 반응이 중립적이거나 부정적일 때 어떻게 대응해야 할지 고민한다. • 긴장하거나 불안해하는 학생들에게 특히 유용하다.
누가, 무엇을, 언제, 어디서, 어떻게	• 학업 및/또는 사회적 상황에서 대화를 예상하고 계획하는 데 어려움을 겪는다.
대화 대본	• 이들은 대화를 시작하는 방법을 모르거나 그들이 다시 응답해야 할 가능성이 있는 답변에 대해 불안해하며 이에 응답해야 할 수도 있다.
다른 사람의 응답을 요약하고 명료화하기	• 그들은 이해했는지에 대한 확신이 없으며, 어떻게 응답할지 고려하는 데 추가적인 시간이 필요하다.
긍정적인 자기대화	• 사회적 의사소통 기술에 자신감이 없거나 부정적인 반응을 예상하는 사람들

코치는 학생들이 자기 옹호 능력(자신을 올바르게 표현하고 요구사항을 이야기하는 능력)에 대한 필요를 해결할 수 있도록 이러한 영역에서 지도를 제공하는 역할을 해야 한다. 비슷하게, 학생들이 시간 관리에 어려움을 겪는 경우, 금요일과 토요일 저녁 또는 수요일과 일요일 오후와 같이 친구들을 정기적으로 만날 시간을 계획해 보는 것이 좋을 수 있다. 학생들은 이러한 날을 자신의 계획에 블록 처리하고, 이 시간은 다른 약속이 있는지 결정하는 순간에 고민하지 않고 친구들에게 자유롭게 제안할 수 있다는 것을 알 수 있다.

관계를 구축할 때, 학생들은 덜 구조화된 활동을 생각하여 다른 사람들과의 비형식적인 사회적 연결을 가능하게 하는 **솔루션 또는 전략**을 고려해야 할 수도 있다. 다음 예시에서는 GSAA 자기 조절 과정이 학생이 새로운 친구를 사귀는 **목표**를 달성하기 위한 방법을 탐색하고 경험하도록 코칭하면서 지속적이고 자연스럽게 진행된다.

뇌 손상으로 인해 이 학생은 아이디어 생성, 특히 해결책 도출 및 그것을 실행하는 데 어려움을 겪는 실행기능 문제가 있었다. 처음에는 대학에서 압도되는 것처럼 보였고, 사회적 상황을 피하고 철회하는 반응을 보였다. 그 대신 그녀는 성적 유지에만 집중했다. 사회적으로 고립된 학기 후에 그녀는 새로운 친구를 사귀지 못했다는 것을 깨달았다. 그녀의 룸메이트들은 종종 그녀 없이 시간을 보냈다. 그녀는 본래 내성적이었고 상황을 피하는 방어 메커니즘을 사용했으며, 룸메이트와 같이 이미 잘 아는 사람들과 만날 때 무슨 말을 해야 할지 잘 몰랐다. 코치의 도움을 받아 그녀는 대화의 단계로 상황을 파악하고, **언제, 어떻게** 또래들과 더 많은 시간을 보낼 수 있는지 계획을 세우기로 했다. 그녀의 **전반적인 목표**는 사회적인 관계 네트워크를 확장하는 것이었지만, **자기 조절 목표**는 계획의 단계를 충족시키는 것이었다(예: 룸메이트와 함께 공용 공간에서 식사하는 것처럼). 그리고 수업이 끝난 후에도 몇 분 정도 머물면서 그녀의 반에 있는 다른 학생들을 만났다. 게다가 그녀는 뇌 손상 전에 고등학교 때 합창단에 참여했기 때문에, 사회적 관계를 확장하기 위한 논리적인 방법으로 합창단을 포함한 수업 외 활동을 확대했다. 따라서 그녀의 **계획의 단계**들은 그녀가 새로운 친구를 사귀려고 **시도할 전략**이 되었다.

그녀와 코치는 목표 달성 척도(GAS; 제5장)를 개발하여 새로운 친구를 사귀기 위한 세 가지 구성 요소의 진행 상황을 추적할 수 있도록 했다. 세 개의 별도의 GAS를 사용하여 그녀의 목표는 ① 룸메이트와 함께 최소한 식사 횟수의 반을 함께하는 것, ② 수업 전후에 적어도 두 명의 학생과 대화하는 것(또는 그룹 토론이 있는 경우), ③ 합창단에 가입하고 연습 첫 주에 최소한 세 명의 학생을 만나는 것이었다. 처음에는 이 학생에게 이러한 단계가 너무 요구적일 것이라고 우려했지만, 많은 학생이 새로운 친구를 사귀기 위해 열린 마음을 가지고 있는 학기 초에 계획을 실행(실시)했기 때문에 예상보다 쉬웠음을 발견했다. GAS(목표 달성 척도)는 그녀가 만든 관계가 장기적인 우정으로 발전하는지를 측정하기 위해 고안된 것은 아니었지만, 그녀에게는 자신을 소개하고 낯선 학생들과 대화를 나눌 수 있어 자신감을 키우는 데 중요한 도움이 되었다. 그녀는 룸메이트들과 서로 깊은 우정을 형성했기 때문에 식사나 저녁에 Netflix를 시청할 때 대화를 주도할 필요가 없었다는 것을 발견했다. 대신 이러한 활동의 일부로 참여함으로써 그녀는 그들을 조금씩 더 알게 되었고, 그들도 그녀를 알게 되었다. 그녀는 계획을 잘 수행하고 또래들을 만나는 경험이 더 많아짐에 따라 자신감을 다시 조금씩 조절하기 시작했다. 공통적인 활동이나 관심사가 처음 연락을 쉽게 만들 때, 그녀는 실제로 그렇게 내성적이지 않다는 것을 깨달았다. 따라서 그녀는 계획을 **조정**하지 않았으며 결국 새로운 친구들을 사귀게 되었다. 하지만 항상 쉬운 것은 아니었고, 그녀가 사람들을 피하는 경우도 있었지만, 코칭을 통해 학생이 주로 공부 부담으로 압도될 때 이런 일이 발생한다는 것을 알게 되었다. 따라서 이 과정을 통해 그녀는 자신의 사회적 행동에 대한 자기 인식이 크게 높아지고 자신감이 증가하여 앞으로 친구를 사귀는 데 큰 어려움이 없을 것임을 깨닫게 되었다.

실행기능 문제가 있는 대학생들에게 자기 옹호 능력을 코칭하는 데 마지막 코멘트가 필요하다. 모든 학생이 자기 옹호 능력에 대한 코칭을 원하거나 필요로 하는 것은 아니다. 일반적으로 이러한 학생들은 자기 조직화와 자율 학습에 대한 코칭이 필요하지만 다양한 이유로 자기 옹호 능력에 대한 코칭 지원이 필요하다고 보지 않는다. 우리는 자기 옹호 능력을 다루지 않은 두 종류의 학생 시나리오를 관찰했다.

첫째 시나리오는 다른 학생들보다 더 독립적이며 이 분야에서 더 적은 지원이 필요한 학생들에게 해당된다. 그들은 자신의 자기 결정에 대해 더 성숙하며 대학에서 무엇을 원하고 어떻게 얻을 것인지 알고 있다. 일반적으로 이러한 학생들은 자기 조직화와 자율 학습에 대한 코칭을 받지만, 자기 옹호 능력 지원에 대해 기다렸다가 결정을 내린다. 예를 들어, 우리 중 한 명의 학생은 부상을 입은 후에도 매우 적은 장애를 가졌다고 주장했으며, 때로는 그의 어려움을 코칭하는 것이 도전이 된다는 것을 명시적으로 인정하지 않으려 했지만 그는 이 두 가지 영역에서 코칭을 받기로 했고, 필요할 때 자신의 편의 조치를 사용했다. 나중에 우리는 그가 강한 자기 옹호 능력을 가진 사람으로 규정했음을 깨달았다. 그는 부상 전에도 가족에게 거의 의존하지 않는 독립적인 의사결정자였으며, 확고한 진로를 가졌고 우수한 언어 의사소통 기술을 가지고 있었고, 개방적이고 친근한 성격을 가지고 있었다.

둘째 시나리오는 방금 묘사한 것보다 더 흔하다. 실행기능 문제가 있는 모든 학생은 대학 직원과 협력하기 위해 자기 옹호 능력을 필요로 하지만, 모든 학생이 친구들과 함께 자기 옹호 능력 지원을 원하거나 필요로 하는 것은 아니다. 우리가 코칭한 학생 중에서, 가장 중요한 우선순위는 학업적으로 성공하는 것이었다. 나중에 학업적 성공을 경험하고 대학을 마칠 수 있을 것임을 깨닫자, 그들은 사교적 생활에 더 많은 관심을 기울이기 시작했다. 이러한 학생들에게 친구와 또래들과의 자기 옹호 능력은 대학 후기에 우선순위가 되었으며, 그들은 가족과 옛 친구에 더 의존할 수도 있었다. 그러나 이는 또한 그들이 친구들과 더 나은 옹호자가 될 준비가 되었을 때, 그들이 한 사람으로서 자신에 대한 더 긍정적인 자기 인식과 자기 이미지를 가지고 많은 강점과 적은 장애가 있는 개인들임을 의미한다. 자기 자신에 대한 이러한 생각은 그들이 나중에 친구를 선택할 때 **더 나은 선택**을 하도록 도와줄 수 있다.

추가 자료

- 『Accommodations in Higher Education under the Americans with Disabilities Act』(ADA)에 관한 책: 『A No-Nonsense Guide for Clinicians, Educators,

Administrators, and Lawyers』(Gordon & Keiser, 2000)를 참조하라.

- "대학에 가고 싶은 장애인을 위한 실용적인 가이드": http://tucollaborative.org/pdfs/education/College_Guide.pdf를 참조하라.
- "모든 학생을 위한 접근성 결정 내리기": www.cehd.umn.edu/NCEO/OnlinePubs/briefs/brief11/brief11.html를 참조하라.
- 자기 옹호 능력 교육 및 교육 자료는 다음과 같다.
  - "ME! 자기 인식 및 자기 옹호 능력 교육 레슨": www.ou.edu/education/centers-and-partnerships/zarrow/trasition-education-materials/me-lessons-for-teaching-self-awareness-and-self-advocacy.html를 참조하라.
  - 학생들에게 자기 옹호 능력 교육: https://teachingselfadvocacy.wordpress.com
  - 우선순위 | 자기 옹호 능력 기술 빌딩에 관한 모범 사례: www.parentcenterhub.org/repository/priority-selfadvocacy
  - National Gateway to Self-Determination: http://ngsd.org/audience-topic/for-people-with-disabilities/self-advocacy

양식 7-1   집단 구성원

내 팀원들은 내가 지원이나 도움을 받을 수 있는 사람들이다.

이름	관계	그들은 무엇을 할 것인가?	연락 정보
누구한테 갈 수 있나요?			
누구한테 갈 수 있나요?			
누구한테 갈 수 있나요?			
누구한테 갈 수 있나요?			

제8장

독립을 향한 코칭

코칭의 마지막 단계는 코치로서의 역할에서 학생이 자신의 코치가 되도록 최종적으로 전환하는 것을 포함한다. 궁극적인 목표는 학생들이 자기 코칭을 할 수 있도록 하는 것이다. 이 마지막 장의 목표는 다음과 같다.

- 학생들이 자기 코칭하도록 돕기 위해 사용할 수 있는 도구를 설명한다.
- 실행기능 문제가 있는 학생들을 지원하는 것에 대한 관행에서 역동적 코칭으로 전환하는 방법을 고려하도록 돕는다.

자기 코칭을 촉진하는 도구

학생의 자기 코칭으로 나아가는 마지막 단계는 이 책에서 제시된 원칙과 접근을 준수한 경우에는 그렇게 어렵지 않다. 지금까지 코칭을 통해 학생들과 함께 목표를 설정하고 전략과 해결책을 제안하며, 행동 계획을 수립하고 조정하는 데 있어 학생들에게 통제권을 부여하는 방법을 알고 있을 것이다. 자기 코칭으로의 전환은 학생들이 갑작스런 변화로 경험하지 않아야 할 독립으로 향하는 자연스러운 진행이다. 이를 달성하기 위한 몇 가지 제안이 다음과 같다.

첫째, 학생들의 매 학기와 학년 말의 **자기 성찰**은 그들이 얼마나 많은 것을 달성했는지, 스스로에 대해 얼마나 많은 것을 배웠는지, 그리고 얻은 지식과 기술을 다른 상황에서 어떻게 활용할 수 있는지를 보여 주는 방법이다. 학생 중심의 결과물(즉, 실질적인 성취)은 과제 및 수업 성적의 개선과 같은 것으로 제한되지 않으며, 긍정적인 결과는 학생들이 학업 전공과 직업 경로에 대한 큰 결정을 내리며 얻는 독립성을 반영해야 한다. 그러나 중요한 것은 학생들이 달성한 것뿐만 아니라, 그들의 자기 조절 능력이 어떻게 목표 달성을 가능하게 했는지 논의하는 것이다. 예를 들어, 학생들과 그들이 생각한 것보다 어떤 부분이 어려웠거나 쉬웠는지에 대한 논의는 그들의 자기 개념과 자기 효능감을 형성하는 데 도움이 될 수 있다(예: '[양식 4-2] 자기 성찰: 시작' 및 '[양식 4-3] 자기 성찰: 끝'). 그리고 우리가 아는 바와 같이 장애가 있는 학생들은 대학과 직장에서 성공하기 위해 강한 자기 효능감이 필요하다. 이 시점에서 코치와 학생들이 명시적으로 논의해야 할 것은 다음과 같다.

- 자신의 필요성, 능력 및 장애에 맞게 솔루션과 전략을 식별하고 수정할 수 있다.
- 전략을 실행하는 능력을 자기 평가할 수 있으며, 어떤 것이 어려운지, 더 쉬운지 또는 더 일상적인지 더 잘 인식할 수 있다.
- 장애 서비스부터 친구와 가족에 이르기까지 지원을 받을 수 있다.
- 전략 또는 목표를 재방문하고 조정함으로써 더 강건해질 수 있다.
- 긍정적인 조직, 공부 및 자기 옹호 일상을 수립할 수 있다.

둘째, **포트폴리오**는 코칭을 받으며 학습한 모든 전략과 솔루션을 추적하는 데 매우 유용한 도구이다. 포트폴리오는 계획, 조직, 기억 및 학습과 같은 실행기능 문제가 있는 학생들에게 특히 유용하다. 포트폴리오는 학생들이 달성한 것뿐만 아니라 어떤 전략이 작동했는지, 언제 작동했는지, 얼마나 어려웠는지(또는 쉬웠는지), 전략의 추가 사용 사례를 기록할 수 있는 단일 공간이다. [양식 4-7] 전략 요약(학생용)은 학생들이 사용해 본 전략을 상기시키고, 이러한 전략을 다른 활동에 사용하는 방법을 상기시키기 위해 포트폴리오에 포함될 수 있다. 학생들이 코칭을 받는 첫 학기에 포트폴리오를 시작하고 정기적으로 업데이트하면 성과와 자신에 대해 배운 내용의 지속적인 기록을 유지할 수 있다. 포트폴리오는 일반적으로 학생이 정한 범주로 구성되며 전자식(예: Evernote)부터 종이 공책까지 다양한 형태로 구성될 수 있다.

코치는 학생들이 계획, 전략 수립, 실행 및 조정을 스스로 하기 시작할 때 그들의 역할이 거의 끝났음을 알게 될 것이다. 학생들이 자기 조절에 더 익숙해질수록 코치는 청취하고 긍정적인 피드백을 주는 것 외에는 할 일이 거의 없을 것이다. 이것의 지표는 학기마다 코칭 회기의 필요성이 더 적어지는 것이다. 그럼에도 불구하고, 많은 학생은 다음 학기나 학년의 시작에서 코치와 계획을 재검토해야 할 필요가 있다. 이러한 회의는 학생들에게 코칭을 받으며 배운 계획, 조직, 공부 및 자기 옹호의 일상을 상기시키기 위한 것일 뿐이다. 포트폴리오를 가지고 있으면 학생들이 이전에 설정한 일상을 상기시키고 이러한 회의에서 논의를 용이하게 할 수 있다.

마지막으로, '멈춘' 학생들을 코칭할 때 Prochaska 및 동료들(1992)과 Di Clemente 와 Velasquez(2002)가 확장한 변화의 단계와 〈표 4-1〉에서 찾을 수 있는 코칭 제안을 재방문하는 것이 도움이 된다. 이러한 변화의 단계를 다시 방문하면 코치들에게 이미 사용한 것 외에 다른 접근 방법을 상기시킬 것이다. 그러나 임상적인 우울증, 불안증, 또는 강박적 행동과 같은 일부 문제에 대해서는 학생들에게 정신 건강 전문가를 추천하는 것이 가장 도움이 된다. 코치의 학문적 배경과 실무 범위에 따라 학생들은 평가 및 치료 지원을 제공하는 훈련을 받을 수 있다. 예를 들어, 언어치료사로서 나는 우울증, 불안증 또는 기타 정신적 문제로 인해 학생들에게 심리치료를 제공하지 않지만, 내 범위 내에서 더 광범위한 개입인 인지 재활 및 언어치료를 제공할 수 있다. 그러나 문제의 성격이 코치의 실무 범위를 벗어나면 학생을 훈련받은 면허를 가진 전문가에게 소개하는 것이 적절하다.

역동적 코칭을 실무에 통합하기

지금까지 실행기능, 자기 조절 및 역동적 코칭에 대해 배웠으므로, 이 접근 방식을 어떻게 여러분의 임상 또는 교육 실무에 통합할 것인지 고려해 보는 것이 중요하다. 아마도 다음과 같이 해결되지 않은 문제가 남아 있을 수 있다.

역동적 코칭에 대해 확실히 이해한 부분과 덜 이해한 부분은 어떤 것인가?

이 질문에 대한 답은 당신의 학문적 배경에 따라 달라질 수 있다. 예를 들어, 언어치료사와 작업치료사는 인지 재활에 대한 배경으로 전략을 식별하는 데 자신감을 가질 수 있을 것이며, 심리학자는 토론을 촉진하기 위해 동기강화상담 기법을 사용하는 데 자신감을 가질 수 있을 것이다. 당신의 학문적 배경과 상관없이 당신이 확실히 덜 이해하는 부분에 대해 이야기하고 논의할 또래를 당신의 학문 분야 내외에서 찾아보라. 아마도 다른 또래가 당신에게 도움이 될 추가 설명이나 그들 자신의 실무에서의 예를 제공하고, 당신도 그들을 도와줄 수 있을 것이다. 우리가 가진 정보에 따르면, 당신은 대학생들과 함께 작업하고 있으며, 특히 실행기능 문제와 주의, 기억 및 학습 장애가 있는 학생들을 돕는 방법에 관심이 있는 것 같다. 다음은 당신의 상황과 관련된 몇 가지 고려사항이다.

어떤 학생들이 이 접근 방식에 적합한 후보인가?

실행기능 문제와 함께 주의, 기억, 및 학습 장애가 있는 학생들은 이 접근 방식에 적합한 것으로 보인다. 더 심각한 인지 장애가 있는 학생들은 보다 집중적이고 교육적인 접근이 필요할 것이며, 이러한 학생들은 이 접근 방식에는 적합하지 않을 수 있다.

현재 대학에서 학생들과 함께 작업할 수 있는 환경을 제공하는가?

당신이 대학 캠퍼스에서 작업하는 것이 이 접근 방식을 적용하기에는 이상적이지만, 그렇지 않은 경우도 있을 수 있다. 병원 외래 환자를 다루는 재활 전문가로서 대학에 재학 중인 ABI(취득성 뇌손상)가 있는 학생들을 코칭할 수 있다. 대학 학업 기술 센터, 장애 서비스 센터, 언어치료 클리닉과 같은 캠퍼스 내 클리닉은 학생들을 지원하는 데 이상적인 환경이다.

이러한 접근 방식을 사용하지 못하게 하는 학문 분야와 관련된 장애물이 자리하고 있는가? 그 장애물은 무엇이며 어떻게 관리할 수 있는가?

코치는 훈련을 진행하기 위해 분야별 지식과 기술을 고려해야 한다. 재활 전문가(언어치료사, 작업치료사, 심리학자, 직업 재활 상담사)는 각각 명확한 실무 지침과 실무 범위가 있는 학문 분야에서 일한다. 예를 들어, 이러한 각 분야의 실무에는 ABI가 있는 개인을 위한 인지 재활 치료(CRT)가 포함되며, 이 책에서 설명하는 역동적 코칭은 실제로 실행기능 문제가 있는 대학생을 지원하는 데 적용되는 CRT의 확장이다. 이 두 분야는 공통점이 많지만, 인간 행동의 다른 측면을 강조한다. 예를 들어, 직업 재활 상담사인 코치가 학생이 읽기 문제를 해결하기 위해 직접적인 지도가 필요하다는 것을 알게 되면 언어치료사에게 의뢰하는 것이 좋다. 언어치료사인 코치가 학생이 직업을 탐색할 준비가 되었다고 판단하면 해당 학생을 직업 상담사에게 의뢰해야 한다. 대학 장애 전문가인 코치가 학생에게 임상 우울증 치료가 필요하다고 의심하는 경우 상담사 또는 정신 건강 전문가와 상담해야 한다.

코칭 서비스에 대해 비용을 청구할 수 있는가?

간단한 답변은 "예"이다. 코칭은 다른 CRT, 언어치료, 작업치료와 마찬가지로 목표가 측정 가능하고, 기능적이라면 비용을 청구할 수 있다. 미네소타대학에서는 코칭 서비스가 미네소타 고용 및 경제 개발부(DEED)와의 계약을 통해 청구되었다.

마지막으로, 역동적 코칭을 사용하는 방법을 배우는 것은 강력한 실행기능에 의존한다는 점을 제외하고는 우리 대학생들에게 요구하는 것과 유사하다. 코칭 기술 중 일부는 쉽게 익히게 되고, 다른 일부는 더 어려울 것이며, 자신에게 설정한 코칭 목표를 수정하거나 전략이 효과가 없을 경우 수정해야 할 수도 있을 것이다. 그러나 탄력적으로 행동해야 하며, 새로운 것을 배울 때 항상 예상했던 대로 되지 않을 수 있음을 깨달아야 한다. 또한 이 노력에서 당신의 동료가 있음을 기억하라. 종종 이 협력 관계에서 나오는 해결책과 결과는 당신 둘 중 누군가가 혼자서 상상하는 것보다 더 나을 수 있다.

부록

장애 서비스 전문가가 뇌진탕에
대해 알아야 할 사항

장애 서비스 전문가가 뇌진탕에 대해 알아야 할 사항

뇌진탕을 앓는 학생들이 증가하고 있는데, 이들은 대학 장애 서비스 제공자로부터 지원을 구하고 있다. 이 문서의 목적은 뇌진탕을 앓고 있는 대학생과 협력할 때 기대할 수 있는 사항에 대한 몇 가지 일반적인 질문에 답변을 제공하는 것이다.

1. 경미한 TBI(mTBI) 또는 뇌진탕이란 무엇인가?
   - mTBI에 대한 CDC 태스크 포스: 부상 후 관찰 또는 자가 보고된 모든 기간을 포함한다.
     - 일시적 혼란, 방향 감각 상실 또는 의식 장애
     - 부상 당시 기억력 장애
     - 30분 미만 동안 지속되는 의식 상실 또는 변화된 상태
     - 신경학적 징후(예: 발작, 현기증)
   - 경중 합병증 TBI에는 앞의 항목 중 하나와 양성 신경병리학적 영상 소견이 포함된다.

2. 뇌진탕 후 증후군(PCS)과 관련된 군집 증상은 어떤 모습인가? (이러한 증상군은 서로 영향을 미친다.)

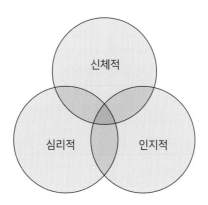

   - 신체적 증상
     - 수면 장애를 포함한 피로
     - 시각 장애(안구 운동, 복시, 시야 흐림, 빛 민감성)

- 두통(천천히 또는 갑작스럽게)
- 균형
- 메스꺼움
- 이명(귀울림)
- '안개가 낀' 느낌
- 인지 · 증상
  - 주의력 · 산만함
  - 단어 찾기
  - 듣기, 읽기, 쓰기, 생각하기를 포함한 느린 처리 속도
  - 기억: 새로운 학습, 필요할 때 정보에 대한 접근
  - 실행기능: 계획, 조정, 억제 및 후속 조치
- 심리사회적 증상
  - 생활방식 변화에 대한 조정, 인지 문제
  - 부상 및 증상 확인
  - 과민성, 욱하는 행동
  - 우울증, 불안
  - 좌절

3. 부상으로 인한 증상이 안정되는 시점이 있는가? (부상 자체는 몇 시간에 걸쳐 진행되며 뇌의 변화는 부상 직후 입증될 수도 있고 그렇지 않을 수도 있다.)
   - 대다수는 부상 후 3~6주 이내에 완전히 회복된다.
   - 어떤 경우에는 더 오랜 시간이 걸리고(예: 수개월에서 1년) 영구적인 증상이 나타난다. 이러한 개인의 경우 **증상 관리**(환경, 일정 변경, 보상 또는 새로운 전략)에 중점을 둔다.
   - 학생들은 mTBI/뇌진탕을 이해하고 증상 관리 방법을 배우는 데 도움을 줄 수 있는 **의료팀의 관리를 받아야** 한다.

4. 신경심리학적 평가는 얼마나 자주 완료해야 하는가? 이에 대한 가장 좋은 방법은 무엇인가?
   - mTBI 학생들의 문제는 조용하고 구조화된 신경심리학 검사 상황이 아니라, 복잡한 환경에 존재하기 때문에 많은 신경심리학적 평가에서는 학생들의 문제를 드러내지 않는다.

- 또한 증상 체크리스트를 활용하고 부상 전과 부상 후 성과를 비교한다.
- 가장 좋은 방법은 (a) 자기 보고된 증상을 듣고, (b) ER 보고서를 통해 부상을 확인한다. (c) PCS가 있는 학생들은 이러한 증상과 문제를 제기하지 않을 가능성이 크다고 믿는다.

5. PCS가 있는 학생들과 작업할 때 경험한 일반적인 영향에는 어떤 것이 있는가?
- 학생들이 (신체적/정신적) 너무 과하거나 성실히 일을 할 때 증상이 나타난다.
- 그들은 주기적이고 잦은 휴식기간이 필요하다(조용하고 방해받지 않는 수면).
- 증상을 관리하면서 일이나 노력을 관리하는 법을 배울 필요가 있다.
- 그들은 또래들로부터 **거의 또는 전혀 지원을 받지 못하며** 심지어 자신이 '너무 좋아 보이는' 자신의 문제를 이해하지 못하는 가족들로부터도 도움을 받지 못한다. 많은 사람이 좌절하고 우울해하며 학업 성적이 좋지 않은 것으로 나타난다.
- **이전에 이런 일을 해 본 적이 없기 때문에** (a) 어떤 편의 조치가 필요한지 모른다. (b) 그들은 스스로를 옹호하는 방법을 모른다.
- 그들은 자신의 증상이 계속 지속될 것이라고 **생각조차 하지 않을 수도 있다.** 슬픔의 변화가 지연될 수 있기 때문이다.
- 수업 과제를 **따라가는 데 어려움을** 겪는다. 처음에는 오래된 습관에 의존하다가 나중에 실패하면 도움을 구하는 경향이 있다.
- **시각적 문제로** 인해 읽기 문제가 발생하여 피로 및/또는 두통이 발생한다.
- 그들의 독특한 학습 및 주의력 문제에 기초한 **새로운 학습 전략이** 필요하다.
- **미루는 일은 더 이상 효과가 없다.** 왜냐하면 증상이 없으면 떼어낼 수 없기 때문이다.
- **처리 속도가 느려서** 과제, 시험, 지시사항 반복 및 작성에 추가 시간이 필요하다.
- 수업 안팎에서 **쉽게 주의가 산만해질 수 있다**(예: 시험 중에 다른 학생이 연필을 두드리는 것은 mTBI가 있는 학생에겐 참을 수 없는 일이 된다).
- 피로를 예방하기 위해 **사회적 일정을 조정하고** 더 많이, 다르게 공부해야 한다.

6. 함께 일한 일부 학생들의 회복 과정이 어땠는지 경험을 공유해 줄 수 있는가?
- 증상을 관리하고, 학습/조직 전략을 사용하고, 편의 조치를 제공하고 사용할 때 학생들은 매우 성공적일 수 있다.
- 학생들은 부상 후 무엇을 기대해야 할지 모르고, 어떻게 공부하고, 학습하고, 어떻게 사

회생활을 관리했는지에 대한 기존의 인식하에 활동한다. 이는 증상이 학업 생활에 **미치는 영향**을 경험함에 따라 시간이 지나면서 바뀌어야 한다.

- 피곤하면 마치 자동차에 연료가 부족한 것과 같다(예: 쉬지 않으면 갑자기 기능할 수 없게 된다).
- 처음 대학으로 돌아가거나 진학할 때, mTBI 학생들은 학문적으로 성공하는 데 중점을 둔다(조직적으로 유지하기, 새로운 학습 전략 사용하기, 학위 과정에서 좋은 성적 거두기). 학문적으로 성공을 경험하면서, 그들은 또래와의 관계에 집중하기 시작한다(예: 더 이상 술을 마실 수 없어서 새로운 친구가 필요하고, 더 많은 잠이 필요하기 때문에 더 이상 파티를 할 수 없으며, 이해하고 지지해 주는 친구가 필요하다).

7. PCS가 있는 학생들과 작업할 때 접수면접 중에 물어봐야 할 몇 가지 질문은 무엇인가?

- 부상 후 대학에 다녔는지 알아보라. 그렇다면 무엇이 달라졌는지 **구체적으로** 물어보라. mTBI를 앓고 있는 학생이 실제로 가지고 있는 모든 정보를 항상 검색하거나 접속할 수 있는 것은 아니다. 왜냐하면 이것은 그들의 증상과 관련이 있기 때문이다.
- 그들의 증상이 학업에 어떤 영향을 미칠 수 있는지에 대해 더 구체적인 질문을 할 수 있도록 안내하라. 몇 가지 예는 다음과 같다.
  - 피로: 50분, 90분, 3시간 수업을 들으면 피곤한가? 피곤할 때 무엇을 하는가? 낮에 집에 갈 수 없다면 쉴 곳이 있는가?
  - 빛 민감성: 수업에서 밝은 빛을 어떻게 처리하는가? 조명을 더 쉽게 다룰 수 있도록 앉을 수 있는 곳이 있는가? 수업 시간에 선글라스를 착용하는 데 도움이 되는가?
  - 어떻게 정리 정돈을 하는가? 스마트폰, 알림, 타이머, 캠퍼스 캘린더 및 플래너, 구글 캘린더, 앱 등을 사용하는가?
  - 책을 읽을 때나 메모를 검토할 때 어떤 전략을 사용하는가? 언제 노트를 복습하는가? 큰 활자, 텍스트 음성 변환, 전자책을 사용하는가?
- **힌트**: 학생들이 부상을 당하기 전과 다른 일을 하고 있지 않다고 말한다면, 문제가 생길 수 있다. 그들에게 직면시키는 것은 그들의 협력을 얻지 못한다. 그들이 당신의 제안을 시도하려는 의지와 상관없이 당신이 도움을 줄 수 있다는 것을 그들이 알도록 하라.

8. 장애 전문가가 PCS가 있는 학생들과 협력할 때 직면하는 몇 가지 어려움은 무엇인가?

- 이 학생들 중 약 50%는 의료 전문가 등이 자신의 증상이 존재한다고 믿지 않는 경험을

했다. 따라서 신뢰와 타당화는 그들과 협력 관계를 발전시키는 데 매우 중요하다.

- 신체적 증상이 악화되면 편의 조치를 변경해야 한다. 이는 학생들이 처음 대학으로 돌아올 때 특히 중요하다.
- 그들은 훌륭한 옹호자가 아니기 때문에 장애인 서비스에 연락하여 편의 조치에 대한 아이디어를 제공해야 한다.
- 어떤 사람들은 실패할 때까지 자신의 어려움과 편의 조치의 필요성을 인식하지 못한다.
- 어떤 전략이 효과가 있을지 확인할 때까지 증상을 관리할 수 있게 부담을 줄이도록 설득한다.

9. 이 대상 집단과 협력할 때 효과적이라고 생각되는 전략은 무엇인가?

- 뇌 손상을 입은 학생들을 위한 대학 프로그램(www.neurocognitivelab.com): 자율 학습, 자기 관리 및 자기 옹호는 코칭 모델을 사용한다. 각 학생의 부상과 증상이 다르기 때문에 개별화된 접근 방식은 각 학생에게 맞춘다.
  - 이전에는 옹호자가 될 필요가 없었으므로 그들을 지원하고 옹호 도구를 제공한다.
  - 대학에서의 증상과 어려움을 타당화하는 신뢰 관계를 구축한다.
  - 학습/학습 기술 및 전략: 새로운 학습 기술을 사용한다. 강의에 앞서 개요나 슬라이드를 활용하여 준비할 수 있다.
  - 필기를 시도하는 동안 강의를 녹음해야 한다[예: Livescribe(스마트펜) 사용]. 메모 작성자는 자신의 메모를 보충할 수 있지만 대체할 수는 없다.
  - 개별화된 구조와 정기적인 회의는 학생들이 내부 조직화 감각을 개발하는 데 도움이 된다.

10. 인쇄에 접근하거나 정리 유지, 시간 관리 등에 유용하다고 생각하는 보조 기술에는 어떤 것이 있는가?

- 종이 텍스트와 함께 책을 텍스트 음성으로 변환하는 응용 프로그램이 있다.
- 깜박이는 컴퓨터 화면이나 주의를 끄는 시각적 신호는 실제로 많은 학생이 겪고 있는 시각적 처리 문제를 더욱 악화시킨다. 추가적인 자극은 스트레스를 주며, 특히 안구 운동 장애가 있는 학생의 경우 피로의 가능성을 증가시킬 수 있다. Kurzweil 소프트웨어는 적합하지 않을 수 있다.
- 스마트폰, iPhone, iPad 등의 앱을 사용한다.

참고문헌

Adams, C. (2013, March, 14). Millions went to war in Iraq, Afghanistan leaving life-long scars. Retrieved from www.mcclatchydc.com/news/nation-world/national/article24746680.html.

Allen, C. C., & Ruff, R. M. (1990). Self-rating versus neuropsychological performance of moderate versus severe head-injured patients. *Brain Injury, 4*(1), 7-17.

Alves, W., Macciocchi, S. N., & Barth, J. T., (1993). Postconcussive symptoms after uncom-plicated mild head injury. *Journal of Head Trauma Rehabilitation, 8*(3), 48-59.

American Psychiatric Association. (1980). *Diagnostic and statistical manual of mental disorders* (3rd ed.). Washington, DC: Author.

American Psychiatric Association. (2000). *Diagnostic and statistical manual of mental disorders* (4th ed., text revision). Washington, DC: Author.

American Psychiatric Association. (2013). *Diagnostic and statistical manual of mental disorders* (5th ed.). Arlington, VA: Author.

Anson, K., & Ponsford, J. (2006) Evaluation of a coping skills group following traumatic brain injury. *Brain Injury, 20*(2), 167-178.

Association on Higher Education and Disability(AHEAD). (2000). Guidelines for documentation of a learning disability in adolescents and adults. Retrieved from www.ahead.org.

Bandura, A. (1997). *Self-efficacy: The exercise of control.* New York: Freeman.

Banks, S., & Dinges, D. F. (2007). Behavioral and physiological consequences of sleep restriction. *Journal of Clinical Sleep Medicine, 3*(5), 518-528.

Barkley, R. A. (1990). *Attention-deficit hyperactivity disorder: A handbook for diagnosis and treat-ment.* New York: Guilford Press.

Barkley, R. A. (1997). *ADHD and the nature of self-control.* New York: Guilford Press.

Barnea-Goraly, N., Menon, V., Eckert, M., Tamm, L., Bammer, R., Karchemskiy, A., et al. (2005). White matter development during childhood and adolescence: A cross-sectional diffusion tensor imaging study. *Cerebral Cortex, 15*(12), 1848-1854.

Beauchamp, H., & Kiewra, K. R. (2004). Assessment of career maturity and self-advocacy skills. In E. M. Levinson (Ed.), *Transition from school to post-school life for individuals with disabilities: Assessment from an educational and school psychological perspective* (pp. 150-188). Springfield, IL: Charles C Thomas.

Belanger, H. G., Donnell, A. J., & Vanderploeg, R. D. (2014). Special issues with mild TBI in veterans and active duty service members. In M. Sherer & A. M. Sander (Eds.), *Hand-book on the neuropsychology of traumatic brain injury* (pp. 389-412). New York: Springer.

Ben-Eliyahu, A., & Bernacki, M. L. (2015). Addressing complexities in self-regulated learning: A focus on contextual factors, contingencies, and dynamic relations. *Metacognition and Learning, 10*(1), 1-13.

Berger, B. A., & Villaume, W. A. (2013). *Motivational interviewing for health care professionals: A sensible approach.* Washington, DC: American Pharmacists Association.

Bjork, E. L., & Bjork, R. A. (2011). Making things hard on yourself, but in a good way: Creating desirable difficulties to enhance learning. In M. A. Gernsbacher, R. W. Pew, L. M. Hough, & J. R. Pomerantz (Eds.), *Psychology and the real world: Essays illustrating fundamental contributions to society* (pp. 56-64). New York: Worth.

Bombardier, C. H., & Rimmele, C. T. (1999). Motivational interviewing to prevent alcohol abuse after traumatic brain injury: A case series. *Rehabilitation Psychology, 44*(1), 52-67.

Borkum, J. M. (2007). Headache nosology and warning signs. In *Chronic headaches: Biology, psychology, and behavioral treatment* (pp. 3-24). Mahwah, NJ: Erlbaum.

Boyer, B. E., Geurts, H. M., Prins, P. J. M., & Van der Oord, S. (2014). Two novel CBTs for adolescents with ADHD: The value of planning skills. *European Child and*

Adolescent Psychiatry, 24(9), 1075-1090.

Brady, J., Busse, R. T., & Lopez, C. J. (2014). Monitoring school consultation intervention outomes for data-based decision making: An application of the goal attainment scaling method. *Counseling Outcome Research and Evaluation, 5*(1), 64-70.

Branscum, P., & Sharma, M. (2010). A review of motivational interviewing-based interventions targeting problematic drinking among college students. *Alcoholism Treatment Quarterly, 28*(1), 63-77.

Brown, B. (2010). *The gifts of imperfection.* Center City, MN: Hazelden.

Brown, J. I., Fishco, V. V., & Hanna, G. (1993). *The Nelson-Denny reading test.* Itasca, IL: Riverside.

Brush, J., & Camp, C. (1998). Using spaced retrieval as an intervention during speech-language therapy. *Clinical Gerontology, 19*, 51-64.

Busch, R. M., McBride, A., Curtiss, G., & Vanderploeg, R. D. (2005). The components of executive functioning in traumatic brain injury. *Journal of Clinical and Experimental Neuropsychology, 27*(8), 1022-1032.

Butler, D. L. (1995). Promoting strategic learning by post secondary students with learning disabilities. *Journal of Learning Disabilities, 28*, 170-190.

Carver, C. S., & Scheier, M. F. (1991). Self-regulation and the self. In J. Strauss & G. R. Goethals (Eds.), *The self: Interdisciplinary approaches* (pp. 168-207). New York: Springer-Verlag.

Carver, C. S., & Scheier, M. F. (2001). Self-regulatory perspectives on personality. In T. Millon & M. J. Lerner (Eds.), *Handbook of psychology* (pp. 185-208). Hoboken, NJ: Wiley.

Castro, C. A. (2006). Battlemind training I: Transitioning from combat to home. Retrieved June 20, 2015, from www.ptsd.ne.gov/pdfs/WRAIR-battlemind-training-Brochure.pdf.

Centers for Disease Control, National Institutes of Health, Department of Defense, & Department of Veterans Affairs Leadership Panel. (2013). Report to Congress on trau- matic brain injury in the United States: Understanding the public health problem among current and former military personnel. Retrieved November 8, 2016, from www.cdc.gov/traumaticbraininjury/pdf/report_to_congress_on_traumatic_brain_injury_2013-a.pdf.

Charles, C., Gafni, A., & Whelan, T. (1999). Shared decision making in the physician-patient encounter: Revisiting the shared treatment decision-making model. *Social*

Sciences and Medicine, 49, 651-661.

Cicerone, K. D., Dahlberg, C., Kalmar, K., Langenbahn, D. M., Malec, J. F., Bergquist, T. F., et al. (2000). Evidence-based cognitive rehabilitation: Recommendation for clinical practice. *Archives of Physical Medicine and Rehabilitation, 81*(12), 1596-1615.

Cicerone, K. D., Langenbahn, D. M., Braden, C., Malec, J. F., Kalmar, K., Fraas, M. et al. (2011). Evidence-based cognitive rehabilitation: Updated review of the literature from 2003 through 2008. *Archives of Physical Medicine and Rehabilitation, 92*(4), 519-530.

Cicerone, K. D., & Wood, J. C. (1987). Planning disorder after closed head injury: A case study. *Archives of Physical Medicine and Rehabilitation, 68*, 111-115.

Cifu, D. X., & Blake, C. (2011). *Overcoming post-deployment syndrome: A six-step mission to health.* New York: Springer.

Coll, J. E., Weiss, E. L., & Yarvis J. S. (2010). No one leaves unchanged: Insights for civilian mental health care professionals into the military experience and culture. *Social Work in Health Care, 50*(7), 487-500.

Constantinidou, F., & Kennedy, M. R. T (2017). Traumatic brain injury. In I. Papathanasiou, P. Coppens, & C. Potagas (Eds.), *Aphasia and related disorders* (2nd ed., pp. 421-454). Burlington, MA: Jones & Bartlett.

Cory, R. C. (2011). Disability services offices for students with disabilities: A campus resource. *New Directions for Higher Education, 2011*(154), 27-36.

Covassin, T., Stearne, D., & Elbin, R. (2008). Concussion history and postconcussion neuro-cognitive performance and symptoms in collegiate athletes. *Journal of Athletic Training, 43*(2), 119-124.

Dawson, D. R., Cantanzaro, A. M., Firestone, J., Schwartz, M., & Stuss, D. T. (2006). Changes in coping style following traumatic brain injury and their relationship to productivity status. *Brain and Cognition, 60*(2), 214-216.

Dawson, P., & Guare, R. (2012). *Coaching students with executive skills deficits.* New York: Guilford Press.

DeBaca, C. (2010). Resiliency and academic performance. Retrieved from www.scholarcentric.com/wp-content/uploads/2014/03/SC_Resiliency_Academic_Performance_WP.pdf.

Defense and Veterans Brain Injury Center(DVBIC). (2015, February 23). DoD worldwide numbers for traumatic brain injury. Retrieved from www.dvbic.org/TBI-Numbers.

Delis, D. C., Kaplan, E., & Kramer, J. H. (2001). *Delis-Kaplan Executive Function System*. San Antonio, TX: Pearson Education.

Demiroren, M., Turan, S., & Oztuna, D. (2016). Medical students' self-efficacy in problem- based learning and its relationship with self-regulated learning. *Medical Education Online, 21*. [Epub ahead of print]

DiClemente, C. C., & Velasquez, M. M. (2002). Motivational interviewing and the stages of change. In W. R. Miller & S. Rollnick *Motivational interviewing: Preparing people for change* (2nd ed., pp. 201-216). New York: Guilford Press.

Donders, J., & Strong, C. A. (2016). Latent structure of the Behavior Rating Inventory of Executive Function-Adult Version (BRIEF-A) after mild traumatic brain injury. Archives of Clinical Neuropsychology, 31, 29-36.

Drake, A. I., Gray, N., Yoder, S., Pramuka, M., & Llewellyn, M. (2000). Factors predicting return to work following mild traumatic brain injury: A discriminant analysis. *Journal of Head Trauma Rehabilitation, 15*(5), 1103-1112.

Draper, K., & Ponsford, J. (2008). Cognitive functioning ten years following traumatic brain injury and rehabilitation. *Neuropsychology, 22*(5), 618-625.

Dunivin, K. O. (1994). Military culture: Change and continuity. *Armed Forces and Society, 20*(4), 531-547.

Dunlosky, J., Hertzog, C., Kennedy, M., & Thiede, K. (2005). The self-monitoring approach for effective learning. *Cognitive Technology, 10*, 4-11.

Dunning, D., Johnson, K., Ehrlinger, J., & Kruger, J. (2003). Why people fail to recognize their own incompetence. *Current Directions in Psychological Science, 12*(3), 83-87.

DuPaul, G. J., Schaughency, E. A., Weyandt, L. L., Tripp, G., Kiesner, J., Ota, K., et al. (2001). Self-report of ADHD symptoms in university students: Cross-gender and cross- national prevalence. *Journal of Learning Disabilities, 34*, 370-379.

DuPaul, G. J., Weyandt, L. L., O'Dell, S. M., & Varejao, M. (2009). College students with ADHD: Current status and future directions. *Journal of Attention Disorders, 13*(3), 234-250.

Ehlhardt, L., Sohlberg, M. M., Kennedy, M., Coelho, C., Ylvisaker, M., & Turkstra, L. (2008). Evidence-based practice guidelines for instructing individuals with neurogenic mem- ory impairments: What have we learned in the past 20 years? *Neuropsychological Rehabilitation, 18*(3), 300-342.

Ellison, M. L., Mueller, L., Smelson, D., Corrigan, P. W., Terres-Stone, R. A., Bokhour, B.

G., et al. (2012). Supporting the education goals of post-9.11 veterans with self-reported PTSD symptoms. *Psychiatric Rehabilitation Journal, 35*(3), 209-217.

Evans, C. J., Kirby, J. R., & Fabrigar, L. R. (2003). Approaches to learning, need for cognition, and strategic flexibility among university students. *Journal of Educational Psychology, 73*(4), 507-528.

Exum, H. A., Coll, J. E., & Weiss, E. L. (2011). *A civilian counselor's primer for counseling veterans.* Deer Park, NY: Linus.

Field, S., Martin, J., Miller, R., Ward, M., & Wehmeyer, M. (1998). Self-determination for persons with disabilities: A position statement of the division on career development and transition. *Career Development for Exceptional Individuals, 21*(2), 113-128.

Field, S., Parker, D. R., Sawilowsky, S., & Rolands, L. (2010). *College well-being scale.* Detroit, MI: Wayne State University College of Education.

Field, S., Parker, D. R., Sawilowsky, S., & Rolands, L. (2013). Assessing the impact of ADHD coaching services on university students' learning skills, self-regulation, and wellbeing. *Journal of Postsecondary Education and Disability, 26*(1), 67-81.

Finn, D., Getzel, E. E., & McManus, S. (2008). Adapting the self-determined learning model for instruction of college students with disabilities. *Career Development for Exceptional Individuals, 31*(2), 85-93.

Flavell, J. H. (1979). Metacognition and cognitive monitoring: A new area of cognitive-developmental inquiry. *American Psychologist, 34*(10), 906-911.

Folkman, S., & Lazarus, R. (1988). *Ways of Coping Questionnaire manual.* Palto Alto, CA: Consulting Psychologists Press.

Gehrman, P., Seelig, A., Jacobson, I., Boyko, E., Hooper, T., & Gackstetter, G. (2013). Prede-ployment sleep duration and insomnia symptoms as risk factors for new-onset mental health disorders following military deployment. *Sleep, 36*, 1009-1018.

Getzel, E. E., & Thoma, C. A. (2008). Experiences of college students with disabilities and the importance of self-determination in higher education settings. *Career Development for Exceptional Individuals, 31*(2), 77-84.

Giacino, J. T., & Cicerone, K. D. (1998). Varieties of deficit unawareness after brain injury. *Journal of Head Trauma Rehabilitation, 13*, 1-15.

Gioia, G. A., Isquith, P. K., Guy, S. C., & Kenworthy, L. (2002). Confirmatory factor analysis of the Behavior Rating Inventory of Executive Function (BRIEF) in a clinical sample. *Child Neuropsychology, 8*(4), 249-257.

Gordon, M., & Keiser, S. (Eds.). (2000). *Accommodations in higher education under the Americans with Disabilities Act (ADA): A no-nonsense guide for clinicians, educators, administrators, and lawyers.* New York: Guilford Press.

Graham, D. P., & Cardon, A. L. (2008). An update of substance use and treatment following traumatic brain injury. *Annals of the New York Academy of Sciences, 11*(41), 148-162.

Grossman, P. D. (2009). Foreword with a challenge: Leading our campuses away from the perfect storm. *Journal of Postsecondary Education and Disability, 22*(1), 4-8.

Gunstad, J., & Suhr, J. A. (2001). "Expectation as etiology" versus "the good old days": Postconcussion syndrome symptom reporting in athletes, headache sufferers, and depressed individuals. *Journal of the International Neuropsychological Society, 7*(3), 323-333.

Gunstad, J., & Suhr, J. A. (2004). Cognitive factors in postconcussion syndrome symptom report. *Archives of Clinical Neuropsychology, 19*(3), 391-405.

Halstead, M. E., McAvoy, K., Devore, C. D., Carl, R., Lee, M., & Logan, K. (2013). Returning to learning following a concussion. *Pediatrics, 132*(5), 948-957.

Hart, T., & Evans, J. (2006). Self-regulation and goal theories in brain injury rehabilitation. *Journal of Head Trauma and Rehabilitation, 21*(2), 142-155.

Hartman-Hall, H. M., & Haaga, D. A. F. (2002). College students' willingness to seek help for their learning disabilities. *Learning Disability Quarterly, 25*, 263-274.

Haskins, E. C., Cicerone, K., Dams-O'Connor, K., Eberle, R., Langenbahn, D., & Shapiro-Rosenbaum, A. (2012). *Cognitive rehabilitation manual: Translating evidence-based recommendations into practice.* Reston, VA: American Congress of Rehabilitation Medicine.

Herrero, D. (2014). The relationship among achievement motivation, hope, and resilience and their effects on academic achievement among first-year college students enrolled in a Hispanic-serving institution. Retrieved from http://hdl.handle.net/1969.6/601.

Hersh, D., Worral, L., Howe, T., Sherratt, S., & Davidson, B. (2012). SMARTER goal setting in aphasic rehabilitation. *Aphasiology, 26*(2), 220-233.

Hoffman, W., Schmeichel, B. J., & Baddeley, A. D. (2012). Executive functions and self-regulation. *Trends in Cognitive Sciences, 16*(3), 174-180.

Hoge, C. W. (2010). *Once a warrior always a warrior: Navigating the transition from combat to home including combat stress, PTSD, and mTBI.* Guilford, CT: Lyons

Press.

Hoge, C. W., Castro, C. A., Messer, S. C., McGurk, D., Cotting, D. I., & Koffman, R. L. (2004). Combat duty in Iraq and Afghanistan, mental health problems, and barriers to care. *New England Journal of Medicine, 351*(1), 13-22.

Hoge, C. W., Goldberb, H. M., & Castro, C. A. (2009). Care of war veterans with mild traumatic brain injury: Flawed perspectives. *New England Journal of Medicine, 360*(16), 1588-1591.

Hoge, C. W., McGurk, D., Thomas, J. L., Cox, A. L., Engel, C. C., & Castro, C. A. (2008). Mild traumatic brain injury in US soldiers returning from Iraq. *New England Journal of Medicine, 358*(5), 453-463.

Hooker, R. D. (2003). Soldiers of the state: Reconsidering American civil-military relations: Parameters. *U.S. Army War College Quarterly, 33*(4), 4-18.

Hsieh, M., Ponsford, J., Wong, D., & McKay, A. (2012). Exploring variables associated with change in cognitive behaviour therapy (CBT) for anxiety following traumatic brain injury. *Disability and Rehabilitation, 34*(5), 408-415.

Hunt, A., Le Dorze, G., Polatojko, H., Bottari, C., & Dawson, D. R. (2015). Communication during goal-setting in brain injury rehabilitation: What helps and what hinders? *British Journal of Occupational Therapy, 78*(8), 488-498.

Hux, K., Bush, E., Zickefoose, S., Holmberg, M., Henderson, A., & Simanek G. (2010). Exploring the study skills and accommodations used by college student survivors of traumatic brain injury. *Brain Injury, 24*, 13-26.

Institute of Medicine. (2011). *Cognitive rehabilitation therapy for traumatic brain injury*. Washington, DC: Author.

Iverson, G. L. (2005). Outcome from mild traumatic brain injury. *Current Opinion in Psychiatry: Neuropsychiatry, 18*(3), 301-317.

Iverson, G. L. (2006). Misdiagnosis of the persistent postconcussion syndrome in patients with depression. *Archives of Clinical Neuropsychology, 21*(4), 303-310.

Iverson, G. L. (2010). Clinical and methodological challenges with assessing mild traumatic brain injury in the military. *Journal of Head Trauma Rehabilitation, 25*(5), 313-319.

Iverson, G. L., Gaetz, M., Lovell, M., & Collins, M. (2004). Relation between subjective fogginess and neuropsychological testing following concussion. *Journal of International Neuropsychology Society, 10*, 1-3.

Iverson, G. L., Langlois, J. A., McCrea, M. A., & Kelly, J. P. (2009). Challenges associated with post-deployment screening for mild traumatic brain injury in military personnel. *The Clinical Neuropsychologist, 23*(8), 1299-1314.

Janiga, S. J., & Costenbader, V. (2002). The transition from high school to postsecondary education for students with learning disabilities: A survey of college service coordinators. *Journal of Learning Disabilities, 35*, 163-172.

Jelinek, P. A. (2014, March, 24). Half of veterans on G.I. Bill graduate, report estimates. Retrieved from www.huffingtonpost.com/2014/03/24/veterans-gi-bill_n_5019385.html.

Jowkar, B., Kojuri, J., Kohoulat, N., & Hayat, A. A. (2014). Academic resilience in education: The role of achievement goal orientations. *Journal of Advances in Medical Education and Professionalism, 2*(1), 33-38.

Kadzikowska-Wrzosek, R. (2012). Perceived stress, emotional ill-being and psychosomatic symptoms in high school students: The moderating effect of self-regulation competences. *Psychiatry and Psychotherapy, 14*(3), 25-33.

Kahneman, D., & Tversky, A. (1979). Intuitive prediction: Biases and corrective procedures. *TIMS Studies in Management Science, 12*, 313-327.

Katon, W., Berg, A. O., Robins, A. J., & Risse, S. (1986). Depression: Medical utilization and somatization. *Western Journal of Medicine, 144*(5), 564-568.

Katon, W., Kleinman, A., & Rosen, G. (1982). Depression and somatization: A review, part two. *American Journal of Medicine, 72*(2), 241-247.

Kennedy, M. R. T. (2001). Retrospective confidence judgments made by adults with traumatic brain injury: Relative and absolute accuracy. *Brain Injury, 15*, 469-487.

Kennedy, M. R. T. (2014). Evidence-based practice and cognitive rehabilitation therapy. In S. McDonald, L. Togher, & C. Code (Eds.), *Social and communication disorders following traumatic brain injury* (2nd ed., pp. 282-306). New York: Psychology Press.

Kennedy, M. R. T. (2016). *The College Survey for Students with Other Disabilities* (CSS-OD). Orange, CA: Chapman University.

Kennedy, M. R. T., Carney, E., & Peters, S. M. (2003). Predictions of recall and study strategy decisions after brain injury. *Brain Injury, 17*, 1043-1064.

Kennedy, M. R. T., & Coelho, C. (2005). Self-regulation after traumatic brain injury: A framework for intervention of memory and problem solving. *Seminars in Speech and Language, 26*(4), 242-255.

Kennedy, M. R. T., Coelho, C., Turkstra, L., Ylvisaker, M., Sohlberg, M. M., Yorkston,

K., et al. (2008). Intervention for executive functions after traumatic brain injury: A systematic review, meta−analysis and clinical recommendations. *Journal of Neuropsychology Rehabilitation, 18*(3), 257−299.

Kennedy, M. R. T., DeSalvio, G., & Nguyen, V. (2015). *College Survey for Students with Concussion and Other Injuries* (CSS−CO). Orange, CA: Chapman University.

Kennedy, M. R. T., & Krause, M. O. (2009). The College Survey for Students with Brain Injury (CSS−BI). Retrieved from http://neurocognitivelab.com/wp−content/uploads/2011/12/ *College-Survey-for-Students-with-Brain-Injury.pdf*.

Kennedy, M. R. T., & Krause, M. O. (2011). Self−regulated learning in a dynamic coaching model for supporting college students with traumatic brain injury: Two case reports. *Journal of Head Trauma Rehabilitation, 26*(3), 212−223.

Kennedy, M. R. T., Krause, M. O., & O'Brien, K. (2014). Psychometric properties of the college survey for students with brain injury: Individuals with and without traumatic brain injury, *Brain Injury, 28*(13-14), 1748-1757.

Kennedy, M. R. T., Krause, M. O., & Turkstra, L. (2008). An electronic survey about college experiences after traumatic brain injury. *NeuroRehabilitation, 23*(6), 511−520.

Kennedy, M. R. T., O'Brien, K., & Krause, M. O. (2012). Bridging person−centered outcomes and therapeutic processes for college students with traumatic brain injury. *Perspectives on Neurophysiology and Neurogenic Speech and Language Disorders, 22*, 143−151.

Kennedy, M. R. T., Vaccaro, M., & Hart, T. (2015). Traumatic brain injury: What college disability specialists and educators should know about executive functions. Retrieved from www.partnership.vcu.edu/TBIresources/downloadables/CollegeStudents_TBI.pdf.

Kennedy, M. R. T., & Yorkston, K. M. (2000). Accuracy of metamemory after traumatic brain injury: Predictions during verbal learning. *Journal of Speech, Language, and Hearing Research, 43*, 1072−1086.

Kiresuk, T. J., & Sherman, R. (1968). Goal attainment scaling: A general method for evaluating comprehensive community mental health programs. *Community Mental Health Journal, 4*, 443−453.

Kiresuk, T. J., Smith, A., & Cardillo, J. E. (Eds.). (2013). *Goal attainment scaling: Applications, theory, and measurement*. New York: Psychology Press.

Kirkwood, L. (2014). More veterans taking advantage of the Post−911 GI Bill. Retrieved from www.mcclatchydc.com/2014/03/17/221479/more-veterans-taking-advantage.html.

Kitsanta, A., Winsler, A., & Huie, F. (2008). Self-regulation and ability predictors of academic success during college: A predictive validity study. *Journal of Advanced Academics, 20*(1), 42-68.

Knollman-Porter, K., Constantinidou, F., & Hutchinson Marron, K. (2014). Speech-language pathology and concussion management in intercollegiate athletics: The Miami University concussion management program. *American Journal of Speech-Language Pathology, 23*(4), 507-519.

Koriat, A., & Bjork, R. A. (2005). Illusions of competence in monitoring one's knowledge during study. *Journal of Experimental Psychology: Learning, Memory, and Cognition, 31*(2), 187-194.

Krasny-Pacini, A., Evans, J., Sohlberg, M. M., & Chevignard, M. (2016). Proposed criteria for appraising goal attainment scales used as outcome measures in rehabilitation research. *Archives of Physical Medicine and Rehabilitation, 97*, 157-170.

Krpan, K. M., Stuss, D. T., & Anderson, N. D. (2011a). Coping behaviour following traumatic brain injury: What makes a planner plan and an avoider avoid? *Brain Injury, 25*(10), 989-996.

Krpan, K. M., Stuss, D. T., & Anderson, N. D. (2011b). Planful versus avoidant coping: Behavior of individuals with moderate-to-severe traumatic brain injury during a psychosocial stress test. *Journal of the International Neuropsychological Society, 17*(2), 248-255.

Kwok, S. T., Wong, W. N., & Lee, K. Y. A. (2014). Effect of resilience on self-perceived stress and experiences on stress symptoms: A surveillance report. *Universal Journal of Public Health, 2*(2), 64-72.

LaBrie, J. W., Cail, J., Pedersen, E. R., & Migliuri, S. (2011). Reducing alcoholic risk in adjudicated male college students: Further validation of a group motivational enhancement intervention. *Journal of Child and Adolescent Substance Abuse, 20*(1), 82-98.

Lange, R. T., Iverson, G. L., & Rose, A. (2010). Post-concussion symptom reporting and the "good-old-days" bias following mild traumatic brain injury. *Archives of Clinical Neuro-psychology, 25*(5), 442-450.

Langlois, A., Rutland-Brown, W., & Wald, M. M. (2006). The epidemiology and impact of traumatic brain injury: A brief overview. *Journal of Head Trauma*

Rehabilitation, 21(5), 375-378.

Lazarus, R. S., & Folkman, S. (1984). Stress, appraisal and coping. New York: Springer.

Lebel, C., & Beaulieu, C. (2011). Longitudinal development of human brain wiring continues from childhood into adulthood. Journal of Neuroscience, 31(30), 10937-10947.

Lee, D. H., Oakland, T., Jackson, G., & Glutting, J. (2008). Estimated prevalence of attention-deficit/hyperactivity disorder symptoms among college freshmen: Gender, race, and rater effects. Journal of Learning Disabilities, 41, 371-384.

Levine, B., Robertson, I., Clare, L., Carter, G., Wong, J., Wilson, B., et al. (2000). Rehabilitation of executive function: An experimental-clinical validation of goal management training. Journal of the International Neuropsychological Society, 6, 299-312.

Lew, L. L., Otis, J. D., Tun, C., Kerns, R. D., Clark, M. E., & Cifu, D. X. (2009). Prevalence of chronic pain, posttraumatic stress disorder, and persistent postconcussive symptoms in OEF/OIF veterans: Polytrauma clinical triad. Journal of Rehabilitation Research and Development, 46(6), 697-702.

Lezak, M. D., Howieson, D. B., Bigler, D., & Tranel, D. (2012). Neuropsychological assessment. New York: Oxford University Press.

Lichtinger, E., & Kaplan, A. (2015). Employing a case study approach to capture motivation and self-regulation of young students with learning disabilities in authentic educational contexts. Metacognition and Learning, 10(1), 119-149.

Litz, B., Stein, N., Delaney, E., Lebowitz, L., Nash, W. P., Silva, C., et al. (2009). Moral injury and moral repair in war veterans: A preliminary model and intervention strategy. Clinical Psychology Review, 29(8), 695-706.

Locke, E. A., & Latham, G. P. (2002). New direction in goal-setting theory. Association for Psychological Science, 1(5), 265-267.

Lombardi, A., Gerdes, H., & Murray, C. (2011). Validating an assessment of individual actions, postsecondary supports, and social supports of college students with disabilities. Journal of Student Affairs Research and Practice, 48(1), 107-126.

Loyens, S. M. M., Magda, J., & Rikers, R. (2008). Self-directed learning in problem-based learning and its relationship with self-regulated learning. Educational Psychology Review, 20(4), 411-427.

Lundahl, B. W., Kunz, C., Brownell, C., Tollefson, D., & Burke, B. L. (2010). A meta-analysis of motivational interviewing: Twenty-five years of empirical studies.

Research on Social Work Practice, 20, 137–160.

Luria, A. R. (1973). *The working brain.* New York: Basic Books.

Luria, A. R. (1980). *Higher cortical functions in man.* New York: Basic Books.

Luxton, D. D., Greenburg, D., Ryan, J., Niven, A., Wheeler, G., & Mysliwiec, V. (2011). Prevalence and impact of short sleep duration in redeployed OIF soldiers. *Sleep, 34*(9), 1189–1195.

MacDonald, S. (2005). *Functional Assessment of Verbal Reasoning and Executive Strategies (FAVRES).* Guelph, ON, Canada: CCD.

MacGregor, A. J., Dougherty, A. L., Tang, J. J., & Galarneau, M. R. (2012). Post-concussive symptom reporting among U.S. combat veterans with mild traumatic brain injury from operation Iraqi freedom. *Journal of Head Trauma Rehabilitation, 28*(1), 59–67.

Madaus, J. W., Miller, W. K., & Vance, M. L. (2009). Veterans with disabilities in postsecondary education. *Journal of Postsecondary Education and Disability, 22*(1), 10–17.

Magill, M., Gaume, J., Apodaca, T., Walthers, J., Mastroleo, N. R., & Borsari, B. (2014). The technical hypothesis of motivational interviewing: A meta-analysis of MI's key causal model. *Journal of Consulting and Clinical Psychology, 82*(6), 973–983.

Malec, J. (2005). The Mayo-Portland Adaptability Inventory. Retrieved March 15, 2016, from www.tbims.org.combi/mpai.

Mashima, P., et al. (2017). *Clinician's guide to cognitive rehabilitation in mTBI: Application in military service members and veterans.* Rockville, MD: American Speech-Language-Hearing Association.

Master, C. L., Gioia, G. A., Leddy, J. J., & Grady, M. F. (2012). Importance of 'return-to-learn' in pediatric and adolescent concussion. *Pediatric Annals, 41*(9), 1–6.

Mazzotti, V. L., Kelley, K. R., & Coco, C. M. (2015). Effects of self-directed summary of performance on postsecondary education students' participation in person-centered planning meetings. *Journal of Special Education, 48*(4), 243–255.

McCauley, R. J., & Fey, M. E. (2006). Introduction to treatment of language disorders in children. In R. J. McCauley & M. E. Fey (Eds.), *Treatment of language disorders in children* (pp. 1–17). Baltimore: Brookes.

McClincy, M. P., Lovell, M. R., Pardini, J., Collins, M. W., & Spore, M. K. (2006). Recovery from sports concussion in high school and collegiate athletes. *Brain Injury, 20*(1), 33–39.

McCrea, M., Guskiewicz, K. M., Marshall, S. W., Barr, W., Randolph, C., Cantu, R. C., et al. (2003) Acute effects and recovery time following concussion in collegiate foot-ball players: The NCAA concussion study. *Journal of the American Medical Association, 290*(19), 2556-2563.

McCrory, P., Meeuwisse, W., Aubry, M., Cantu, B., Dvorak, J., Echemendia, R., et al. (2013). Consensus statement on concussion in sport: The Fourth International Conference on Concussion in Sport held in Zurich, November 2012. *Journal of Science and Medicine in Sport, 16*, 178-189.

McDonald, S., Togher, L., & Code, C. (Eds.). (2014). *Social and communication disorders following traumatic brain injury* (2nd ed.). New York: Psychology Press.

McFarlane, L. (2012). Motivational interviewing: Practical strategies for speech-language pathologists and audiologists. *Canadian Journal of Speech-Language Pathology and Audiology, 36*(1), 8-16.

McGuire, J. M., & Shaw, S. F., *Postsecondary education and transition for students with learning disabilities* (2nd ed., pp. 295-332). Austin, TX: PRO-ED.

McLellan, D. L. (1997). Introduction to rehabilitation. In B. A. Wilson, & D. L. McLellan (Eds.), *Rehabilitation studies handbook*. Cambridge, UK: Cambridge University Press.

Mealings, M., Douglas, J., & Olver, J. (2012). Considering the student perspective in returning to school after TBI: A literature review. *Brain Injury, 26*(10), 1165-1176.

Medley, A. R., & Powell, T. (2010). Motivational interviewing to promote self-awareness and engagement in rehabilitation following acquired brain injury: A conceptual review. *Neuropsychological Rehabilitation, 20*(4), 481-508.

Meulenbroek, P., & Turkstra, L. S. (2016). Job stability in skilled work and communication ability after moderate-severe traumatic brain injury, *Disability and Rehabilitation, 38*(50), 452-461.

Miller, W. R., & Moyers, T. (2006) Eight stages in learning motivational interviewing. *Journal of Teaching the Additions, 5*, 3-17.

Miller, W. R., & Rollnick, S. (2002). *Motivational interviewing: Preparing people for change*. New York: Guilford Press.

Miller, W. R., & Rollnick, S. (2013). *Motivational interviewing: Helping people change* (3rd ed.). New York: Guilford Press.

Mittenburg, W., DiGulio, D. V., Perrin, S., & Bass, A. E. (1992). Symptoms following mild head injury: Expectation as aetiology. *Journal of Neurology, Neurosurgery, and Psychiatry, 55*(3), 200-204.

Miyake, A., Friedman, N. P., Emerson, M. J., Witzki, A. H., & Howerter, A. (2000). The unity and diversity of executive functions and their contributions to complex "frontal lobe" tasks: A latent variable analysis. *Cognitive Psychology, 41*(1), 49-100.

Muraven, M., & Baumeister, R. F. (2000). Self-regulation and depletion of limited resources: Does self-control resemble a muscle? *Psychological Bulletin, 126*(2), 247-259.

Mysliwiec, V., McGraw, L., Pierce, R., Smith, P., Trapp, B., & Roth, B. J. (2013). Sleep disorders and associated medical comorbidities in active duty military personnel. *Sleep, 36*(2), 167-174.

Najavits, L. M., Highley, J., Dolan, S., & Fee, F. A. (2012). Substance use disorder. In J. J. Vasterling, R. A. Bryant, & T. M. Keane (Eds.), *PTSD and mild traumatic brain injury* (pp. 124-145). New York: Guilford Press.

Ness, B. M., Rocke, M. R., Harrist, C. J., & Vroman, K. G. (2014). College and combat trauma: An insider's perspective of the post-secondary education experience shared by service members managing neurobehavioral symptoms. *NeuroRehabilitation, 35*(1), 147-158.

Ness, B. M. & Vroman, K. (2014). Preliminary examination of the impact of traumatic brain injury and posttraumatic stress disorder on self-regulated learning and academic achievement among military service members enrolled in postsecondary education. *Journal of Head Trauma Rehabilitation, 29*(1), 33-43.

O'Brien, K., Schellinger, S., & Kennedy, M. R. T. (2017). Strategy outcomes from coaching college students with traumatic brain injury.

O'Neil-Pirozzi, T., Kennedy, M. R. T., & Sohlberg, M. M. (2016). Evidence-based practice for the use of internal strategies as a memory compensation technique after brain injury: A systematic review. *Journal of Head Trauma Rehabilitation, 31*(4), E1-E11.

Oaten, M., & Cheng, K. (2005). Academic examination stress impairs self-control. *Journal of Social and Clinical Psychology, 24*(2), 254-279.

Ownsworth, T., McFarland, K., & Young, R. M. (2000). Development and standardization of the self-regulation skills interview (SRSI): A new clinical assessment tool for acquired brain injury. *The Clinical Neuropsychologist, 14*(1), 76-92.

Park, C. L., Edmundson, D., & Lee, J. (2011). Development of self-regulation abilities as predictors of psychological adjustment across the first year of college. *Journal of Adult Development, 19*(1), 40-49.

Parker, D. R., & Boutelle, K. (2009). Executive function coaching for college students with learning disabilities and ADHD: A new approach for fostering self-determination. *Learning Disabilities Research and Practice, 24*(4), 204-215.

Parker, D. R., Field, S., Hoffman, S. F., Sawilowsky, S., & Rolands, L. (2011). Self-control in postsecondary settings: Students' perceptions of ADHD college coaching. *Journal of Attention Disorders, 17*(3), 215-232.

Pham, L. B., & Taylor, S. E. (1999). From thought to action: Effects of process-versus outcome-based mental simulations on performance. *Personality and Social Psychology Bulletin, 25*, 250-260.

Pintrich, P. R., & DeGroot, E. V. (1990). Motivational and self-regulated learning components of classroom academic performance. *Journal of Education Psychology, 82*(1), 33-40.

Polley, M., Frank, D., & Smith, M. (2012). National Veteran Sleep Survey: Results and findings. Retrieved from http://myvetadvisor.com/wp-content/uploads/2013/07/Vetadvisor_sleepreport-1.pdf.

Polusny, M. A., Kehle, S. M., Nelson, N. W., Erbes, C. R., Arbisi, P. A., & Thuras, P. (2011). Longitudinal effects of mild TBI and PTSD comorbidity on post-deployment outcomes in national guard soldiers deployed to Iraq. *Archives of General Psychiatry, 68*(1), 79-89.

Ponsford, J., Bayley, M., Wiseman-Hakes, C., Togher, L., Velikonja, D., McIntyre, A., et al. (2014). INCOG Recommendations for management of cognition following traumatic brain injury: Part II. Attention and information processing speed. *Journal of Head Trauma Rehabilitation, 29*(4), 321-337.

Prochaska, J. O., DiClemente, C. C., & Norcross, J. C. (1992). In search of how people change. *American Psychologist, 47*(9), 1102-1114.

Quinn, P. O., Ratey, N., & Maitland, T. L. (2000). *Coaching college students with AD/HD: Issues and answers.* Spring Silver, MD: Advantage Books.

Rabiner, D. L., Anastopoulos, A. D., Costello, J., Hoyle, R. H., & Swartzwelder, H. S. (2008). Adjustment to college in students with ADHD. *Journal of Attention Disorders, 11*, 689-699.

Randolph, C. (2012). *The Repeatable Battery for the Assessment of Neuropsychological Status.* San Antonio, TX: Pearson Education.

Raue, K., & Lewis, L. (2011). *Students with disabilities at degree-granting postsecondary institutions*. (NCES 2011-018). Washington, DC: U.S. Government Printing Office.

Reaser, A., Prevatt, F., Petscher, Y., & Proctor, B. (2007). The learning and study strategies of college students with ADHD. *Psychology in the Schools, 44*(6), 627-638.

Ribeiro, J. D., Pease, J. L., Gutierrez, P. M., Silva, C., Bernert, R. A., Rudd, M. D., et al. (2012). Sleep problems outperform depression and hopelessness as cross-sectional and longitudinal predictors of suicidal ideation and behavior in young adults in the military. *Journal of Affective Disorders, 136*(3), 743-750.

Richardson, M., Abraham, C., & Bond, R. (2012). Psychological correlates of university students' academic performance: A systematic review and meta-analysis. *Psychological Bulletin, 138*(2), 353-387.

Robertson, I. H., Ward, T., Ridgeway, V., & Nimmo-Smith, I. (1994). *Test of Everyday Attention*. Suffolk, UK: Thames Valley Test Company.

Rosengren, D. B. (2009). *Building motivational interviewing skills: A practitioner workbook*. New York: Guilford Press.

Roth, R. M., Lance, C. E., Isquith, P. K., Fischer, A. S., & Giancola, P. R. (2013). Confirmatory factor analysis of the behavior rating inventory of executive function-adult version in healthy adults and application to attention-deficit/hyperactivity disorder. *Clinical Neuropsychology, 28*(5), 425-434.

Roth, R. S., & Spencer, R. J. (2013). Iatrogenic risk in the management of mild traumatic brain injury among combat veterans: A case illustration and commentary. *International Journal of Physical Medicine and Rehabilitation, 1*(1), 1-7.

Rubak, S., Sandbaek, A., Lauritzen, T., & Christensen, B. (2005). Motivational interviewing: A systematic review and analysis. *British Journal of General Practice, 55*, 305-312.

Ruff, R. M., Light, R. H., Parker, S. B., & Levin, H. S. (1996), Benton Controlled Oral Word Association Test: Reliability and updated norms. *Archives of Clinical Neuropsychology, 11*(4), 329-338.

Rumann, C. B., & Hamrick, F. A. (2010). Student veterans in transition: Re-enrolling after warzone deployment. *Journal of Higher Education, 81*(4), 431-458.

Ryan, A. M., & Pintrich, P. R. (1997). Should I ask for help?: The role of motivation and attitudes in adolescents' help seeking in math class. *Journal of Educational*

Psychology, 89, 329–341.

Salthouse, T. A., Atkinson, T. M., & Berish, D. E. (2003). Executive functioning as a potential mediator of age-related cognitive decline in normal adults. *Journal of Experimental Psychology, 132*(4), 566–594.

Sarason, I. G., Sarason, B. R., Shearin, E. N., & Pierce, G. R. (1987). A brief measure of social support: Practical and theoretical implications. *Journal of Social and Personal Relationships, 4*, 497–510.

Schefft, B. K., Dulay, M. F., & Fargo, J. D. (2008). The use of a self-generation memory encoding strategy to improve verbal memory and learning in patients with traumatic brain injury. *Application of Neuropsychology, 15*(1), 61–68.

Schell, T. L., & Marshall, G. N. (2008). *Survey of individuals previously deployed for OEF/OIF.* Santa Monica, CA: RAND.

Schmidt, J., Lannin, N., Fleming, J., & Ownsworth, T. (2011). Feedback interventions for impaired self-awareness following brain injury: A systematic review. *Journal of Rehabilitation Medicine, 43*(8), 673–680.

Schunk, D. H. (1991). Self-efficacy and academic motivation. *Educational Psychologist, 26*(3–4), 207–231.

Scott, S. (2002). The dynamic process of providing accommodations. In L. C. Brinckerhoff.

Shackelford, A. L. (2009). Documenting the needs of student veterans with disabilities: Intersection roadblocks, solutions, and legal realities. *Journal of Postsecondary Education, 22*(1), 36–42.

Shaw-Zirt, B., Popali-Lehane, L., Chaplin, W., & Bergman, A. (2005). Adjustment, social skills, and self-esteem in college students with symptoms of ADHD. *Journal of Attention Disorders, 8*, 109–120.

Shinseki, E. K. (2013, April 16). Remarks by Secretary Eric K. Shinseki. Senator Sherrod Brown's Ohio College Presidents Conference. Retrieved from www.va.gov/opa/speeches/2013/04_16_2013.asp.

Shively, S. B., & Perl, D. P. (2012). Traumatic brain injury, shell shock, and posttraumatic stress disorder in the military: Past, present, and future. *Journal of Head Trauma Rehabilitation, 27*(3), 234–239.

Sitzman, T., & Ely, K. (2011). A meta-analysis of self-regulated learning in work-related and educational attainment: What we know and where we need to go. *Psychological Bulletin, 137*(3), 421–442.

Smee, D., Buenrostro, S., Garrick, T., Sreenivasan, S., & Weinberger, L. E. (2013). Combat to college: Cognitive fatigue as a challenge in Iraq and Afghanistan war veterans with traumatic brain injury: Pilot study survey results. *Journal of Applied Rehabilitation Counseling*, *44*(4), 25-33.

Smith, B. W., Dalen, J., Wiggins, K., Tooley, E., Christopher, P., & Bernard, J. (2008). The brief resilience scale: Assessing the ability to bounce back. *International Journal of Behavioral Medicine*, *15*(3), 194-200.

Sohlberg, M. M., Ehlardt, L., & Kennedy, M. (2005). Instructional techniques in cognitive rehabilitation: A preliminary report. *Seminars in Speech and Language*, *26*(4), 268-279.

Sohlberg, M. M., & Tursktra, L. (2011). *Optimizing cognitive rehabilitation*. New York: Guilford Press.

Solberg, V. S., O'Brien, K., Villareal, P., Kennel, R., & Davis, B. (1993). Self-efficacy and Hispanic college students: Validation of the college self-efficacy instrument. *Hispanic Journal of Behavioral Sciences*, *15*(1), 80-95.

Squire, L. R. (1992). Declarative and nondeclarative memory: Multiple brain systems supporting learning and memory. *Journal of Cognitive Neuroscience*, *4*(3), 232-243.

Steptoe, A., Wardle, J., Pollard, T. M., Canaan, L., & Davies, G. J. (1996). Stress, social support and health-related behavior: A study of smoking, alcohol consumption and physical exercise. *Journal of Psychosomatic Research*, *41*(2), 171-180.

Stuss, D., & Benson, D. F. (1986). *The frontal lobes*. New York: Raven Press.

Swanson, H. L. (1999). Instructional components that predict treatment outcomes for students with learning disabilities: Support for the combined strategy and direct instruction model. *Learning Disabilities Research and Practice*, *14*, 129-140.

Swanson, H. L., & Deshler, D. (2003). Instructing adolescents with learning disabilities: Converting a meta-analysis to practice. *Journal of Learning Disabilities*, *36*(2), 124-135.

Swanson, H. L., & Hoskyn, M. (1998). Experimental intervention research on students with learning disabilities: A meta-analysis of treatment outcomes. *Review of Educational Research*, *68*(3), 277-321.

Swartz, S. L., Prevatt, F., & Proctor, B. E. (2005). A coaching intervention for college students with attention deficit/hyperactivity disorder. *Psychology in the Schools*, *42*(6), 647-656.

Tanelian, T., & Jaycox, L. H. (2008). *Invisible wounds of war: Psychological and cognitive injuries, their consequences, and services to assist recovery*. Santa Monica, CA: RAND.

Tate, R., Kennedy, M. R. T., Bayley, M., Bragge, P., Douglas, J., Kita, M., et al. (2014). INCOG recommendations for management of cognition following traumatic brain injury: Part VI. Executive function and self-awareness. *Journal of Head Trauma Rehabilitation, 29*(4), 338-352.

Taylor, S. E. (2011). Envisioning the future and self-regulation. In M. Bar (Ed.), *Predictions in the brain: Using our past to generate a future* (pp. 134-143). New York: Oxford University Press.

Terrio, H., Brenner, L. A., Ivins, B. J., Cho, J. M., Helmick, K., Schwab, K., et al. (2009). Traumatic brain injury screening: Preliminary findings in a US Army Brigade Combat Team. *Journal of Head Trauma Rehabilitation, 24*(1), 14-23.

Tick, E. (2005). *War and the soul*. Wheaton, IL: Quest Books.

Toglia, J., Johnston, M. V., Goverover, Y., & Dain, B. (2010). A multicontext approach to promoting transfer of strategy use and self-regulation after brain injury: An exploratory study. *Brain Injury, 24*(4), 664-677.

Troxel, W. M., Shih, R. A., Pedersen, E., Geyer, L., Fisher, M. P., Griffin, B. A., et al. (2015). *Sleep in the military: Promoting healthy sleep among U.S. service members*. Santa Monica, CA: RAND.

Turkstra, L. S., Politis, A. M., & Forsyth, R. (2015). Cognitive-communication disorders in children with traumatic brain injury. *Developmental Medicine and Child Neurology, 57*(3), 217-222.

Turkstra, L. S., Ylvisaker, M., Coelho, C., Kennedy, M. R. T., Sohlberg, M. M., & Avery, J. (2005). Practice guidelines for standardized assessment for persons with traumatic brain injury. *Journal of Medical Speech-Language Pathology, 13*(2), 9-38.

U.S. Department of Veterans Affairs. (2015, June 3). Polytrauma/TBI system of care. Retrieved from www.polytrauma.va.gov/definitions.asp.

Van Dongen, H. P. A., Maislin, G., Mullington, J. M., & Dinges, D. F. (2003). The cumulative cost of additional wakefulness: Dose-response effects on neurobehavioral functions and sleep physiology from chronic sleep restriction and total sleep deprivation. *Sleep, 26*(6), 117-126.

Vance, M. L., & Miller, W. K. (2009). Serving wounded warriors: Current practices in post-secondary education. *Journal of Postsecondary Education, 22*(1), 18-35.

Vasterling, J. J., & Brailey, K. (2005). Neuropsychological findings in adults with PTSD. In J. J. Vasterling & C. R. Brewin (Eds.), *Neuropsychology of PTSD. Biological, cognitive, and clinical perspectives* (pp. 178-207). New York: Guilford Press.

Vasterling, J. J., Brailey, K., Constans, J. I., & Sutker, P. B. (1998). Attention and memory dysfunction in posttraumatic stress disorder. *Neuropsychology, 12*(1), 125-133.

Vasterling, J. J., Bryant, R. A., & Keane, T. M. (2012). *PTSD and mild traumatic brain injury*. New York: Guilford Press.

Vasterling, J. J., Proctor, S. P., Amoroso, P., Kane, R., Heeren, T., & White, R. F. (2006). Neuropsychological outcomes of army personnel following deployment to the Iraq war. *Journal of the American Medical Association, 296*(5), 519-529.

Vasterling, J. J., Verfaellie, M., & Sullivan, K. D. (2009). Mild traumatic brain injury and posttraumatic stress disorder in returning veterans: Perspectives from cognitive neuroscience. *Clinical Psychology Review, 29*(8), 674-684.

Velikonja, D., Tate, R., Ponsford, K., McIntyre, A., Janzen, S., & Bayley, M. (2014). INCOG recommendations for management of cognition following traumatic brain injury: Part V. Memory. *Journal of Head Trauma Rehabilitation, 29*(4), 369-286.

Von Korff, M., Dworkin, S. F., Le Resche, L., & Kruger, A. (1988). An epidemiologic comparison of pain complaints. *Pain, 32*(2), 173-183.

Walker, Q. D. (2010). An investigation of the relationship between career maturity, career decision self-efficacy, and self-advocacy of college students with and without disabilities. *Dissertation Abstracts International, Section A, 71*, 2372.

Wallace, B. A., Winsler, A., & NeSmith, P. (1999, April 19-23). *Factors associated with success for college students with ADHD: Are standard accommodations helping?* Paper presented at the annual meeting of the American Educational Research Association, Montreal, Quebec, Canada.

Wambaugh, J. L. (2007). The evidence-based practice and practice-based evidence nexus. *Perspectives on Neurophysiology and Neurogenic Speech and Language Disorders, 17*(1), 732-742.

Warden, D. (2006). Military TBI during the Iraq and Afghanistan wars. *Journal of Head Trauma Rehabilitation, 21*(5), 398-402.

Watson Institute for International and Public Affairs, Brown University. (n.d.). U.S. veterans and military families. Retrieved from http://watson.brown.edu/costsofwar/costs/*human/veterans*.

Wechsler, D. (2001). *Wechsler Test of Adult Reading*. San Antonio, TX: Pearson

Education.

Wechsler, D. (2009). *Wechsler Adult Memory Scale-IV*. San Antonio, TX: Pearson Education.

Wehman, P. (2010). *Essentials of transition planning*. Baltimore: Brookes.

Weinstein, C. E., & Palmer, D. R. (2002) *LASSI: Learning and Study Strategies Inventory, 2nd edition*. Clearwater, FL: H & H.

West, R., & Lennox, S. (1992). Function of cigarette smoking in relation to examinations. *Psychopharmacology, 108*(4), 456-459.

Willcutt, E. G., Doyle, A. E., Nigg, J. T., Faraone, S. V., & Pennington, B. F. (2005). Validity of the executive function theory of attention-deficit/hyperactivity disorder: A meta-analytic review. *Biological Psychiatry, 57*(11), 1336-1346.

Willmott, C., Ponsford J., Downing M., & Carty, M. (2014). Frequency and quality of return to study following traumatic brain injury. *Journal of Head Trauma Rehabilitation, 29,* 248-256.

Wilson, B. (2003). Goal planning rather than neuropsychological tests should be used to structure and evaluate cognitive rehabilitation. *Brain Impairment, 4*(1), 25-30.

Winkens, I., Van Heugten, C., Wade, D., & Fasotti, L. (2009). Training patients in time pressure management: A cognitive strategy for mental slowness. *Clinical Rehabilitation, 23,* 79-90.

Wood, R. L. (2007). Post concussional syndrome: All in the mind's eye! *Journal of Neurology, Neurosurgery and Psychiatry, 78*(6), 552.

Wyble, B., Sharma, D., & Bowman, H. (2008). Strategic regulation of cognitive control by emotional salience: A neural network model. *Cognition and Emotion, 22*(6), 1019-1051.

Wyman P. A., Cowen, E. L., Work, W. C., & Parker, G. R. (1991). Developmental and family milieu correlates of resilience in urban children who have experienced major life stress. *American Journal of Community Psychology, 19,* 405-426.

Ylvisaker, M. (1998). *Everyday routines in traumatic brain injury rehabilitation*. Rockville, MD: American Speech-Language-Hearing Association.

Ylvisaker, M. (2006). Self-coaching: A context-sensitive, person-centered approach to social communication after traumatic brain injury. *Brain Impairment, 7*(3), 246-258.

Ylvisaker, M., & Feeney, T. (1998). *Collaborative brain injury intervention*. San Diego, CA: Singular.

Ylvisaker, M., & Feeney, T. (2009). Executive functions, self-regulation and learned optimism in pediatric rehabilitation: A review and suggestions for intervention. *Pediatric Rehabilitation*, 6(1), 57–60.

Ylvisaker, M., Turkstra, L., Coelho, C., Kennedy, M. R. T., Sohlberg, M. M., & Yorkston, K. M. (2007). Behavioral interventions for individuals with behavior disorders after traumatic brain injury: A systematic review. *Brain Injury*, 21(8), 769–805.

Zajacova, A., Lynch, S. M., & Espenshade, T. J. (2005). Self-efficacy, stress, and academic success in college. *Research in Higher Education*, 46(6), 677–706.

Zimmerman, B. J., & Martinez-Pons, M. (1986). Development of a structured interview for assessing student use of self-regulated learning strategies. *American Educational Research Journal*, 23(4), 614–628.

Zwart, L. M., & Kallemeyn, L. M. (2001). Peer-based coaching for college students with ADHD and learning disabilities. *Journal of Postsecondary Education and Disability*, 15(1), 1–15.

찾아보기

Mary R. T. Kennedy 박사, CCC-SLP는 캘리포니아주 오렌지카운티에 있는 채프먼대학교의 커뮤니케이션 과학 및 장애학과 교수이자 학과장이다. 그녀는 수년 동안 후천성 뇌 손상 환자들을 대상으로 일해 온 공인된 언어 병리학자이다. 신경학적 의사소통 장애 및 과학 아카데미(ANCDS)의 인증을 받은 케네디 박사는 미국 언어 청각 협회의 펠로우이자 ANCDS Honors Award를 수상했다. 그녀는 뇌 손상과 관련된 주제에 관한 동료 심사 저널의 부 편집자 및 객원 편집자로 활동했다. 케네디 박사의 연구와 60개 이상의 출판물은 뇌 손상 후 인지 및 언어 장애 관리에 중점을 두고 있다. 그녀의 현재 작업은 뇌 손상을 입은 대학생들이 직면한 일반적인 문제를 문서화하고, 실행기능을 지원하기 위해 학생들에게 자기 조절을 명시적으로 지시하는 코칭의 유용성을 검증한다.

이성직(Lee, Seongjik)
미국 켄터키대학교 상담심리학 박사(Ph.D)
한국심리치료상담학회 학회장(2021. 1. ~ 2022. 12.)
연세대학교 심리학과 겸임교수(2020. 3. ~ 2023. 2.)
서울상담심리대학원대학교 교수(2012. 3. ~ 2019. 12.)
현 한울심리상담센터 대표
   한국ADHD협회 회장

김종수(Kim, Jongsoo)
한국체육대학교 스포츠심리학 박사(Ph.D)
현 계명대학교 태권도학과 교수
   한국ADHD협회 신체균형분과 위원장
   한국심리치료상담학회 총무이사, 홍보위원장

조난숙(Cho, Nhansook)
미국 위스콘신대학교 수학 박사(Ph.D)
횃불트리니대학원대학교 기독교상담학 박사(Ph.D)
현 한성대학교 교수
   한국심리치료상담학회 학술위원장

김정숙(Kim, Jeongsook)
홍익대학교 상담심리학 박사(Ph.D)
서울여자대학교 일반대학원 임상사회사업 석사
한국상담학회 전문상담사 1급
보건복지부 정신건강사회복지사 1급
현 한울심리상담센터 ADHD 연구팀장
   두드림마음건강센터 사무국장
   SB평생교육원 교강사

실행기능 문제가 있는 대학생 코칭하기

-학업 수행 개선과 자기 조절력 코칭-

Coaching College Students with Executive Function Problems

2025년 1월 10일 1판 1쇄 인쇄
2025년 1월 20일 1판 1쇄 발행

지은이 • Mary R. T. Kennedy
옮긴이 • 이성직 · 김종수 · 조난숙 · 김정숙
펴낸이 • 김진환
펴낸곳 • (주)**학지사**

04031 서울특별시 마포구 양화로 15길 20 마인드월드빌딩

대표전화 • 02)330-5114   팩스 • 02)324-2345
등록번호 • 제313-2006-000265호

홈페이지 • http://www.hakjisa.co.kr
인스타그램 • https://www.instagram.com/hakjisabook

ISBN 978-89-997-3300-0 93370

정가 18,000원

출판미디어기업 **학지사**

간호보건의학출판 **학지사메디컬** www.hakjisamd.co.kr
심리검사연구소 **인싸이트** www.inpsyt.co.kr
학술논문서비스 **뉴논문** www.newnonmun.com
교육연수원 **카운피아** www.counpia.com
대학교재전자책플랫폼 **캠퍼스북** www.campusbook.co.kr